普通高等学校"十四五"规划旅游管理类精品教材
国家级一流本科专业建设旅游管理类特色教材

- 2019年度国家级一流本科专业建设点（旅游管理）项目建设成果
- 贵州省第二批省级"金课"（社会实践一流课程）"旅游文化学"配套教材

旅游文化教程

Tourism Culture Course

主　编◎胡馨月
副主编◎白　雪　张　婧
参　编◎施　昆　刘春来

华中科技大学出版社
http://press.hust.edu.cn
中国·武汉

内 容 简 介

旅游文化作为文化现象之一,具有其特殊的内涵和逻辑。本书注重旅游文化系统的研究,关注旅游文化的内在结构,对旅游文化的发展形成和特征形态进行了综合性的分析。现代旅游业的发展决定了旅游学科的实践性,因此,本书在编写过程中注重理论与实践的结合。全书共有6章,内容涵盖旅游文化系统、旅游文化研究、中国旅游文化的历史演进、旅游时间与休闲文化、旅游空间文化系统、文化遗产旅游与传统工艺、旅游的跨文化交流与文化传播等。本书结合教学重点与难点,以思维导图、导入案例、知识链接、知识活页等引导学生构建学科知识体系,注重培养学生相关知识的分析能力并拓展其知识。本书可作为普通本科院校和高职高专院校相关专业教学用书,也适合旅游相关从业人员和广大旅游爱好者阅读。

图书在版编目(CIP)数据

旅游文化教程/胡馨月主编. —武汉:华中科技大学出版社,2021.7(2024.8重印)
ISBN 978-7-5680-7276-2

Ⅰ.①旅… Ⅱ.①胡… Ⅲ.①旅游文化-教材 Ⅳ.①F590

中国版本图书馆 CIP 数据核字(2021)第 138579 号

旅游文化教程
Lǚyou Wenhua Jiaocheng

胡馨月 主编

策划编辑:王　乾
责任编辑:王　乾
封面设计:原色设计
责任校对:刘　竣
责任监印:周治超

出版发行:华中科技大学出版社(中国·武汉)　　电话:(027)81321913
　　　　　武汉市东湖新技术开发区华工科技园　　邮编:430223
录　　排:华中科技大学惠友文印中心
印　　刷:武汉科源印刷设计有限公司
开　　本:787mm×1092mm　1/16
印　　张:14.5
字　　数:335 千字
版　　次:2024 年 8 月第 1 版第 2 次印刷
定　　价:49.80 元

本书若有印装质量问题,请向出版社营销中心调换
全国免费服务热线:400-6679-118　竭诚为您服务
版权所有　侵权必究

普通高等学校"十四五"规划旅游管理类精品教材
国家级一流本科专业建设旅游管理类特色教材

出版说明

为深入落实全国教育大会和《加快推进教育现代化实施方案(2018—2022年)》文件精神,贯彻落实新时代全国高校本科教育工作会议和《教育部关于加快建设高水平本科教育全面提高人才培养能力的意见》、"六卓越一拔尖"计划2.0系列文件要求,推动新工科、新医科、新农科、新文科建设,做强一流本科、建设一流专业、培养一流人才,全面振兴本科教育,提高高校人才培养能力,实现高等教育内涵式发展,教育部决定全面实施"六卓越一拔尖"计划2.0,启动一流本科专业建设"双万计划",并计划在2019—2021年期间,建设143个旅游管理类国家级一流本科专业点。

基于此,建设符合旅游管理类国家级一流本科专业人才培养需求的教材,将助力旅游高等教育专业结构优化,全面打造一流本科人才培养体系,进而为中国旅游业在"十四五"期间深化文旅融合、持续迈向高质量发展提供有力支撑。

华中科技大学出版社一向以服务高校教学、科研为己任,重视高品质专业教材出版,"十三五"期间,在教育部高等学校旅游管理类专业教学指导委员会和全国高校旅游应用型本科院校联盟的大力支持和指导下,率先组织编纂出版"普通高等院校旅游管理专业类'十三五'规划精品教材"。该套系教材自出版发行以来,被全国三百多所开设旅游管理类专业的院校选用,并多次再版。

为积极响应"十四五"期间国家一流本科专业建设的新需求,"国家级一流本科专业建设旅游管理类特色教材"项目应运而生。本项目依据旅游管理类国家级一流本科专业建设要求,立足"十四五"期间旅游管理人才培养新特征进行整体规划,邀请旅游管理类国家级一流本科专业建设院校国家教学名师、资深教授及中青年旅游学科带头人加盟编纂。

该套教材融入思政内容,助力旅游管理教学实现立德树人与专业人才培养有机融合。让学生充分认识专业学习的重要性,激发学生专业知识技能的培养,并将学生个人职业发展与国家建设紧密结合,树立正确的价值观。同时,本套教材基于旅游管理类国家级一流本科专业建设要求,在教材内容上体现"两性一度",即高阶性、创新性和挑战度的高质量要求。此外,依托资源服务平台,打造新形态立体教材。华中科技大学出版社紧抓"互联网+"时代教育需求,自主研发并上线了华中出版资源服务平台,为本套系教材提供立体化教学配套服务,既为教师教学提供教学计划书、教学课件、习题库、案例库、参考答案、教学视频等系列配套教学资源(每本教材配套资源有所差异,可咨询出版社了解详情),又为教学管理构建课程开发、习题管理、学生评论、班级管理等于一体的教学生态链,真正打造了线上线下、课内课外的新形态立体化互动教材。

　　本项目编委会力求通过出版一套兼具理论与实践、传承与创新、基础与前沿的精品教材,为我国加快实现旅游高等教育内涵式发展、建成世界旅游强国贡献一份力量,并诚挚邀请更多致力于中国旅游高等教育的专家学者加入我们!

前言
Preface

　　旅游作为一种综合性的社会现象,本身就是文化的一部分,因为文化是人类群状态的集合。如今,旅游主要是人们出于拓展生活趣味、激发精神创造力的需要而改换生活的时间节奏和空间场所,共享不同人群的生活状态与环境,既为不同群体文化对话提供契机,也为旅游主体、客体在旅游活动的过程中通过审美感知和情感体验的交流共同创造新的生活方式及文化载体。究其渊源,人类诞生之初的迁徙、狩猎、游牧、漂泊等为生存和发展的文化创造,就已经折射出人类转换生活时空和开拓生活领域的本质,同时也凸显出旅游成为人类文化发展的驱动力之一。根据现代旅游业的多样性与分散性,当代旅游是基于后现代休闲消费背景下的大众直面文化交流和对话的一种方式,但就旅游文化的形成而言,也不能忽视其历史的发展及地域性特征。从时间与空间的视角,可深入理解旅游文化的逻辑系统。

　　习近平总书记在党的二十大报告中强调,教育、科技、人才是全面建设社会主义现代化国家的基础性、战略性支撑。必须坚持科技是第一生产力、人才是第一资源、创新是第一动力。"旅游文化学"不仅作为旅游管理专业的主干课程,肩负着培养和提高旅游人才文化素质的重要任务,同时致力于研究"旅游现象"的文化内涵,属于旅游学科独有的核心概念、理论体系和研究范式。因此,该课程的建设研究对旅游管理专业的发展甚至是中国整个旅游业的发展走向都具有重要意义。目前,学界大部分将旅游文化学的主要内容分为旅游主体文化、旅游客体文化、旅游介体文化三大部分加以理解,但在旅游文化相关课程教学中较为忽视旅游文化本身的内部结构以及旅游文化发展的地域和历史视角。

　　习近平总书记在党的二十大报告中提出,中华优秀传统文化源远流长、博大精深,是中华文明的智慧结晶。从旅游的视角出发,加深对中华优秀传统文化的理解,"文化育人",树立"文化自信"也是本教材的主要内容和任务之一。由于旅游行业的特殊性,旅游管理人才的培养必须具备综合性,旅游人才的文化素养具有重要的基础作用。本书在编写中注重引导学生主动学习,提高学习效率和效果。既需要注重科学实证与人文反思相结合,同时也强调工具理性和社会实践相结合,把对具体旅游文化现象的条分缕析与宏观环境相结合,实现知识的基础性与理论的前沿性、内容的历史性及方法的操作性相统一,完成教学改革和特色课程创新的目标和任务。

  本教材是国家级一流本科专业建设和教学研究阶段性成果,由主编主讲的"旅游文化学"课程作为校级重点教学改革项目、思政课程教学改革项目,获批贵州省第二批省级"金课"(社会实践一流课程)。并与相关专业资深教师合作共同编写。具体分工如下:胡馨月负责大纲撰写及统稿;第一章由胡馨月、白雪编写;第二章由胡馨月、施昆、刘春来编写;第三章、第四章由胡馨月编写;第五章由白雪编写;第六章由张婧编写。

  感谢华中科技大学出版社王乾老师在本书编写过程中的关心与帮助。在本书编写过程中,编者参考了大量相关著作与文献,也吸收了众多专家学者的观点和研究成果,由于篇幅所限,以参考文献形式列于文后,在此一并致谢。由于编者水平所限,错漏之处在所难免,恳请专家学者和广大读者批评指正。

编者

目录
Contents

第一章　文化与旅游文化　/001

第一节　文化的结构层次及要素　/003
　一、文化的理解　/003
　二、文化的层次　/006
　三、文化的基本特征　/010
第二节　旅游系统文化　/014
　一、旅游系统　/014
　二、旅游系统文化的形成过程　/016
第三节　旅游文化的研究历程　/018
　一、国外旅游文化的研究历程　/018
　二、国内旅游文化研究历程　/019
　三、旅游文化研究的主要内容　/025

第二章　中国旅游文化的历史演进　/033

第一节　中国古代"旅游"的意涵　/036
　一、中国古代"旅"的意涵　/037
　二、中国古代"游"的意涵　/037
　三、中国古代"旅游"的意涵　/038
第二节　中国古代旅游文化的发展历史　/040
　一、中国古代旅游文化的滥觞时期　/041
　二、中国古代旅游文化的勃兴时期　/047

三、中国古代旅游文化的自觉时期 /050
四、中国古代旅游文化的隆盛时期 /054
五、中国古代旅游文化的全面发展时期 /058

第三节　中国旅游文化的近现代转型 /066
一、近代旅游文化的发展 /066
二、中国现代旅游文化的全新发展 /068

第三章　旅游时间与休闲文化 /073

第一节　休闲与旅游 /075
一、对"休闲"的理解 /075
二、休闲文化 /081
三、休闲与旅游的关系 /087

第二节　闲暇时间、休闲时间与旅游时间 /090
一、时间的社会性 /090
二、中国传统对时间的理解 /092
三、闲暇、休闲、旅游时间的关系 /093

第四章　旅游空间文化系统 /101

第一节　旅游空间的内涵 /103
一、"空间"的相关概念 /104
二、旅游空间的定义和分类 /107

第二节　文化生态系统与村落文化 /116
一、文化生态系统 /116
二、村落文化 /117
三、中国传统村落 /120
四、乡村旅游与村落生态文化系统 /127
五、乡村景观 /127

第三节　城市文化与城市特色 /128
一、城镇的兴起 /128
二、城市生态系统与文化特色 /129
三、中国历史文化名城 /131

第五章　文化遗产旅游与传统工艺 /155

第一节　旅游文化与文化旅游 /157

一、旅游与文化的关系　　　　　　　　/157
　　二、旅游文化与文化旅游的区别与联系　/158
第二节　文化遗产的历史与现代　　　　　　/161
　　一、文化遗产概述　　　　　　　　　　/162
　　二、文化遗产保护与旅游开发　　　　　/164
第三节　非物质文化遗产与传统工艺文化　　/166
　　一、非物质文化遗产的概念及分类　　　/166
　　二、非物质文化遗产的内涵认知　　　　/167
　　三、传统工艺文化　　　　　　　　　　/168
第四节　文化资本与遗产旅游　　　　　　　/174
　　一、文化资本　　　　　　　　　　　　/174
　　二、遗产旅游　　　　　　　　　　　　/176

第六章　旅游的跨文化交流与文化传播 /185

第一节　旅游跨文化交流出现的原因
　　　　及意义　　　　　　　　　　　　　/187
　　一、文化震惊与跨文化交流　　　　　　/187
　　二、旅游与跨文化交流　　　　　　　　/189
　　三、旅游跨文化交流中的冲突与融合　　/190
第二节　旅游跨文化交流中的文化差异　　　/193
　　一、文化差异的特征　　　　　　　　　/193
　　二、旅游跨文化交流中的文化差异分析　/195
第三节　旅游发展与文化传播　　　　　　　/200
　　一、旅游的文化动机　　　　　　　　　/200
　　二、旅游发展与文化传播　　　　　　　/201
第四节　当代旅游产业影响与异质文化
　　　　交流　　　　　　　　　　　　　　/203
　　一、异质文化交流　　　　　　　　　　/203
　　二、当代旅游产业影响下的异质文化交流/204
　　三、文化多样性与旅游业的可持续发展　/205

参考文献　　　　　　　　　　　　　　　/208

第一章
文化与旅游文化

知识目标
(1)了解文化的基本概念。
(2)掌握旅游系统与文化的关系。
(3)了解旅游文化学研究脉络与研究内容,掌握旅游文化的特征及功能。

能力目标
(1)构建系统性分析问题的能力。
(2)培养对旅游文化现象的分析能力。

素养目标
(1)以"文化育人"树立"文化自觉"与"文化自信"。
(2)"中华民族多元一体"与"文化认同"。

思维导图

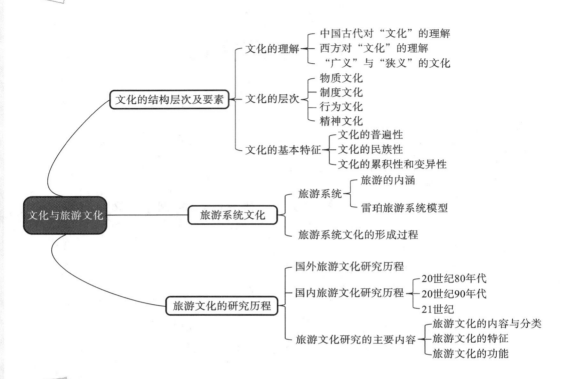

导入案例

　　文化,就是吾人生活所依靠之一切。如吾人生活,必依靠农工生产。农工如何生产,凡其所有器具及其相关之社会制度等,便都是文化之一大重要部分。又如吾人生活,必依靠于社会之治安,必依靠于社会之有条理、有秩序后可。那么,所有产生此治安,必依靠于社会之条理有秩序而后可。那么,所有产生此条理秩序,且维持它的,如国家政治、法律制度、宗教信仰、道德习惯、法庭、警察、军队等,也莫不为文化重要部分。又如吾人生来一无所能,一切都靠后天学习而后能之。于是一切教育设施,遂不可少;而文化之传播与不断进步,亦即在此。那当然,若文字图书、学术学校及其相关之事,更是文化了。俗常以文字、文学、思想、学术、教育、出版等为文化,乃是狭义的。我今说文化就是吾人生活所依靠之一切,意在指示人们,文化是极其实在的东西。文化之本义,应在经济、政治,乃至一切无所不包。

资料来源 梁漱溟.中国文化要义[M].上海:学林出版社,1987.

思考:梁漱溟先生认为文化是一切生活之本的理由是什么?

第一节　文化的结构层次及要素

一、文化的理解

(一)中国古代对"文化"的理解

文化的概念极为广泛,在不同国家、不同时期对文化的理解也各有差异。中国古代甲骨文与金文中的"文"字象形人身上的文身。在中国古代典籍中,"文"既指纹理、文字、文章、文采,也指礼乐制度、法律条文等。许慎的《说文解字》中说:"文,错画也,象交文。""文"引申为"花纹""纹理"。《周易·坤卦》中"黄裳元吉,文在中也"意为"文"不仅是衣服上美好的纹饰,也是内在精神的反映,因此才能称为吉祥。后来将"文"引申为道德的象征。如《论语·雍也》中:"质胜文则野,文胜制则史,文质彬彬,然后君子。"

甲骨文中的"化"字为一正一反两人相对,其意为转化、变化。中国古代典籍中,"化"表示变化,如战国时期的《墨经》中说:"化,征易也",还有"化生""化育"的意涵;《周易·咸卦·象传》说"天地感而万物化生";《管子·心术上》谓"化育万物谓之德";许慎的《说文解字》中说"化,教行也"。因此,"化"还表示教化。《周易·贲卦·象传》称:"观乎天文,以察时变;观乎人文,以化成天下。""人文",指礼义规范。北宋程颐解释说:"人文,人理之伦序。观人文以教化天下,天下成其礼俗,乃圣人用贲之道也。""贲卦"说的是文饰之道,对人的质朴加以文饰,使之有礼有义。"文质彬彬"即人文的表现。以人文教化民众,是中国古代"文化"的基本含义;对人的教育是渐进的过程,人受到影响后会不知不觉地发生改变,此即教化。《文心雕龙·时序》曰:"文变染乎世情,兴废系乎时序。"喻义文章的变化受到时代的感染,不同文体的兴衰和时代的兴衰有关,引申来看实际是指文化具有地域性和时间性的区别。生活在不同地区的人们,在认识自然、改造自然的过程中,在不同的生存环境中逐渐形成了独具风格的生产、生活方式,创造了各种类型的文化。即使生活在同一地域的人群,因为生活环境的变化和在文化运动规律的作用下,在不同的历史阶段形成不同的文化,产生了文化在时间和空间上的差异。

(二)西方对"文化"的理解

英语中的"文化"(Culture)一词来源于拉丁文(Cultura),原义为"对土地的耕作及动植物的培养",在15世纪后引申为"宗教崇拜""培养""教养"等含义。西方所指的"文化"一直保留生产生活中"个人教养"的意思,但在具体的使用中又有差异,如英语、法语中的"文化"更贴近"文明",指人的行为、举止、交际、衣着等"有教养"。德语中,除了"教养"之外,还指已存在的文化产品。19世纪英国的学者阿诺德(Arnold)和泰勒(Tylor)基本奠定了"文化"一词的现代用法。1969年,阿诺德提出"文化"应该是对完美的探究和追寻,而美与智,或曰美好与光明,就是文化所追寻的完美之主要品格。阿诺德的定义中,文化被虚化,成为精神的追求。泰勒给文化下了一个广为人知的定义:"文化,或文明,就其广泛的民族学意义来说,是包括全部的知识、信仰、艺术、道德法律、风俗以及作为社会成员的人所掌握和接受的任何其他的才能和习惯的复合体。"可以看到泰勒将文化实用泛化,包含了与之相关的所有内容。

 知识链接

> 马修·阿诺德(Matthew Arnold,1822—1888年)英国近代诗人、教育家,评论家。主张诗要反映时代的要求,写过大量文学、教育、社会问题随笔,抨击英国生活和文化方面的地方主义、庸俗风气、功利主义。1849年,发表第一部诗集《迷途浪子》(*The Strayed Reveller*)。其批评论著有《评论集》(1865)、《文化与无政府》(1869)、《文学与教条》(1873)等。
>
> 爱德华·泰勒(Edward Burnett Tylor,1832—1917年),英国文化人类学的奠基人、古典进化论的主要代表人物。他给"文化"下过两次定义,在1870年《原始文化》中对"文化"作出影响最为深远的定义之前,泰勒在《人类早期历史与文化发展之研究》(1865)中认为:"文化是一个复杂的总体,包括知识、艺术、宗教、神话、法律、风俗以及其他社会现象。"代表著作有《阿瓦纳克人——古代和现代的墨西哥和墨西哥人》(1861)、《人类古代史和文明发展的研究》(1865)、《原始文化》(1871)等。1881年发表的《人类学》奠定了现代人类学的文化概念和理论的基础。

随着社会的发展,文化的内涵和外延也在不断变化。据美国文化学家克罗伯(Kroeber)和克拉克洪(Kluckhohn)统计,1871年到1951年文化的定义有164条,这些定义被分成了七类:描述性的(Descriptive)、历史性的(Historical)、规范性的(Normative)、心理学的(Psychological)、结构性的(Structural)、发生的(Genetic)以及不完整的定义(Incomplete Definitions)。至今,文化的概念还在不断地增加。法国1971年出版的《迈尔百科辞典》将文化定义为:"文化最初指土地的开垦及植物的栽培;以后指对人的身体、精神,特别是艺术和道德能力及天赋的培养,亦指人类社会在征服自然和自我发展中所创造的物质和思想财富。"1973年出版的《美国大百科全书》定义:"文化是群体的行为模式和生活方式,是一切人群可以观察的具有特色、表示部落社会特征的特征群。"1974年出版的《英国大百科全书》定义:"文化是总体的人类社会遗产,是一种渊源于历史的生活结构的体系。这种体系往往作为集团的成员所共有,它包括这一集团的语言、传统、习惯或制度,包括有激励作用的思想、信仰和价值以及它们在物质工具和制造物中的体现。"

(三)"广义"与"狭义"的文化

尽管全世界对于文化的定义未能统一,但在理解文化差异的基础上可以从整体上对其进行把握。今天我们使用的"文化"概念,被认为是19世纪末从日本转译而来,也受到苏联"文化"定义的影响。1971年《苏联大百科全书》中定义:"文化,是社会和人在历史上一定的发展水平,它表现为人们进行生活和活动的种种类型以及人们所创造的物质和精神财富。"实际上,对文化的理解具有"广义"和"狭义"的内涵。《辞海》中定义:"文化,广义指人类在社会实践过程中所获得的物质、精神的生产能力和创造的物质、精神财富的总和。狭义指社会的意识形态,以及与之相适应的制度和组织机构,它又泛指一般知识。文化是一种历史现象,每一社会都有与其相适应的文化,并随着社会物质生产的发展而发展。作为意识形态的文化,是一定社会的政治和经济的反映,又给予巨大影响和作用于一定社会的政治和经济。在阶级社会中,它具有阶级性。随着民族的产生和发展,文化具有民族性,通过民族形式的发展,形成民族的传统。文化的发展具有历史的连续性,社会物质生产发展的历史连续性是文化发展历史连续性的基础。"《社会学简明辞典》指出:"从广义来说,文化是指人类在社会历史实践过程中所创造的物质财富和精神财富的总和。从狭义来说,文化是以一定物质资料生产方式为基础的精神财富的总和。"

实际上,广义的"文化"本质上是人类作为社会主体在处理社会与自然及社会系统内部各部分之间关系的物质活动和精神活动的总体表现。狭义的文化是指精神生产能力和精神产品,包括自然、科学技术、社会意识形态等一切社会意识形式。与旅游相关的文化需要我们从广义上进行理解。

> **知识活页**
>
> ### 泰　山
>
> 自然山体本身并非文化。但在中华文明的发展历程中,泰山(见图1-1)被认为是黄河流域古代文化的发祥地之一,具有重要的文化象征内涵。早在40万年前,泰山就有人类活动的遗迹,至今多处有古人类活动遗存。泰山有"五岳之首""五岳独尊"的称誉。历史上,泰山因其巍峨挺拔而倍受历代帝王推崇:先秦时期,共有72位帝王登封泰山;秦至明清,共计有12位皇帝30余次或亲临封禅,或遣官告祭,登上泰山成了权力的象征。泰山一直是文人墨客顶礼膜拜的胜地,历代文化名人纷至泰山进行诗文著述,留下了数以千计的诗文刻石。如司马迁的《封禅书》、曹植的《飞龙篇》、李白的《泰山吟》、杜甫的《望岳》等诗文,成为中国的传世名篇;天贶殿的宋代壁画、灵岩寺的宋代彩塑罗汉像是稀世珍品;泰山的石刻、碑碣,真草隶篆各体俱全,颜、
>
>
>
> **图1-1　泰山唐摩崖**
>
> (资料来源:中国泰山风景名胜区官方网站,网址 http://mount-tail.com.cn/index.shtml)

柳、欧、赵各派毕至，集中国书法艺术之大成。泰山文化遗产极为丰富，现存古遗址97处，古建筑群22处，成为中国古代建筑文化的实物资料。

资料来源 根据新华社《泰山："五岳之首"承载华夏至尊》整理。网址 www.gov.cn/test/2006-03/31/content_241157.htm.

首先，文化是人的创造，其存在与发展和人类的存在与发展息息相关，是"人化"的一种现象；其次，文化是人类社会活动所创造，为社会普遍共有；再次，文化是人类智慧和劳动的产物，体现于人们社会实践活动的方式中，具有物质（如衣、食、住、工具及一切器物）或非物质（如语言、文学、艺术、道德、哲学、宗教、风俗、社会组织等）的形式。著名历史学家冯天瑜指出："文化的实质性含义是'人类化'，是人类价值观念在社会实践过程中的对象化，是人类创造的文化价值经由符号这一介质在传播中的实现过程，而这种实现过程包括外在的文化产品的创制和人自身心智的塑造。"冯天瑜进而从文化形态学的角度，将作为整体的文化略分为物质文化、制度文化、行为文化、心态文化（社会意识）四个层次。物质文化，或称物态文化，是人的物质生产活动方式和产品的总和。制度文化是人类在社会实践中组建的各种社会规范。行为文化是人类在社会实践特别是人际交往中约定俗成的习惯性定式，也就是以礼俗、民俗、风俗形态出现的行为模式。心态文化是文化的核心部分，它是人类在社会实践和意识活动中长期孕育出来的价值观念、审美情趣和思维方式等。心态文化包括社会心理、社会意识形态两个层面。社会心理是人们日常的精神状态和道德面貌。社会意识形态则是指经过理论加工和艺术升华的社会意识。默多克（Murdock）认为文化可以详细分为以下要素。

(1)基础资料；(2)历史及文化接触；(3)文化整体之情形；(4)语言；(5)传播；(6)利用资源的活动；(7)技术；(8)资本；(9)住房；(10)食物；(11)饮料及嗜好品；(12)衣服、装饰品；(13)生活之日常过程；(14)劳动；(15)分工；(16)交换；(17)财政；(18)运输；(19)旅行；(20)娱乐；(21)艺术；(22)数和计量；(23)继承和学习；(24)对自然的反应；(25)宗教；(26)伦理；(27)财产和契约；(28)社会阶层；(29)家族；(30)亲族；(31)血缘和地缘集团；(32)政治组织；(33)法律和社会制度；(34)集团的抗争；(35)战争与和平；(36)关于身体的概念；(37)性；(38)生殖；(39)幼儿；(40)儿童；(41)青年；(42)结婚；(43)成年；(44)老年；(45)疾病；(46)死亡。

二、文化的层次

从文化起源的角度来看，满足本能需要的文化形态往往构成了最基础的或最基本的文化层次，它们包括衣、食、住、行等内容；其次是通过社会层面展示的文化，诸如社会关系、社会地位等内容，它们从血缘等基本层面延伸开来，在社会层面得到最充分的表达。而人类与动物的最大区别在于心理层面的差异。在不同的历史时期和地区,在不同的社会形态中,对于不同的族群或民族,对于不同性别和不同年龄阶段的个体,人类的心理需求和满足过程是极其不同的,这种不同形成了这一文化层次最为丰富多彩的文化特点。

(一)物质文化

物质文化习惯上也称物态文化,是人类在满足自我生存并改造自然、战胜自然过程中创造的文化形态,它包括生产工具、生活工具的诸多要素或内容,包括动物的蓄养和植物的种植以及加工工具的形态、衣饰的材料及其加工和制作、居室的建造及其可以感知的形态和内容、交通工具等。

物质文化不仅是人类创造的最原始的文化形态,同时也是人类在文化延续期间不断创新发展的文化形态。如生产工具,它除了具有丰富的内容之外,在世界各地各民族中存在着巨大的差异,并且不断地处于更新过程之中。从历史发展来看,从打制石器工具到磨制石器工具,再到制作青铜器工具,直到制作铁制工具,这当中凝聚了人类的无限创造力和智慧。具体到某一器具,无论是其材料的改进、外形的变化,还是其功能的增加,都使其处于不断的演化或创新之中。如服饰,从以树叶、树皮为材料,到以兽皮、纤维为材料,再到使用各种化学合成材料,表现出物质文化处于进步和变动之中的特点。同时,服饰样式也处于不断改变及相互融合的过程中,反映了人的审美与认知。

(二)制度文化

制度文化是通过规范的习惯或文字文本形式固定下来的作为人们生产、生活典范的文化。一般来说,以文字规范形式出现的文化制度是制度文化最重要的组成部分,而习惯性规定的制度文化是社会公约部分。二者的适应范围和对象不同,前者对应的是全体民众或国民或团体,后者通常在传统的社会或团体中起作用。制度文化既有强制性的形态,也有非强制性的形态。强制性的形态如国家法律,它对某些行为方式作出硬性规定,违反了这些规定,将受到法律的制裁。这种制裁通过政府部门和强权机关等国家机器来完成。而非强制性的制度文化,包括一些习惯性的规定和道德性、舆论性的规定,它通过规劝、舆论压力等,对生存于其间的人形成约束或规范。

制度文化具有很鲜明的层次性。国家层面的法律制度适用于全体国民,它以宪法为最高规范,同时还根据需要制定各种法律。除了国家层面的法律制度之外,还有区域性的法律制度,如地方性的法律法规、团体性的规章制度、行业的规章制度等。这些法律、制度、规章和条例的适应范围、适应人群有着很大的差异。这些规章制度在最大限度上规范着不同人群的生产、生活和工作,保证人们通过有保障的方式进行交往、沟通,最终使群体或社会以有序的形态和谐地存续或运行。

(三)行为文化

行为文化主要是指通过日常生活中的各种行为方式进行表达的文化形态。人类是具有文化的动物,这些所谓的文化,表现在日常生活中,就是各国、各地区、各民族人民在行为方式上存在的各不相同、差异巨大的习惯性规定。

行为文化的具体方式常常只存在于一些人或一部分人之中,这些所谓的一些人或一部分人,可能是原始群体,也可能是一个民族。就地域而言,可能是一个村落、乡镇或城市乃至一个国家或更广阔的地域。行为文化的内容非常丰富,涉及人类生活的方方面面,诸如人们的交往、生活、生产、婚姻、丧葬、喜庆等,它是每一个生活于同地域群体之中的人必须习得的知识和基本遵循的习俗。

(四)精神文化

精神文化的内容非常丰富。一方面,它可以反映在人类所有的文化状态之中,通过不同的方式表达人们的道德伦理、价值观念、审美习惯和思维方式。如古代帝王通过建造宏伟、精美的建筑来展示国家的强大,并通过这种展示获得某种精神及权力的宣示。另一方面,它通过一些特殊的文化形态展示出人类不同于其他物种的观念、意识、信仰、心理等需求。因此,多数文化学者认为文化的精神意涵是指其作为一个特定社会中代代相传的一种共享的生活方式,包括技术、价值观念、信仰以及规范。

具体而言,精神文化一般涵盖以下四个方面的内容。一是宗教信仰层面的文化以及民间信仰和民间宗教。二是娱乐层面的文化。这一层面的文化既包括各种体育竞技比赛、民间传统娱乐、休闲竞技等,也包括节庆习俗,如舞龙灯、舞狮子、踩高跷、划龙舟等。三是文学与艺术层面的文化。文学与艺术是人类精神文化的重要组成部分,在人类文化发展的整个进程中占有重要的地位。四是语言层面的文化。不同国家、地区、民族之间的语言差异传承了丰富的人类文化样式。

实际上,物质、行为、制度、精神四个层次的文化相互影响。如我国故宫的建筑文化可以分为如下层次:从物质层面看,故宫的建筑宏伟崇高、层层递进;从制度层面看,该建筑代表了古代帝王统治制度(等级序列制度)及其行为规范;从精神层面看,该建筑表达了皇权至上,上下有等、贵贱有别的观念。它们之间是相互影响、相互构建的。

> **知识活页**
>
> ### 故　宫
>
> 故宫位于北京市市中心,也称"紫禁城"(见图1-2)。故宫古建筑群由朱棣皇帝亲自策划营建。现存规模之大,构造之严谨,装饰之精美,文物之众多,在中国古建筑中绝无仅有,是世界著名的皇宫建筑群。这里曾居住过24个皇帝,是明清两代(1368—1911年)的皇宫,现称为"故宫博物院"。故宫的整个建筑金碧辉煌,庄严绚丽,被誉为世界五大宫之一(北京故宫、法国凡尔赛宫、英国白金汉宫、美国白宫、俄罗斯克里姆林宫),并被联合国教科文组织列为"世界文化遗产"。世界遗产委员会评价:"紫禁城是中国5个多世纪以来的最高权力中心,它以园林景观和容纳了家具及工艺品的9000个房间的庞大建筑群,成为明清时代中国文明无价的历史见证。"

图 1-2　紫禁城

（资料来源：故宫博物院官方网站 https://www.dpm.org.cn/Home.html.）

故宫的宫殿建筑是中国现存最大、最完整的古建筑群，总面积达 72 万多平方米，有殿宇宫室 9999 间半，被称为"殿宇之海"，气魄宏伟，极为壮观。无论是平面布局、立体效果，还是形式上的雄伟堂皇，都堪称无与伦比的杰作。

宫殿是沿着一条南北向的中轴线排列，这条中轴又在北京城的中轴线上。三大殿、后三宫、御花园都位于这条中轴线上。在中轴宫殿两旁，还对称分布着许多殿宇，左右对称，南达永定门，北到鼓楼、钟楼，贯穿整个紫禁城。外朝以太和、中和、保和三大殿为中心，以文华、武英殿为两翼。内廷以乾清宫、交泰殿、坤宁宫为中心，东西以六宫为两翼，布局严谨有序。故宫的 4 个城角都有精巧玲珑的角楼，建造精巧美观。宫城周围环绕着高 10 米、长 3400 米的宫墙，墙外有 52 米宽的护城河。规划严整，气魄宏伟，极为壮观。无论是平面布局、立体效果还是形式上的雄伟、堂皇、庄严、和谐，都属无与伦比的杰作。它标志着我国悠久的文化传统，显示着 500 余年前我国在建筑艺术上的卓越成就。

现在，故宫的一些宫殿中设立了综合性的历史艺术馆、绘画馆、分类的陶瓷馆、青铜器馆、明清工艺美术馆、铭刻馆、玩具馆、文房四宝馆、玩物馆、珍宝馆、钟表馆和清代宫廷典章文物展览等，收藏有大量古代艺术珍品，据统计共计 1052653 件，占中国文物总数的六分之一，是中国收藏文物最丰富的博物馆，也是世界著名的古代文化艺术博物馆，其中很多文物是绝无仅有的无价国宝。

资料来源　根据国家文物局网站（http://www.ncha.gov.cn）相关内容整理。

三、文化的基本特征

文化是人类的创造物，从本质上而言，它是人类适应环境的手段，归根结底是为人类的生存服务，因而在某种程度上，文化具有普遍性的特征。然而，文化是由不同的族群、不同的民族在不同时期和不同地域所创造的，故又具有鲜明的民族性。正是二者的有机结合，致使人类文化既呈现出互通性和流动性，又表现出多样性和本土性。

（一）文化的普遍性

文化的普遍性不能被狭隘地理解为任何一个民族在任何一个时代都拥有相同的文化内容，而是指文化为人类的基本生存、生产生活需要和社会组织服务的特性，这种特性不因种族、民族、地域、阶级、时代而有所区别。因此，文化是全人类所共同拥有的财富。文化的普遍性在本质上主要体现为一种文化的人类共享性，也可以视作文化的外部共享性。

文化外部共享性的形成主要基于以下两个因素。

其一，人性普同，需求类似。从生物学角度来看，人类个体只是自然界的一分子，是地球生物系统中的一个种群。因此，地球上种族不同、肤色各异的人，无论看起来差异有多么明显，但在生物种类上的本质都是一样的，有着相同的生命结构和相似的身体机能。都会经历新陈代谢、生老病死的过程，都有着相似的身体感觉和生理需求。地球上的人类总体而言可谓人性普同，需求类似。因此，作为具有普遍生存意义的人类文化，必然具有某种共通性。

其二，人类多样性的生态环境带有某种共性。尽管地球上的人类栖居地在生态环境上千差万别，但凡是适宜人居住的地方必然在基本生存条件上或多或少相似。无论生活在寒带高原还是热带雨林，抑或是内陆山区、海上岛屿，都有昼夜交替、阴晴变换等自然现象，都存在着由有机体组成的生物系统和由无机体组成的非生物系统以及二者构成的生态系统，所有人类生命能量的获得都需要遵循生态系统内部能量交换的规律。正是这种相似性，导致人类文化必然具有某种普遍性。

（二）文化的民族性

马克思和恩格斯区分了古代民族和现代民族，认为阶级产生后，不同时代民族在内容、实质上并不相同。"民族"于近代末期在我国汉语中出现，就目前材料而言，最早见之于梁启超《东籍月旦》。林耀华，金天明，陈克进认为，在我国通用的"民族"一词，指的是所有历史时期的民族共同体。赫尔德（Herder）在论述语言的发生发展规律中认为语言来自认同的群体性，形成不同的民族性格，在此基础上文化传统既是继承发展的，也可以相互影响。他认为每个民族都有特定的民族精神，每个时代都有特定的时代精神，而民族精神是一个民族有机体的最隐秘的表现，是民族特性的根本。它形成于每个民族所赖以生存的特定地理环境，并随着各民族历史中不同的时代精神而发展，最终体现在各民族不同的文化当中。

各民族之间呈现的差异性实际上是由各民族内部的文化共享性形成,文化内部共享性的形成源于文化的生成机制。就生成机制而言,文化是主体与客体在社会实践中相互作用的产物。从事社会实践的文化主体并非单个个体,而是由个体成员按照一定的社会关系结成的社会群体。其中的深层价值观念和行为模式也往往主要被这一特定人群所理解与分享,故文化又表现为鲜明的内部共享性。同时,在共享文化内部,由于性别、年龄、阶层等方面的差异,又存在着多种亚文化,即共享文化系统内部又分布着许多小的子文化系统。

知识链接

> 约翰·哥特弗雷德·赫尔德(Johann Gottfried Herder,1744—1803),德国哲学家,路德派神学家,诗人。德国18世纪启蒙运动代表人物之一。其作品《论语言的起源》(*Treatise on the Origin of Language*)成为狂飙运动的基础。主要代表作有:《当代德国文学之片稿》(1767)、《评论文集》(1769)、《我在1769年的游记》(1769)、《论语言的起源》(1772)、《关于人类教育的另一种历史哲学》(1774)等。

总体而言,人类文化的内部共享性特征较之外部共享性特征更为鲜明。文化民族性和文化的内部共享性对于人类的生存具有不可或缺的意义,具体表现在以下几个方面。

其一,文化的内部共享性导致人类文化的多样性和丰富性。文化的内部共享性主要表现为文化的民族性或相应的地域性。不同的国家和民族往往拥有不同的物质生产方式、不同的社会制度和行为模式以及不同的社会心理、社会意识等,甚至相同国家内的不同地域亦呈现出多样化的文化特征,这也是旅游的主要吸引物。

其二,文化的内部共享性是民族文化认同和民族内部凝聚力形成的基础。民族内部的成员总是共享一套价值观念、行为准则,人们在相互理解中获得一种情感和文化的认同,其生活因此被赋予意义。正是这种文化内部的共享性特征,成为民族内部凝聚力形成的基础和民族文化前进的动力。例如,中国有56个民族,但全体中国人民共享中华民族文化的价值观念,呈现出"多元一体"的民族认同感和强大的民族凝聚力。

其三,文化的内部共享性有利于打破种族界限。一套文化体系既然是被社会群体共享的,而且这些共享的文化是后天习得,那么在同一文化大环境中成长的不同种族的人就会共享一套价值观念和行为模式。可见,人与人之间的主要差异不是种族与体质的差异,而是文化的差异。这在某种程度上有利于打破种族的边界,最终有益于人类各族群的理解与沟通。

(三)文化的累积性和变异性

文化的累积性是指文化元素或文化特质的积聚和增长,它往往表现为文化内容从某一个体、某一民族、某一时代向另一个体、另一民族和另一时代的延续发展和累积叠加的过程。文化累积性是人类文化发展的基本形式,没有文化的累积就没有文化的创新和发展。累积性是文化的固有属性,也是文化发展的前提和条件。文化累积不是文化元素和文化特质简单的重复式叠加，而是包含着批判性继承、选择性借鉴、适应性整合等一系列辩证的过程。

文化的变异性是指文化在累积发展过程中不断变化的特性。文化的变异性包含文化的扬弃和创新等环节。文化的累积性与变异性是辩证统一的。没有文化的累积，也就不会有文化的增加和文化的发展；而没有文化的变异，则意味着没有文化的扬弃和自我更新，同样也不会有文化的发展。

所谓文化的变异，主要指的是文化类型、文化结构等方面的根本性变化。文化变异性不仅是指文化内容的激活，更是指整个系统模式的革命和转型。它是原有价值体系、心理定式、思维方式的解构，也是新的观念、思想、规则的建构；是传统惯性的消解，也是传统精华的重铸。可以说，文化的累积性是一种渐变，文化的变异性则是一种突变和飞跃。前者是文化发展的量变，后者是文化发展的质变。文化变异性是文化的"适应、整合、变迁"等特有属性相互作用的产物。

首先，随着时代的变迁，文化中某些阻碍社会发展的不适应因素或者被调整，或者被淘汰并代之以新的文化因素，其结果必然导致文化形态或文化结构产生某些变异。其次，文化是作为系统而存在，具有整合性。任何一种文化都不是由各种孤立的现象拼凑而成的，而是一个由各种文化现象有序结合而成的有机整体，是一个不同文化层相互作用的完整系统。因此，在一个社会文化系统中，一种文化现象的变化必然引起另一种文化现象的相应变化。文化在借鉴、吸收外来文化后，也必然导致某些文化形态或文化结构发生变异。例如，伴随着欧洲工业革命的发生而进行的大机器生产，必然要变革原来的封建生产关系。此外，倘若一个文化系统内部发生某种制度性的变化，也必然导致相应文化现象的改变。

> **知识活页**
>
> 在解释变迁过程或途径时，社会人类学者最常运用的概念包括：传播（Diffusion）、文化丧失（Cultural loss）、涵化（Acculturation）以及发明（Innovation）。所谓"传播"指的就是文化形式的借用或流传过程中出现的文化变动。传播往往有中介，其主体就是从另一社会引进新的文化因素的个人或群体。鉴于借用（Borrowing）现象的普遍性，英国社会人类学家、功能学派创始人之一马林诺夫斯基（Bronislow Malinowski）认为它与其他的文化创新形式一样具有创造性，而美国文化人格学派的主要代表之一林顿（Ralph Linton）则认为文化的借用占了任何文化内容的百分之九十。"文化丧失"就是一种文化形式取代另一种文化形式所导致的严重后果，它对文化具有很大的破坏性。但是，在许多情况下，文化可能毫无缘由地被丧失掉，成为没有文化替代的文化丧失。这种现象与接受一种创新一样，必定会构成变迁。"涵化"产生于有着不同文化的人类共同体进入集中的直接接触之中，其结果造成其中一个群体或两个群体原来的文化形式发生大规模变化。涵化有许多可变因素，包括文化差别程度、接

触的环境、强度、频率、友好程度、接触的代理人的相对地位（即何者处于支配地位、何者处于服从地位）、流动的性质等。涵化过程中可能出现如下现象：①取代（Substitution），即以前存在的综合体由另一种综合体所取代，产生最小的结构改变；②综摄（Syncretism），即各种旧物质混合形成一种新制度，这可能导致大规模的文化变迁；③增添（Addition），即增添新的物质或物质综合体，有时会发生结构改变，但有时也不会；④文化萎缩（Deculturation），即丧失一个文化的实质部分；⑤起源（Origination），即产生新的物质来满足变化形势中的需求；⑥排拒（Reaction），即变迁过程十分迅速，以致许多人不能接受这种变迁，其结果会造成排拒、反抗或复兴运动。涵化的发展可能有几条路线。当两种文化丧失它们各自的个性并形成一种单一文化时，就产生合并或同化。当一种文化丧失其自主权力但仍作为一种亚文化（如一个种姓、阶级或族群）而保留其个性，就会产生结合。灭绝也就是一种文化不断丧失其成员（死亡或加入别的文化），最终该文化不再有任何功能。在适应过程中，动力平衡会发展出新的结构。在最后那种情况中，变迁仍会继续，但它是以"熔炉"形式缓慢地进行的。

用早期人类学的术语来概括，我们可以看到上述有关文化变迁动因的解释关注的主要是文化之间的外部接触（Cultural contact）。对许多人类学者来说，变迁指的是一个族群在与其他族群的接触过程中，引进新的观念以及做事情的新方式，造成传统价值观念中传统行为方式的改变。事实上，文化变迁也常发生于社会和文化的内部。例如，文化内部的人对文化的看法发生改变，会导致社会解释其文化的规范和文化价值观的方式发生改变。"发明"（Innovation）指的就是对技术的看法的改变引起的文化变迁。具体言之，"发明"一词指的是一个个人发现了一种新的做法、工具或原理，最终为其他人所接受，成为社会共享的东西。"发明"还可进一步分为"首次"发明和"二次"发明。首次发明就是新原理的发现；二次发明是应用已知原则进行的改进。发明如要让社会接受，就必须与社会的需求、价值观念和目标求得一致。

资料来源　王铭铭.文化变迁与现代性的思考[J].民俗研究,1998(1)：1-14.

第二节 旅游系统文化

一、旅游系统

(一)旅游的内涵

就现实来看,旅游主要是人类为拓展生活趣味、激发精神创造力的需要而改换生活的空间场所与时间节奏,但究其渊源,人类诞生之初的迁徙、狩猎、游牧、漂泊等为生存和发展的文化创造,就已经折射出人类转换生活节奏和开拓生活领域的本质。文化是人类群体创造并共同享有的物质实体、价值观念、意义体系和行为方式,是人类群体的整个生活状态。因此,从广义的旅游含义而言,旅游作为一个综合性的社会现象,本身就是文化的一部分。人们对于旅游现象的关注和描述可以追溯到公元前,如我国的《诗经》多次出现了山岳、河流以及各种动植物的描写,可谓后世游记文学的滥觞。

就旅游产业的发展而言,近代的旅游业开端是以 1841 年库克(Cook)以包租火车的形式组织 570 人的团体旅游活动,参加英格兰中部地区禁酒游行集会为标志。实际上,直到 19 世纪,旅游活动才具有如今意义上旅游业发展的特点。

 知识链接

托马斯·库克(Thomas Cook,1808—1892 年),近代旅游业的先驱者,是世界上第一家旅行社——托马斯·库克旅行社的创办者。1841 年 7 月 5 日,托马斯·库克通过包租火车,组织了一次规模很大的团体旅游活动。他们从英格兰中部城市莱斯特出发,目的地是 12 英里(约 19.2 千米)之外的拉夫伯勒,当天晚上返回莱斯特城。此行的目的是去参加在拉夫伯勒举行的一次禁酒大会。这次活动普遍被认为是世界上第一次团体火车旅游,并被认为是近代旅游业开端的标志。1845 年,托马斯·库克决定开办商业性的旅行社业务,并于当年夏天首次组织团体消遣旅游。这次团体旅游活动是从莱斯特出发,最终目的地是利物浦,全程为期 1 周,参加人数为 350 人。1855 年,托马斯·库克组织了前往法国巴黎参观世界博览会的团体旅游活动。这次旅游活动在巴黎停留 4 天,全程采用一次性包价,包括往返交通费和在巴黎的住宿费,总计为 36 先令(1 先令=0.05 英镑)。当时的《曼彻斯特卫报》(1855 年 8 月 6 日)称此举是"铁路旅游史上的创举"。这是世界上组织包价出国旅游的开端。1872 年,托马斯·库克首创了组织环球旅游的先例,组织了 9 位不同国籍的旅行者进行为期 222 天的第一次环球旅行。由于这种旅行团前所未有而愈发引人关注,在该团的环球旅游过程中,《泰晤士报》以当时最快的速度进行了全程连续追踪报道。这次环球旅游中,旅行团还到访了中国的上海。在经营旅游业务过程中,托马斯·库克创造出一种代金券。旅游者持此券可在同托马斯·库克旅行社有合同关系的交通运输公司和旅游接待企业中代替现金用于支付,并可用此券在指定的银行兑取现金。这一早期"旅行支票"的推出方便了顾客,增加了外出旅游的安全度,开创了旅行支票这一金融业务的先河。

旅游作为一个学科的研究历史相对较为短暂,西方近现代旅游相关的研究文献最早见于 1899 年意大利政府统计局博迪奥(Bodio)发表的论文《外国人在意大利的移动及其金钱性花费》。而旅游研究作为大学课程的内容出现,始见于 20 世纪 30 年代欧洲,之后一段时间内的研究都主要集中于旅游发展与经济的关系,代表作者和作品是 1927 年马里奥蒂(Mariott)的《旅游经济讲义》。到 20 世纪 30 年代,才有学者将旅游作为一个系统进行研究,提出有必要拓宽旅游的研究领域,从不同的学科视角进行研究,以 1935 年葛留克斯曼(Glucksmann)的《旅游总论》为标志,该作品系统地论证了旅游活动的发生、基础、性质和社会影响。葛留克斯曼把旅游活动的概念定义为"在旅居地短时间旅居的人与当地人之间各种关系的总和"。1942 年,亨泽克尔(Hunziker)和克雷夫(Krapf)发表了《旅游总论概要》一书,在这本书中,亨泽克尔和克雷夫认为:旅游现象的本质是具有多种相互作用要素的复合体,这个复合体是以旅游活动为中心,与国民、保健、经济、政治、社会、文化、技术等社会中的各种要素和各方面相互作用的产物。在这个基础上,亨泽克尔和克雷夫提出了旅游现象多方位、多层面结构的思想,并且认为需通过多学科综合研究的见解,得出旅游现象不具有经济性质,更接近于社会学的范围,并且进一步论断了旅游经济不应该是经济学的一个分支。亨泽克尔和克雷夫对旅游的定义在 20 世纪 70 年代被旅游科学专家国际联合会(AIEST)采用,该定义被作为该组织的标准定义:"旅游是非定居者的旅行和逗留所引起的各种现象和关系的总和。这些旅行和逗留活动的开展不会导致长期定居,并且无涉于任何赚钱活动。"该定义被称之为"艾斯特(AIEST)定义"。这个定义明确指出旅游是人们短期离家远行的社会活动,这种"现象和关系的总合"即为旅游。

(二)雷珀旅游系统模型

随着研究的深入,旅游作为一种综合的社会现象已经成为共识。国际上著名的权威旅游学术研究刊物《旅游研究年刊》(Annals of Tourism Research)1991 年第一期刊出了题为"旅游社会科学"(Tourism Social Science)的专辑,专辑中包括了经济学、人类学、生态学等 10 个学科分支,体现了多学科综合研究的主题。

1993 年,联合国接受了 1991 年 6 月世界旅游组织(UNWTO)在加拿大渥太华会议后提交的报告,将旅游活动定义为:"旅游活动是人们出于休闲、商务以及其他目的,短期(历时不超过一年)离开自己的惯常环境,前往他乡的旅行活动以及在该地的停留访问活动。"这个定义是在"艾斯特定义"的基础上,从旅游者的角度去界定旅游活动。随着旅游业的发展及旅游现象的不断扩张,相关研究的学者们也认识到,旅游本身并非一个单一的实体,而是一个类型,包括了旅游设备和旅游活动以及由此产生的一切。并且作为一个系统,自身不仅具有系统的特性,而且也与一个更大的系统构成一种语境。

对于旅游系统的研究,至今影响较大的是雷珀(Leiper)于 1979 年提出并在 1990 年修订的涵盖内容更为广泛的系统模型,该模型在国内被称为"雷珀旅游系统模型"。它由旅游者、地理区域、旅游业三个基本元素构成。旅行者是旅游活动的发起者,所有一切现象皆因旅游者的活动而发生。地理区域分为旅游客源地、旅游目的地以及旅游者在两者之间往返途径的地区。旅游业则是泛指参与提供旅游产品和服务的各类企业和组织。而系统的外在环境则涵盖了人类、社会文化、经济、技术、物质、政治、法律等。

知识链接

> 雷珀旅游系统模型由 N·Leiper 在发表的《旅游框架》(*The framework of tourism*,1979)一文中首先提出,之后于出版的《旅游系统》(*Tourism Systems*,1990)一书中重建的旅游研究的框架结构,雷珀旅游系统模型利用旅游者的活动本身整合了旅游业中包含的行业、部分及涉及的地理因素。其系统模型涵盖三个要素:①旅游者。②地理因素:客源生产地、旅游目的地、旅游交通系统。③旅游业。1993 年英国学者克里斯·库珀(Chris Cooper)等八位教授以雷珀旅游系统模型为基础框架,重新对旅游的研究进行总结和拓展,编著完成《旅游学——原理与实践》(*Tourism Principles and Practice*)一书,该书 1998 年再版,在世界各国的旅游院校中广泛使用,2004 年出版中文版。雷珀旅游系统模型对 21 世纪的旅游研究产生重要影响。

二、旅游系统文化的形成过程

从旅游产业的发展来说,作为当代世界性的社会现象,旅游是人们物质生活极大丰富后的精神生活需要,是一种新的发展方式。因此,从广义的文化概念而言,旅游现象本身就是一种文化现象,旅游活动实质上是一种文化的实践。

从旅游主体而言,旅游者是在一定的文化背景下形成的社会个体,自身具有原本社会群体的文化修养和特征。旅游的目的是体验和感受异域的景观和异质的文化,因此,其旅游动机及旅行行为都代表了自身的文化意义。从旅游客体而言,旅游客体是旅游主体的对象物,无论是有形的旅游资源还是无形的旅游资源,其形成也是人类文化发展的结晶。文化的民族性、地域性、差异性构成了旅游的吸引物。从旅游介体而言,旅游的方式和行为也是旅游文化的重要部分,体现了文化的交流功能。通过旅行者短暂的迁移和回归的活动,旅游可以实现旅游目的地和客源地之间不同文化的双向交流,游客在游览过程中欣赏和领略了各地的文化现象,同时又将这些文化信息,包括自然景观、名胜古迹、风土人情等通过亲身体验、传媒等多种方式带回原有的居住地。

20 世纪美国人类学家詹姆斯·克里福德(James Clifford)在《文化之道:20 世纪晚期的旅游和迁移》中把出现在 20 世纪晚期的旅游和迁移的社会现象定义为"旅行文化"(Traveling cultures),并把旅游及旅游中所包含的各种事项当作一种"范式性空间"(A

paradigmatic place)的占据。克里福德以印第安人于1960年在马萨诸塞的普利茅斯迎接各地朝圣者的活动为例,将这种社会现象称之为"斯夸托效应"(Squanto effect),试图通过对20世纪下半叶的旅游现象分析,展示旅游活动及旅游活动之后的社会文化变革。后来,有学者受到克里福德的影响,对将"旅行文化"置于以"旅行"为基本特征的现象中加以检讨。如美国学者罗杰克(Rojek)和厄里(Urry)等主编的《旅行文化:旅游和旅游理论转型》认为,大规模的游客随着当代旅游产业的兴起,形成了"游客/东道主"的新型的关系,东道主社会必须根据游客的需求调整自己原有的传统社会结构。来自不同社会、不同种族、不同国家、不同地区,有着不同文化背景的游客的观光,参与东道主社会的观察和体验,与东道主社会和民众产生接触、交流和互动,增加了旅游活动的"文化化"。

旅游从本质上来说是一种主动的、积极的、自由的文化活动,有助于个体审美和个体人格的升华;旅游同时也是文化交融的一种需要;旅游业的服务对象主要是以追求精神文化生活为旨趣的文化消费者或审美消费者,可以说旅游文化是旅游的灵魂和支柱,是旅游的重要基础之一。旅游文化与其他文化(如哲学、宗教、文学、科技、风俗习惯、社会心理等)有着密不可分的关系。旅游文化可以说是旅游主体为了追求人性的自由和解放,塑造完善的个体文化人格及民族文化性格,实现对自然的审美、学习探索、超越和回归,以及对人类社会文化的审美、学习、研究、推进和发展。旅游文化是旅游主体在旅游中介的参与和帮助下,作用于旅游客体,进行历史文化时段的永恒超越和文化空间及地理环境的暂时跨越时,所形成的各种文化事象及其本质的总和。

综上所述,旅游文化系统形成过程如下:旅游者久居地即客源地社会文化环境会塑造旅游主体的文化身份,旅游者通过旅游中介体进入旅游目的地客体的社会文化环境,经历了目的地社会文化环境的旅游者主体回归久居地等环节所构成的连续的旅游过程,在这个旅游时空系统过程中形成的完整的社会文化集合就是旅游文化(见图1-3)。

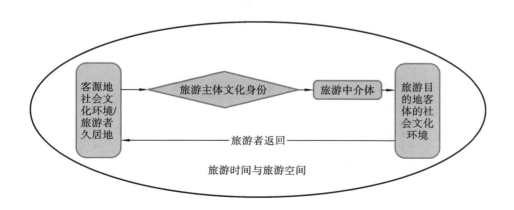

图1-3 旅游文化系统

第三节 旅游文化的研究历程

一、国外旅游文化的研究历程

从文化的视野研究旅游,国外始于20世纪60年代。随着西方世界的旅游业兴起,在目的地和客源地引起了广泛的社会文化问题。人文学者开始关注旅游现象,并以多种视角介入旅游研究。对旅游文化的研究领域逐渐扩展,主要包括旅游社会学、旅游人类学。

20世纪70年代,旅游文化领域的各学科得到迅速发展。1973年,美国威斯康星协和大学的教授加法利(Jafari)创办了《旅游研究年报》(Annals of Tourism Research),其中虽然并未使用"旅游文化"一词,但作为以旅游文化现象为主要研究客体的旅游刊物,成为西方严格意义上的开始研究旅游文化的标志之一。从1979年开始,《旅游研究年报》对旅游现象进行有组织的、有目的地的多学科综合研究,每卷都有一期专辑,以旅游社会学、旅游地理学、旅游管理学、旅游教育、旅游人类学等专题进行研究。

美国学者麦金托什(Mcintosh)和格波特(Gebert)在1977年合作出版了《旅游学——要素·实践·基本原理》一书,在这本书中,"旅游文化"被作为一个章节的标题。这本书指出旅游文化"实际上概括了旅游的各个方面,人们可以借助它来了解彼此之间的生活和思想",它是"在吸引和接待游客与来访者的过程中,游客、旅游设施、东道国政府和接待团体的相互影响所产生的现象和关系的总和"①。

美国的麦肯莱尔(MacCannell)、以色列的科恩(Cohen)和英国的特纳和亚斯(Turner & Ash)等人均在20世纪70年代发表了对旅游文化研究影响深远的著作和文章。

从文化人类学的视角对旅游进行研究的纳什(Nash)认为,严肃的旅游人类学研究最早应该是努内兹(Nunez)于1963年发表关于墨西哥村庄旅游的文章。1974年,史密斯(Smith)在墨西哥组织美国人类学研究会,将呈交的会议论文形成《东道主与游客:旅游人类学》一书,书中主要探讨游客体验及其所遇事物的文化解释以及旅游评价带给东道主社会文化系统的实际影响。早期的研究集中于社会现象的描述性,20世纪七八十年代,研究旅游对目的地社会、文化的影响是旅游人类学的主流。1983年,格雷本(Graburna)出版《旅游人类学》。1989年,《东道主与游客:旅游人类学》一书再版。1977年,在《东道主与游客:旅游人类学》(第一版)中,除了个别学者外,大多学者只把旅游当作引发当地社会变迁的因素,再版的《东道主与游客:旅游人类学》中,许多学者修正了这一观念,认为旅游外的诸多因素实际上也是引发变迁的可能。这也代表了学界对旅游对社会影响的认知变化。后来,学者们把旅游开发与社区建设联系起来,考察

---

① 该书在此处的原文用的是"Cultural tourism"一词,应该翻译为"文化旅游",这和广义的"旅游文化"是有区别的。

如何使二者更好地互动。研究旅游对目的地社会的具体影响,分析游客的旅游动机、体验以及旅游对游客的影响,成为旅游人类学研究的两大主流。如1996年皮尔斯(Pearce)、莫斯卡多(Moscardo)和罗斯(Ross)研究了旅游对社区关系的影响以及社区居民的参与对旅游产业的影响等问题。纳什于1996年出版的《旅游人类学》则以旅游现象作为发展文化内涵的研究、旅游现象作为个人移动的研究、旅游现象作为一种上层建筑形式的研究三个中心议题进行归纳。

从事休闲研究的学者最先提出了旅游产生的条件,如人们生产了足够的产品;社会的生产体系可以提供让人们休闲的时间;人们以社会化、定型了的方式(如旅游)来使用他们可支配的休闲时间,等等。美国社会经济学家凡勃伦(Veblen)于1899年写成《有闲阶级论》,是休闲学研究的开端。1952年,瑞典天主教哲学家皮普尔(Pieper)的《休闲:文化的基础》一书出版,认为休闲是人的一种思想和精神态度。20世纪70年代末期,受到休闲学发展的影响,部分研究认为旅游现象是一种休闲活动方式。因此,形成了休闲、游憩、旅游三者的关系:旅游具有异地性、短暂性;游憩是一种以放松、愉悦、健身为本质的户外活动;休闲是人类在可自由支配的时间内自由选择的活动方式,是以放松为其基本层次的闲暇活动。游憩也是目前较为普遍的休闲方式。后现代化时期的旅游消费文化、休闲生活形态等成为新的旅游文化研究的发展方向之一。

旅游过程是"旅游系统"的一部分,被包容在更大的社会结构中,对旅游文化的研究应该放在系统的全貌和全过程中考察。20世纪80年代以后,学者的研究中心从关心旅游者与东道主之间的交往转向对旅游接待地的影响以及游客在返程后对自己久居地文化的影响。另外一个主要的研究作为旅游过程的社会心理学研究。国外旅游文化研究是把旅游者置于旅游文化研究框架的中心位置的。从旅游者、游客、客源地社会和目的地社会四个视角出发进行系列研究,形成了相应的理论和观点。在旅游跨文化交际的过程中,由不同的旅游者审美动机与旅游消费行为而引发的旅游文化现象,由旅游主客之间文化碰撞产生的各种文化现象。旅游主客之间的沟通方式和过程、旅游涵化、文化商品化和作为世俗仪式的旅游等成为旅游文化研究的主要领域。这种研究方式已经超越了经济现象的有限空间,紧紧围绕旅游的社会文化本质,因而得以在一个更为广阔的范围内突出旅游文化的动态特征。

从经济学角度出发,把旅游界定为一个包容多种工业的新兴工业,焦点集中在供、需角度定义旅游经济现象。随着旅游大众化的发展,研究者逐渐从旅游经济研究转向旅游社会文化问题研究,从社会学角度把旅游视为一种文化现象来界定,焦点在旅游者的量化标准、文化特征以及旅游的社会文化影响,这些研究表明,在国外的旅游科学研究中,旅游资源的文化属性是作为旅游吸引物系统存在于旅游学科体系中的,旅游的社会文化影响存在于旅游影响研究系统之中。

二、国内旅游文化研究历程

由于文化的定义仍存在分歧,国内学者对旅游文化至今没有统一的界定,因此研究范围、研究内容存在较大差异。按历史分期,我国旅游文化研究可以分为三个阶段:20世纪80年代、20世纪90年代、21世纪。

在中国旅游业处于起步阶段的20世纪80年代初期,"旅游文化"被用来与"旅游经济"一词相并列甚至相对立而使用,用来强调旅游活动和旅游业的文化属性一面。针对80年代流行的"文化搭台,经济唱戏"的旅游发展思路,开始重视文化在旅游业发展中的地位和作用。研究的领域集中于旅游文化史、旅游文学、旅游民俗学、旅游美学、旅游教育等方面。此外,对旅游活动中的各种文化现象,包括饮食文化、酒文化、茶文化、园林文化、娱乐文化、宗教文化、服饰文化等领域成为研究的重点。20世纪90年代对旅游文化概念的研究、概念探讨与研究范围,逐渐向更为广泛的领域扩展。1991年汇集出版了《旅游文化论文集》,标志着旅游文化领域研究出现第一个高潮。21世纪以来旅游文化的研究领域呈现多学科交叉研究的态势,扩展到旅游心理学、旅游社会学、旅游哲学、旅游美学等方面,同时也包括物化于各种旅游设施中的文化因素。旅游社会学与旅游人类学的研究日渐增多,特别是对旅游对接待地社会文化的影响引起较多关注。旅游文化研究也开始出现重视区域特色的研究趋势,对城市旅游、古都旅游、区域旅游均有开展。旅游形象的研究领域取得了很大进展,特别是对旅游形象设计的概念、内涵和营销等方面做了很多实证研究。研究内容涉及旅游形象设计与旅游城市、文脉传承的关系,旅游感知形象和旅游者的期望与偏好之间的差异性,旅游形象受到感知距离和目的地的人文事象等因素的影响,以及如何正确运用旅游形象要素进行营销策划等问题,提出了旅游感知形象的策划设计内容、方法和旅游感知形象评价指标体系。此外对中国旅游资源、旅游价值观、旅游史料等传统旅游文化也开始进行较为深入的梳理和探讨。

(一)20世纪80年代

我国现代对"旅游文化"的研究始于20世纪80年代,有诸多专家学者开始关注旅游的文化现象,并对其进行界定与探讨(见表1-1)。这个时期从研究分类上看主要有以下几个方面:一是旅游文化史;二是旅游文学,在20世纪80年代部分学者就旅游文学的定义、历史发展分期、起源及发达原因、作家作品等做了大量的研究;三是旅游美学和旅游民族学的研究;四是对中国旅游文化传统的挖掘。

表1-1　20世纪80年代我国学者对旅游文化的研究成果及内容

学　者	发表时间	研究成果及内容
赵家莹	1982年	指出广义的旅游文学是指与旅游有关的一切文学作品,狭义的则指"纪游"
林洪岱	1983年	提出旅游业是一项经济事业,又是一项文化事业,它具有鲜明的文化特征,并预见文化比重及其价值在整体中的扩大,是一种必然的积极的历史趋势
于光远	1984年	《中国大百科全书·人文地理卷》将"旅游文化"作为专有名词收录其中:"所谓旅游文化,指的是某个民族或某个国家在世世代代的旅游实践过程中所体现出来的本民族或本国家的文化。它包括只有这个民族、这个国家独有的哲学观念、审美习惯、风俗人情等文化形态。或者说,旅游文化,就是一个民族的共同文化传统在旅游过程中的特殊表现。"这一概念界定了旅游行为的文化内涵

续表

学　者	发表时间	研究成果及内容
张复	1984 年	完成了第一部以"旅游文化"命名的专著
愈慈韵	1986 年	最早于学术期刊上发表有关旅游文化专题研究的论文《论旅游文化》
窦石	1986 年	提出旅游文化是一个金字塔结构的文化体系
喻学才	1986 年	在《关于建立中国旅游学的构想》及其在第二年编著的中文大学校本教材《中国旅游文化的优良传统》中进行了众多关于中国特色的旅游文化传统的讨论。认为中国旅游文化传统已由贵族化向大众化演化，发掘出近游远游的旅游传统，以及中国古代旅游文化具有特别重视游览艺术的传统
魏小安	1987 年	旅游文化是通过旅游这一特殊的生活方式，满足旅游者求新、求知、求乐、求美的欲望，由此形成的综合性现代文化现象
晏亚仙	1987 年	旅游文化，是根据发展旅游事业的规划和旅游基地的建设，以自然景观和文化设施为依托，以包括历史文化、革命文化和社会主义精神文明为内容，以文学、艺术、游乐、展览和科研等多种活动形式为手段，为国内外广大旅游者服务的一种特定的综合性事业
陈辽	1987 年	旅游文化是人类过去和现在所创造的与旅游有关的物质财富和精神财富的总和。同时把旅游文化划分为广义与狭义两种：广义的是指"旅游路线、旅游途中、旅游景点上一切有助于增长旅游者文化知识的物质财富和精神财富"；狭义的是指"一切能使旅游者在旅游途中舒适、愉快并能提高旅游者文化素质的物质财富和精神财富"
李遵近、沈松勤	1987 年	对旅游美学中的风景美作了全面地讨论，并从审美的角度研究风景美对旅游主体心灵产生的效应
冯乃康	1988 年	旅游文学是以旅游生活为反映对象，抒写旅游者及旅游工作者在整个旅游活动中的思想和审美情趣的文学
林永匡、王熹	1989 年	认为旅游文化活动的心态与价值观念是旅游活动的核心，也是研究中国旅游文化史的首要课题
江文波	1989 年	认为旅游文学应以宽容和开放的态度，解除苛求的枷锁
何学威	1989 年	就建立旅游民俗学、开发旅游民俗等问题发表了详细观点

（二）20 世纪 90 年代

20 世纪 90 年代前期对旅游文化概念的研究形成了两类：一类认为旅游文化是与旅游相关的物质和精神财富的总和；另一类认为旅游文化是以一般文化的内在价值因素为依据，以旅游诸要素为依托，作用于旅游活动过程中的一种特殊文化形态。我国学者逐渐认识旅游文化研究应该形成自己的学科理论。与 20 世纪 80 年代相比，90 年代的研究强调旅游活动和旅游者是旅游文化的核心，但许多学者仍然偏向于用"总和"的思维和概念来界定（见表 1-2）。

表 1-2　20 世纪 90 年代我国学者对旅游文化的研究成果及内容

学　者	发表时间	研究成果及内容
冯乃康	1991 年	在记录首届中国旅游文化学术研讨会会议纪要中提出,旅游文化是人类过去和现在所创造的、与旅游相关的物质和精神财富的总和
卢云亭	1991 年	在发表的《旅游文化学及其系统结构分析》一文中提出以旅游主体文化、旅游客体文化和旅游介体文化作为旅游文化系统结构的主要构成部分,对三部分比较具体的分类为:旅游客体文化,包括旅游历史文化、旅游建筑文化、旅游园林文化、旅游宗教文化、旅游民俗文化、旅游娱乐文化、旅游文学艺术、人文化的自然景观等。旅游主体文化,包括旅游者的政治主张、思想和信仰,旅游者的文化素质,旅游者的职业,旅游者的心理、性格、爱好,旅游者的生活方式等。旅游介体文化,包括旅游餐饮文化、旅游商品文化、旅游服务文化、旅游管理文化、旅游文化教育、旅游导游文化、旅游政策和法规、其他旅游中介文化
喻学才	1996 年	提出从广义上说,旅游文化学是一门研究人类旅游活动发展规律的学问;狭义地说,它是研究商品经济运行环境下如何开发利用过去时代所创造的旅游文化遗产,如何立足本国本地创造有时代精神和地域特色的旅游文化的学问
贾祥春	1997 年	认为旅游文化是一种全新的文化形态,是环绕旅游活动形成的物质文明和精神文明的总和
马波	1999 年	提出旅游文化是旅游者和旅游经营者在旅游消费或旅游经营服务过程中所反映、创造出来的观念形态和旅游接待地社会文化通过旅游者这个特殊媒介相互作用的过程和结果
王德刚	1999 年	认为旅游文化是以旅游活动为核心而形成的文化现象和文化关系的总和
张国洪	1999 年	认为旅游文化是以旅游行为为核心、旅游产品为依托、环境为背景的系统性的场景文化。旅游消费与旅游服务行为文化、旅游资源文化和旅游产品文化、旅游环境文化共同构成了这一场景文化
谢贵安	1999 年	认为旅游具有"工具理性"和"人文关怀"的双重性质,是人文精神的体现。旅游文化是人类文化在旅游中的普遍显现。从旅游活动的全过程来看,旅游文化又包括旅游主体(旅游者)、旅游中介体(旅游制度和企业)、旅游客体(旅游对象)和旅游社会环境
沈祖祥	1999 年	从文化学的角度指出旅游是一种文化现象,一个系统,是人类物质文化生活和精神文化生活的一个最基本的组成部分;是旅游者这一旅游主体借助旅游媒介等外部条件,通过对旅游客体的能动的活动,为实现自身某种需要而作的非定居的旅行的一个动态过程的复合体;并认为旅游文化是一种文明所形成的生活方式系统,是旅游者这一旅游主体借助旅游媒介等外部条件,通过对旅游客体的能动的活动,碰撞产生的各种旅游文化现象的总和。就我国对旅游文化的研究发展而言,旅游文化学是研究旅游及相关要素的文化属性、结构、功能及其变迁规律的学科

(三)21世纪

进入21世纪,旅游文化的界定仍然存在争议。这一时期旅游文化仍然没有完整统一的定义,但是学者普遍强调文化系统的总体观,注重旅游主体及其活动在旅游文化中的核心作用(见表1-3)。

表1-3　21世纪我国学者对旅游文化的研究成果及内容

学　者	发表时间	研究成果及内容
晏鲤波、庄兴成	2007年	将2004年以前的旅游文化概念归纳总结为:"总和论""碰撞论""交际论""收缩论"等
张文	2001年	认为旅游文化是在旅游和与旅游关联的活动中人对时间与空间的取向及由此造成的变化和结果
赵荣光、夏太升	2003年	认为旅游文化是参与者在全部旅游活动中的行为、过程、原因、影响及其由于介入其中各种要素的社会文化聚合
章海荣	2004年	认为旅游文化是基于人类追求人性自由、完善人格而要求拓展和转换生活空间的内在冲动,其实质是文化交流与对话的一种方式。它是世界各区域民族文化创造基础上的后现代全球化趋势中大众的、民间的休闲消费文化
王玉成	2005年	从主、客、介体出发,认为旅游文化是不同的文化背景下,旅游主体和旅游中介体以旅游客体为依托,在旅游观赏和旅游服务中体现出来的文化现象
林永匡	2005年	认为所谓旅游文化,指旅游者群体或个人,在实现到达本地或异地旅游目标过程中,由此产生的旅行、游购、商贸、参与娱乐等诸多物质、精神与社会文化现象
桓占伟	2007年	提出"产品论",认为旅游文化是广泛存在于旅游活动中的,由专业人员挖掘或设计出来,满足旅游者特定需求的物质文化和精神文化的产品
谢春山、邹本涛	2008年	提出"旅游介入文化",认为旅游文化是人们的旅游体验与介入过程及其产品的总和
马勇、余冬林、周霄	2008年	认为旅游文化不仅包括人类改造自然景观、创造人文景观等外化过程,而且包括人类在各种旅游活动中自身心智塑造的内化过程
曲玉镜	2013年	提出旅游文化是人们对旅游的体验与介入过程及其精神产品的总和
叶骁军	2014年	认为旅游文化实际上是由客源国文化、东道国文化和服务者文化三种文化综合而成的。这种综合过程必须在旅游过程中才能得以实现,旅游文化是在旅游活动和为旅游活动提供服务的过程中产生的,因此旅游文化是以旅游活动为核心而形成的文化现象和文化关系的总和

续表

学　者	发表时间	研究成果及内容
陈国生、陈晓亮、魏勇	2017年	认为作为人类生活观念形成的一种反映,旅游文化是贯穿在整个旅游活动中的内在因素,它的产生与发展必然建立在一般文化的基础上
邓爱民、王子超	2019年	认为旅游文化这一概念具有跨越地域范围的属性,人们出于特定的动机从自身居住和熟悉的环境出发到异域,感受不同的自然与人文风景。同时,旅游文化具有深刻而丰富的思想意识,游客本身的价值观、抵达目的地之后与当地族群发生文化交流从而产生的新价值观,都是值得关注的思想意识形态

在旅游与文化的关系研究中,人类学是极为重要的理论来源,20世纪60年代后兴起了旅游人类学的研究。人类学研究旅游的视角与方法在20世纪90年代传入中国。1999年在昆明举办的"人类学旅游与中国社会"国际学术研讨会被视作中国学者的集体发声。2001年由杨慧等主编的会议论文集《旅游、人类学与中国社会》标志着我国第一次尝试将人类学家和民族学家们对旅游和中国社会的研究集为一体。之后从人类学角度考察旅游与中国社会成为一个新趋向。旅游人类学在中国发展的三十年实际上逐渐形成人类学对中国旅游发展研究的重要影响,至今仍旧是研究旅游问题的重要范式(见表1-4)。

表1-4　21世纪我国学者从人类学角度对旅游文化的研究成果及内容

学　者	发表时间	研究成果及内容
宗晓莲	2001年	介绍了西方旅游人类学从20世纪60年代到20世纪末研究的三种视角,认为学者们从目的地社会、游客以及客源地社会等不同视角出发,分别形成旅游是一种涵化和发展的形式、旅游是一种现代世俗仪式、旅游是一种上层建筑等不同观点。并介绍了在四十年中西方旅游人类学显现出两大主要研究流派:对旅游的社会文化影响的研究和对旅游的文化符号内涵的探索,分别以纳什和格拉伯恩为代表
张晓萍	2000年,2001年	介绍了纳尔逊·格雷本的旅游人类学研究,并就格雷本、史密斯、马康耐、马格丽特·丝旺等为代表的一批美国旅游人类学家的研究进行了追踪
覃德清、戚剑玲	2001年	通过探讨西方旅游人类学的学术渊源、研究立场,揭示其对建构中国旅游文化研究的启迪意义,提出应将西方完备的可持续发展理论与中国传统哲学中的"天人合一"思想结合起来,作为旅游文化研究的哲学根基
光映炯	2002	认为旅游人类学是旅游学和文化人类学的交叉学科,它以具有明显边界的政治-经济-文化连续体在"旅游场域"中的相互作用作为研究的重心。其学科方法论体系的建构应把来自文化人类学和旅游学的两种视野和方法融合在一起
彭兆荣	2004年	系统地梳理并阐释了旅游人类学学科体系

续表

学　者	发表时间	研究成果及内容
彭顺生	2005 年	分析了旅游人类学在中国发展的学术与学科现状及不足
龚锐	2006 年	认为旅游研究的视野应主要以文化为切入点，这对于比较全面、客观、科学和理性地认识和处理旅游的进一步发展必然会带来的种种文化变迁和各种社会利益冲突等是极其必要的
李伟	2010 年	认为中国旅游人类学研究的"本土化"势在必行
李毓、孙九霞	2020 年	通过探讨文化变迁、文化商品化与真实性、旅游族群性、社区参与旅游、流动性、旅游体验等核心理论命题和创新研究方法，揭示旅游人类学在面对复杂的全球化、文化多样化格局时的研究旨趣和转向

三、旅游文化研究的主要内容

现代旅游业的多样性与分散性致使旅游成为一种综合性的复杂的社会现象，因此，旅游研究缺乏独有的核心概念、理论体系和研究范式。旅游文化的相关研究实际上也借鉴了各个学科的综合研究视角，其研究内容关系到旅游行为的整个过程和旅游形成的各要素。

（一）旅游文化的内容与分类

按照旅游的过程，旅游文化可以涵盖以下四个方面的内容。一是旅游时空文化，涉及旅游的地域和时间，研究不同的旅游文化资源包括城镇、建筑、宗教、民族、文学艺术、餐饮等在地理空间和时间中的分布情况及其景观。二是旅游行为文化，它是研究旅游者与旅游经营者的文化动机和文化行为的文化背景与文化内涵，包括旅游者的审美、刺激、学习、怀旧、占有、体验等文化动机及行为，以及旅游经营者对文化保护、品牌、商品、营销、形象塑造的动机及行为。同时，研究在这些动机及行为发生时出现的文化冲突与融合。三是旅游环境文化，它是研究在不同的旅游环境中，包括城镇、民俗、宗教、艺术、景观、历史、民族等环境中的旅游文化展示、交流与冲突。四是旅游产品文化，它包括旅游文化产品的创造与营销，其营销方式和营销策略，也包括旅游文化产品的价值与收益，以及影响旅游文化产品开发和营销的旅游文化资源的产权定位、结构及管理等问题。

按照现代旅游的要素划分，旅游是由旅游者、旅游资源、旅游服务与旅游交流三大要素组成，因此，旅游文化也涵盖以下三个方面。

一是旅游主体文化，旅游者是旅游活动的主体，旅游主体在旅游过程中会形成一套独特的观念或行为，以旅游者的文化心理为基础，包括旅游者自身的政治主张、思想和信仰、文化素质、兴趣爱好、性格、心理、职业、生活方式，以及不同文化背景下旅游消费的文化表现等。体现为旅游主体的消费文化、审美文化和休闲文化等。

二是旅游客体文化，旅游客体作为旅游活动中的要素之一，以旅游资源为载体，旅游客体涉及范围广泛，有不同角度的分类。按旅游客体的存在形式划分，可以把旅游客体分为自然和人文旅游客体;按旅游业发展方式可以分为原生性旅游资源和旅游吸引物;按旅游活动类型,可以分为休闲型旅游客体、探险型旅游客体、观光型旅游客体等。总体而言,旅游客体包括自然环境与人文旅游资源,因此旅游客体文化就包括自然旅游景观文化和人文景观文化。

三是旅游介体文化,也可以说是旅游载体文化,实际上旅游介体文化重要体现在旅游业的经营文化,包括旅游企业文化、旅游商品文化、导游文化、旅游政策与法规等。旅游介体文化是沟通和连接旅游主体和客体文化之间的桥梁,包括旅游文化的传播与交流,旅游客源地文化与旅游接待地(目的地)之间的相互文化传播及其影响,文化的传承与变迁。

(二)旅游文化的特征

1. 交融性

旅游文化在人类移动和交流的基础上形成,具有其特殊的文化特征,因此,旅游文化的一个重要特征是交融性。历史上,不同文化系统之间的冲突、交流和融合从未中断,旅游活动的过程本身就是不同文化系统的交流和交融。

旅游主体在追求自由与休闲的本能力量的驱使下,不断跨越两个或多个文化空间和社会环境,并吸附大量的旅游中介体参与进来,形成一种动态的线性结构,并呈现出移动性。旅游文化系统的交融性特征包括两方面的含义:移动性和传播性。移动性特征,是指旅游主体由于其永无止境的探索与超越精神,总是使自己处于运动状态之中。旅游主体的这种动态本质,使旅游文化系统的各个环节因其移动而呈现出移动性特征,使旅游出发地、旅游客源体、旅游中介体乃至旅游目的地的文化连在一起。传播性特征,是指不同地域的文化,随着旅游主体的运动而漂移和扩散,旅游主体是其所在民族、地区文化的载体。由于旅游主体的移动,其所承载的文化,也随着旅游者的运动而传播。与此同时,旅游主体在移动中所接触到的异质文化也会对其产生影响。旅游主体将会把目的地文化传播到出发地,从而形成不同的文化碰撞、交流和融合。

2. 时代性

不同时代旅游主体的旅游文化观念和行为方式是有差别的。古代中国人表现为拘谨和内向性格,而今天的旅游者,尤其是青年旅游者则表现出开放和外向性格。古代休闲性旅游者多为上层贵族,而今天则以普通民众为主。对于同一旅游客体而言,由于旅游审美的标准不同,古人可能并不视为美景的,而今人却有可能赞不绝口。可见,旅游文化主体的时代性特征是非常明显的。

(三)旅游文化的功能

1. 保存功能

旅游文化是旅游主体、旅游客体、旅游介体创造的物质文化和精神文化成果的总和,是对各种旅游文化事项的记录和存储,是各种旅游文化成果的凝聚和沉淀。主要以物化形式和符号形式为主,其保存功能体现在一种文化一旦形成,便会在特定群体中代代相传。继承下来的文化既包括物质的,如我国的诸多历史名胜古迹(长城、故宫、苏州园林等),都是以物化形式保存的旅游文化;又包括精神的、无形的,如价值观念、思维习惯、行为方式、民族性格,通过潜移默化的内化过程沉淀于潜意识底层。文化的承袭性使文化具有相当的稳定性,旅游者能够领略不同地域千差万别的文化景观,就有赖于文化的这种特性。实际上,各民族的价值观念、思维习惯、行为方式和情感模式的承袭性,不仅在于沿袭,更重要的在于变化和演进。如我们把中国的历史文化分为原始文化、农业文化和现代文化三个阶段,分别代表原始社会、传统社会和工业社会的特征,这种文化的变化和演进在旅游过程中是随时可以感受到的。

2. 认知功能

人类社会的历史发展与文明发展是一个渐进过程,旅游文化作为人类物质精神文化的一部分,人们通过旅游文化对历史已经发生的事情进行了解和认知。人类的发展是一个承上启下的过程,人类的文明进步是一个渐进的过程。旅游文化作为人类物质文化和精神文化的一部分,无疑具有极其重要的了解和认知功能。例如,通过土家族的茅古斯舞,我们可以了解远古时期土家族人的生产生活方式;通过蒙古族的帐篷,我们可以了解到北方游牧民族居住的特点;通过兵马俑,我们可以了解秦王朝的军事建制。这些都是旅游文化认知功能的具体体现。

3. 教化启智功能

启智功能指的是旅游文化可以启发人的思维和智力,有助于人类知识的不断创新。旅游文化发挥积极功能对旅游者进行教育或者教化。例如,旅游者在看到长城时,往往会被古代中国人民的伟大智慧所折服。以旅游主体而言,可以从物化旅游文化资源中得到教育,也可以从精神旅游文化资源中受到启示。旅游是人们求知识、求新异、求康乐的文化活动。要求旅游产品应具有知识性、艺术性、科学性、趣味性和娱乐性,并通过多种形式来表现,才能引人入胜、长盛不衰。另外,由于旅游文化有着不同的主体,而且不同的主体在旅游文化中所扮演的角色不同,表现出来的旅游文化的功能就有较大的差异。同时,由于地域气候各异,不同民族各有其文化传统和民族特色,旅游产品往往是因地制宜地发挥各自民族文化的优势来表现自己的特点。如哈尔滨,以北国独特的冰雕文化闻名遐迩。再者,现代旅游文化既要继承和发扬各国的传统文化,又要通过运用现代的科学技术创造和发展更加新颖的旅游产品,体现出现代崭新文化的特点,达成教化启智的功能。

4. 交流功能

旅游文化重要的功能之一就是相互沟通。就旅游主体而言,旅游者可以把客源地的文化传播给目的地,也可以将目的地的文化传播给客源地;就旅游客体而言,可以通过目的地文化影响旅游主体,也可以吸收旅游主体带来的客源地文化。就旅游介体而言,既可以将企业文化带给旅游主体和旅游客体,又可以吸收旅游主体和旅游客体的文化。

交流的方式是通过多种形式得以实现的,最普遍的一种形式是旅游者参加旅游团队,与导游人员之间的交流所形成的空间。旅游者有可能在整个旅游活动中都处于这样一种空间当中,导游人员通过照顾游客的食、住、行以及为其讲解旅游景区而与游客建立起一种交流关系,因此导游人员的能力和素质就对其代表的城市或地区对游客留下的印象产生非常大的影响。同时,游客的一言一行也会体现出旅游客源地的某些特点,使导游人员和东道主从中获取一些信息并产生某种判断。

交流的另一种形式是游客参加旅游目的地组织安排的庆典或大型娱乐项目。宾主双方的行为在这些活动中享受着一种新的状态和身份，在交流中，这些精心安排和组织的活动得以实现。如在各类旅游节中，大巡游、大狂欢、国际音乐烟花节、啤酒节等活动，为八方游客及当地居民营造了交流空间。而且，在这样的空间关系中，宾主双方的行为往往在向自己和他人展现。

还有一种交流方式是旅游者与当地居民日常的交往，这种交流方式使游客更贴近当地居民的生活，更能深入地体验当地的文化。如游客通过语言交流了解当地居民的方言、思维方式、基本的价值观等信息，通过体验当地居民普通的生活品尝到地道的地方美食，体验当地大众的娱乐方式，甚至学会某些当地人的特殊技能。同样，在与旅客交流的过程中，当地居民也会受到旅游者所带来的某种文化的影响。这种由体会日常生活而形成的交流空间是现代旅游新的趋势。旅游者在旅游过程中即使和东道主没有直接交往，但通过观察和体验旅游地的精神与物质文化载体，如语言、风俗、建筑、餐饮等，仍然能够产生主客交流的社会空间。

上述的交流方式都是通过旅游实现的，旅游活动中，游客与旅游目的地居民所建构的关系空间是一种基本的交流传媒，它聚集了社会价值观念、道德观念等，成为不同文化实际接触与交流的空间背景。也就是说，旅游文化创造了主客交流的空间。

案例分析

都 江 堰

一

一位年迈的老祖宗，没有成为挂在墙上的画像，没有成为写在书里的回忆，而是直到今天还在给后代挑水、送饭，这样的奇事你相信吗？

一匹千年前的骏马，没有成为泥土间的化石，没有成为古墓里的雕塑，而是直到今天还踯躅在家园四周的高坡上，守护着每一个清晨和夜晚，这样的奇事你相信吗？

当然无法相信。但是，由此出现了极其相似的第三个问题——

一个两千多年前的水利工程，没有成为西风残照下的废墟，没有成为考古学家们的难题，而是直到今天还一直执掌着亿万人的生计，这样的奇事你相信吗？

仍然无法相信，但它真的出现了。

它就是都江堰。

这是一个不大的工程，但我敢说，把它放在全人类文明奇迹的第一线，也毫无愧色。

世人皆知万里长城，其实细细想来，它比万里长城更激动人心。万里长城当然也非常伟大，展现了一个民族令人震惊的意志力。但是，万里长城的实际功能历来并不太大，而且早已废弛。都江堰则不同，有了它，旱涝无常的四川平原成了天府之国，每当中华民族有了重大灾难，天府之国总是沉着地提供庇护和濡养。有了它，才有历代贤臣良将的安顿和向往，才有唐宋诗人出川入川的千古华章。说得近一点，有了它，抗日战争时的中国才有一个比较稳定的后方。

它细细渗透，节节延伸，延伸的距离并不比万里长城短。或者说，它筑造了另一座万里长城。而一查履历,那座名声显赫的万里长城还是它的后辈。

二

我去都江堰之前,以为它只是一个水利工程罢了,不会有太大的游观价值。只是要去青城山玩,要路过灌县县城,它就在近旁,就趁便看一眼吧。因此,在灌县下车,心绪懒懒的,脚步散散的,在街上胡逛,一心只想看青城山。

七转八弯,从简朴的街市走进了一个草木茂盛的所在。脸面渐觉滋润,眼前愈显清朗,也没有谁指路,只是本能地向更滋润、更清朗的去处去。

忽然,天地间开始有些异常,一种隐隐然的骚动,一种还不太响却一定是非常响的声音,充斥周际。如地震前兆,如海啸将临,如山崩即至,浑身骤起一种莫名的紧张,又紧张得急于趋附。

不知是自己走去的还是被它吸去的,终于陡然一惊,我已站在伏龙观前,眼前,急流浩荡,大地震颤。

即便是站在海边礁石上,也没有像这里这样强烈地领受到水的魅力。海水是雍容大度的聚会,聚会得太多太深,茫茫一片,让人忘记它是切切实实的水、可掬可捧的水。这里的水却不同,要说多也不算太多,但股股叠叠都精神焕发,合在一起比赛着飞奔的力量,踊跃着喧嚣的生命。

这种比赛又极有规矩,奔着奔着,遇到江心的分水堤,唰地一下裁割为二,直窜出去,两股水分别撞到了一道坚坝,立即乖乖地转身改向,再在另一道坚坝上撞一下,于是又根据筑坝者的指令来一番调整……

也许水流对自己的驯顺有点恼怒了,突然撒起野来,猛地翻卷咆哮,但越是这样,越是显现出一种更壮丽的驯顺。已经咆哮到让人心魄俱夺,也没有一滴水溅错了方向。

水在这里,吃够了苦头,也出足了风头,就像一大拨翻越各种障碍的马拉松健儿,把最强悍的生命付之于规整,付之于企盼,付之于众目睽睽,看云看雾看日出各有胜地,要看水,万不可忘了都江堰。

三

这一切,首先要归功于遥远的李冰。

四川有幸,中国有幸,公元前三世纪出现过一项并不惹人注目的任命:李冰任蜀郡守。

据我所知,这项任命与秦统一中国的宏图有关。本以为只有把四川作为一个富庶的根据地和出发地,才能从南线问鼎长江流域。然而,这项任命到了李冰那里,却从一个政治计划变成了一个生态计划。

他要做的事,是浚理,是消灾,是滋润,是灌溉。

他是郡守,手握一把长锸,站在滔滔江边,完成了一个"守"字的原始造型。

没有资料可以说明他作为郡守在其他方面的才能,但因为有过他,中国也就有了一种冰清玉洁的行政纲领。

中国后来官场的惯例,是把一批批杰出学者选拔为无所专攻的官僚,而李冰却因官位而成了一名实践科学家。

他当然没有在哪里学过水利。但是,以使命为学校,竭力钻研几载,他总结出治水三字经("深淘滩,低作堰")、八字真言("遇弯截角,逢正抽心"),直到20世纪仍是水利工程的圭臬。

他的这点学问,永远水汽淋漓。而比他年轻的很多典籍却早已风干,松脆得难以翻阅。

他没有料到,他治水的韬略很快被偷换成了治人的谋略。他没有料到,他想灌溉的沃土都将成为战场。他只知道,人种要想不灭绝,就必须要有清泉和米粮。

他大愚,又大智。他大拙,又大巧。他以田间老农的思维,进入了最清澈的人类学思考。

他未曾留下什么生平故事,只留下硬扎扎的水坝一座,让人们去猜想。

人们到这儿一次次纳闷:这是谁啊?死于两千年前,却明明还在指挥水流。站在江心的岗亭前,"你走这边,他走那边"的吆喝声、劝诫声、慰抚声,声声入耳。

李冰在世时已考虑事业的承续,命令自己的儿子做三个石人,镇于江间,测量水位。李冰逝世四百年后,也许三个石人已经损缺,汉代水官重造高及三米的"三神石人"以测量水位。这"三神石人"其中一尊,居然就是李冰的雕像。

这位汉代水官一定是承接了李冰的伟大精魂,竟敢把自己尊敬的祖师放在江中用于镇水测量。他懂得李冰的心意,唯有那里才是其最合适的岗位。

石像终于被岁月的淤泥掩埋。20世纪70年代出土时,有一尊石像头部已经残缺,手上还紧握着长锸。有人说,这是李冰的儿子。

即使不是,我仍然把他看成是李冰的儿子。一位现代女作家见到这尊塑像怦然心动——"没淤泥而蔼然含笑,断颈项而长锸在握",她由此向现代官场衮衮诸公诘问:活着或死了,应该站在哪里?

出土的石像现正在伏龙观里展览。人们在轰鸣如雷的水声中向他们默默祭奠。在这里,我突然产生了对中国历史的某种乐观:只要李冰的精魂不散,李冰的儿子会代代繁衍。轰鸣的江水,便是至圣至善的遗言。

四

我看到了一条横江索桥。桥很高,桥索由麻绳、竹篾编成。跨上去,桥身就猛烈摆动。越是犹豫进退,摆动就越大。

在这样高的地方偷看桥下,一定会神志慌乱。但这是索桥,到处漏空,由不得你不看。一看之下,先是惊吓,后是惊叹。脚下的江流,从那么遥远的地方奔来,一派义无反顾的决绝势头,挟着寒风,吐着白沫,凌厉锐进。我站得这么高还能感觉到它的砭肤冷气,估计是从雪山赶来的吧。但是,再看桥的另一边,它硬是化作许多亮闪闪的河渠,一片慈眉善目。人对自然力的调理,居然做得这么爽利。如果人类做什么事都这么爽利,地球早已是另一副模样。

都江堰调理自然力的本事,被近旁的青城山做了哲学总结。

青城山是道教圣地,而道教是唯一在中国土生土长的大宗教:道教汲取了老子和庄子的哲学,把水作为教义的象征。水,看似柔顺无骨,却能变得气势滚滚,波涌浪叠,无比强大;看似无色无味,却能挥洒出茫茫绿野,累累硕果,万紫千红;看似自处低下,却能蒸腾九霄,为云为雨,为虹为霞……

看上去,是人在治水;实际上,却是人领悟了水,顺应了水,听从了水。只有这样,才能天人合一,无我无私,长生不老。

这便是道。

道之道,也就是水之道,天之道,生之道。因此,也是李冰之道、都江堰之道。道无处不在,却在都江堰进行了一次集中呈现。

因此,都江堰和青城山相邻而居,互相映衬,彼此佐证,成了研修中国哲学的最浓缩课堂。

那天,我带着都江堰的浑身水气,在青城山的山路上慢慢攀登。忽见一道观,进门小憩。道士认出了我,便铺纸研墨,要我留字。我当即写下了一副最朴素的对子:

拜水都江堰,

问道青城山。

我想,若能把"拜水"和"问道"这两件事当作一件事,那么,也就领悟了中华文化的一大秘密。

资料来源 余秋雨.文化苦旅[M].武汉:长江文艺出版社,2014:29-34.

【案例提示】

1. 青城山-都江堰的主体景区是世界文化遗产、全国重点文物保护单位、国家重点风景名胜区、国家5A级旅游景区,青城山被称为全真龙门派圣地、十大洞天之一、中国四大道教名山之一、五大仙山之一。都江堰和青城山具有怎样的文化意义和价值?

2. 余秋雨文中所写"拜水都江堰,问道青城山"成为都江堰和青城山旅游的推介宣传语。分析旅游文学与旅游文化的关系是什么?

本章小结

旅游,从本质上来说是一种文化活动和文化现象。本章主要厘清旅游文化中的关键概念,第一节首先解读"文化"的基本内涵,需要从"狭义"与"广义"的角度对"文化"进行分析。理解文化结构、层次、要素以及基本特征。从文化的结构层次来看,文化可以分为物质文化、制度文化、行为文化、精神文化。第二节解读旅游系统中的"旅游主体""旅游客体""旅游介体"与文化的关联,以及旅游文化系统的构成。第三节主要概述国内外旅游文化的研究历程。

重要概念

"广义"的文化:本质上是人类作为社会主体在处理社会与自然及社会系统内部各部分之间关系的物质活动和精神活动的总体表现。

"狭义"的文化:是指精神生产能力和精神产品,包括自然、科学技术、社会意识形态等一切社会意识形式。

旅游主体文化:旅游者是旅游活动的主体,旅游主体在旅游过程中会形成一套独特的观念或行为,以旅游者的文化心理为基础,包括旅游者自身的政治主张、思想和信仰、文化素质、兴趣爱好、性格、心理、职业、生活方式,以及不同文化背景下旅游消费的文化表现等。

旅游客体文化:按旅游客体的存在形式划分,可以把旅游客体分为自然和人文

练习题

拓展阅读

旅游客体;按旅游业发展划分,可以分为原生性旅游资源和旅游吸引物;按旅游活动类型划分,可以分为休闲型旅游客体、探险型旅游客体、观光型旅游客体等类型。旅游客体文化包括自然旅游景观文化和人文景观文化。

　　旅游介体/载体文化:旅游介体/载体是旅游主体和旅游客体的媒介或载体,旅游介体文化包括旅游文化的传播与交流,包括旅游客源地文化与旅游接待地(目的地)之间的相互文化传播、影响,以及文化的传承与变迁。

第二章
中国旅游文化的历史演进

知识目标
(1) 了解中国古代"旅游"的基本概念。
(2) 掌握中国旅游文化发展历史阶段和近现代转型与发展。

能力目标
(1) 提高对文化现象分析的能力。
(2) 加强培养对史料学习和分析的能力。

素养目标
(1) 加深对中国旅游文化的认知与情感,加强爱国意识和文化自信。
(2) 思考中国历史文化资源以及旅游文化的价值和意义。

思维导图

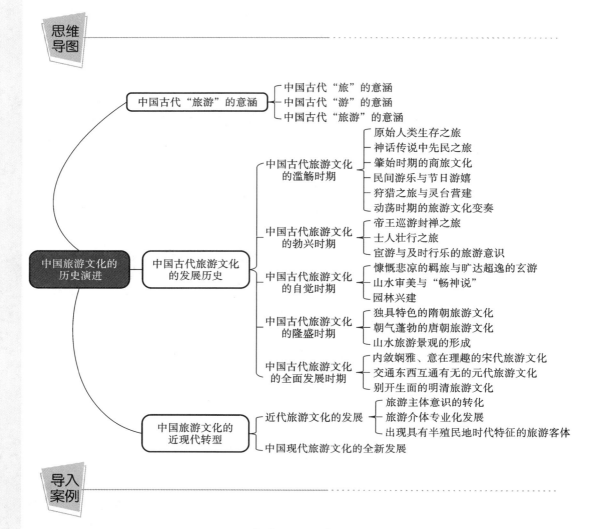

导入案例

跋涉天涯一奇人

徐霞客是明末的奇人,他的著作《徐霞客游记》是一本奇书,在文学史、地理知识史、文化意识史上都有独特的地位,不但为中国旅游文学开创了崭新面貌,也反映了中国知识精英在早期全球化期间的世界观发展,对客观世界进行细致的实证考察,并且提供了探索自然的翔实记录,同时——探究知识的可靠性。《徐霞客游记》的出现,有其划时代的意义,也有其历史文化发展的原因。从书写创作的主观层面来说,涉及游记书写文类的发展,自魏晋以来个人意识的萌发,表现于士大夫文人的放情山水,在欣赏自然美景之余,记录个人对自然的独特观察与体会,追求审美境界的天人合一。这种属于审美范畴的思想意境,通过唐宋时期散文书写的发扬,发展到了明代,已经累积了丰厚的文化资源,可以作为徐霞客汲取发扬的基础,记录日常生活的点点滴滴,化日记的细节书写为文学性与思想性的篇章。

从社会环境的变迁而言,明代中叶之后,中国东南半壁的经济生活极为繁荣,沿着长江中下游与大运河流域,城镇化与经济商品化发展迅速,参与商业行为的人口频繁扩张，交通路线急速开辟。除了官方《大明一统志》的地理记载，从当时出现大量商程便览之类的导引书刊，如黄汴的《一统路程图记》（后来翻刻成《天下水陆路程》和《新刻水陆路程便览》等）、李晋德的《客商一览醒迷》、程春宇的《士商类要》等，可知全国的交通路线以及各地驿站分布，不但胪列得十分清晰，巨细靡遗，而且标注出五里、十里、二十里、三十里、五十里、六十里、七十里的路程地望，方便商贾经商旅行，当然也同时惠及出门旅行的游客。因为经济繁荣与稳定，一些富裕人家在生活有了余暇之后，游山玩水成为相当普及的社会风尚，不再是极少数达官贵人的禁脔，得以让个别精英人物在不忧衣食的环境中，尽情发挥个性，在寻觅山水奥秘之中，满足自我存在的意义。

清初泉州人黄虞稷的《千顷堂书目》，列举了士大夫文人的旅游著述，作者达五十七人之多。这些文人学者书写的游记，与路程便览、客商指迷以及历代记述地理山水的志书都不同，是属于亲身经历的记述，不是沿袭前人著作的书抄。历史地理学者周振鹤研究明代后期旅行家群体，特别指出，这些游记的作者大多数是进士出身，或者是有一定官职的举人或诸生。旅游的性质，有许多是因为"宦游"，也就是借着执行官府职务的机会，或走马上任，或巡按调查，途经名胜古迹，顺便"到此一游"，却又感到旅游的乐趣值得笔诸为文，记下自己的游踪，也算是"读万卷书，行万里路"的体现。

明代中期以后，士大夫文人学者除了游山玩水，写下亲身经历，也对寰宇地理进行仔细的实地考察，编写成长篇著作，这些著作既有游山玩水的观赏性质，同时反映了实证考察的学术钻研。从王士性的《五岳游草》与《广志绎》、何镗的《古今游名山记》、杨尔曾的《海内奇观》、墨绘斋刻本《天下名山胜概记图》、曹学佺的《蜀中名胜记》以及顾炎武的《肇域志》与《天下郡国利病书》，等等，可以看到，他们写作的目的兼具知识性与观赏性，蕴含了许多个人观察外在世界的信息。从这些游记与记载山川形势的书中，我们可以探知，明末文人学者游览名山大川的动机，或许初始意在旅游玩耍。亲身游历，仔细观察名山大川之后，还要字斟句酌，发之为文，就有了超乎娱乐的文学审美与知性追求。晚明时期的社会文化繁荣与变化，冲击了许多上层精英的知识系统，他们在探索内圣外王的心性之学以外，也对外在世界的客观存在产生了浓厚的兴趣，因而触发了知识结构的变化。他们的知识探求不再限于儒释道的心性辨析，而是想跨越传统的文献知识，摆脱古人诉诸圣贤权威的不求甚解方式，试图通过亲身的验证，清楚地认识客观世界与自然地理的面貌。徐霞客就是这种探求客观地理真知最典型的人物，《徐霞客游记》也就成了建构新知识系统的重要著作。

徐霞客英华早现，陈函辉写的《霞客徐先生墓志铭》说他，"童时出就师塾，矢口即成诵，搦管即成章"，却从不热衷科举，反而游踪遍天下，成为明代最伟大的旅行家。按照徐霞客好友陈函辉写的《霞客徐先生墓志铭》与近代地质学家丁文江的《徐霞客先生年谱》，徐霞客的游踪遍布大江南北，深入西南边区。

徐霞客是中国有史以来最为特立独行的探险家，行迹遍历中国大地山川。徐霞客的游历远行，完全是个人的选择，是个人自由意志的展现，只是为了满足自己的好奇心，为旅行而旅行，为探险而探险，要让自己的身躯体会大地所承受的风霜雨露，让自己的脚掌亲吻山河大地的每一寸泥土与流水，"振衣千仞岗，濯足万里流"。只是从个人的信念出发，为了自己的爱好，追求自己纯粹的兴趣，坚持不懈。徐霞客游览山川的认真与执着，以个人的实存为出发点，审视山河大地的容颜，以自己的生命来实践，体验宇宙的奥秘，颠沛必于是，乐趣在其中，仰不愧于天，俯不怍于人，是否接近现代人肯定自我个性的展现？还是远眺庄子逍遥游的精神，超乎世间现实，类似想象的"真人"，可以上天下地，遨游天际？

　　徐霞客身后留下的《徐霞客游记》，记录了他游历的所见所闻所思，是一本私人日记，生前并未出版。徐霞客事母至孝，他写下游历日记的初衷，是为了让母亲跟着他的足迹，通过游历者的眼睛，卧游天下。他遵守"父母在，不远游"的古训，母亲在世的时候，主要是游历东南半壁江山，离家的时间不会太长。徐霞客壮游之最，是他西南之行的"万里遐征"，从浙江到江西，经湖南、广西，再到贵州、云南，历时四年，写了十倍于前的游记，却是母亲逝世之后的事。陈函辉写的墓志铭说："霞客不喜谶纬术数家言。游踪既遍天下，于星辰经络、地气萦回，咸得其分合渊源所自。云昔人志星官舆地，多以承袭附会。即江河二经，山脉三条，自记载来，俱囿于中国一方，未测浩衍，遂欲为昆仑海外之游。"明白指出，徐霞客不喜欢无法验证的说法，拒绝相信谶纬方术的迷信传统，难怪三百多年后他受到胡适、丁文江等人的推崇，誉为阐扬科学思想的伟大地理学家。

　　徐霞客实证思想的来源，就是一双走遍千山万水的脚，不管山高路远，不顾艰难险阻，不畏风霜雨露，不怕毒蛇猛兽，一路向前。徐霞客策划西南远游的时候，曾写信给陈继儒，说"尝恨上无以穷天文之杳渺，下无以研性命之深微，中无以砥世俗之纷沓，唯此高深之间，可以目摭而足析"。徐霞客思考自己的生命意义，就是张大游历者的眼睛，用脚来分析思想。徐霞客用脚思想，与古代大多数知识人不同，却也并不违背中国文化传统。《中庸》就说，"君子之道，譬如行远必自迩，譬如登高必自卑"。徐霞客能够行远登高，可算是儒者的最高典范。

资料来源　节选自徐霞客.徐霞客游记[M].郑培凯，译.香港：中华书局（香港）有限公司，2015：1-24.

思考：《徐霞客游记》对中国旅游文化发展的意义是什么？

第一节　中国古代"旅游"的意涵

　　旅游文化作为中国文化的重要内容，与中华文化的创生发展相伴始终。每个国家、每个民族都有自己的文化传统，而这种长时期形成的文化传统必然表现在文化的各个方面，包括旅游文化在内，既有人文的因素，又有地理的因素，同时也包括社会制度等。中国旅游文化指的是具有中国特色的旅游文化，是以中华民族五千年的文化传承和积淀为基础，包括已经创造和正在创造的旅游活动相关的物质财富与精神财富在内的文化产物。

一、中国古代"旅"的意涵

中国古代的"旅"和"游"是两个有区别的概念。在中国古代,"旅"字义项甚多。《说文解字》称"旅,军之五百人为旅"。《周礼》规定"五旅为师"。由于"旅"为军队,军队的宗旨是服务于战争,而战争是在运动中完成,是动态的、流动的,所谓"君行师从,卿行旅从",因而又借用为"行"。《尔雅》称"征迈曰行也,是为'旅行'"。《礼记·曾子问》:"曰:'三年之丧,吊乎?'孔子曰:'三年之丧,练不群立,不旅行。'"这里的"旅行"是说三年服丧之人不与众人一同行走。《易·旅第五十六》称:"旅,小亨。旅贞吉。""旅"指客人,是说旅客有所占问则吉。正因为周代有旅客,所以设置了相应的设施,称之为"庐""宿"。有旅舍就有了"旅人"。《国语·晋语》称:"旅人所以事子也,唯事是待。"注曰:"旅客也。言寄客之人,不敢违命。"

就"旅"与今日旅游内涵有关联的解释而言,有以下五种类型。

一是指商务往来。《周礼·考工记》:"通四方之珍异以资之,谓之商旅。"

二是指商人。《礼记·月令》:"来商旅。"注:"商旅,贾客也。"《吕氏春秋·仲秋》:"来商旅。"注:"旅者,行商也。"

三是指客馆。《说文通训定声》:"旅,假借为庐。"

四是指帝王的祭祀天地活动。《周礼·天官·掌次》:"王大旅上帝。"注:"大旅上帝,祭于圆丘,故有故而祭,亦曰旅。"《论语·八佾》记载:"季氏旅于泰山。"孔子在这里用的"旅"就是在泰山祭祀天地的意思。按照《周礼》的规定,诸侯只能在自己封地内的山川行祭祀之礼,泰山是只有周天子才有资格祭祀的地方,季氏无视等级规定,孔子因此说季氏不知天高地厚。

五是指旅客,即旅游者。《管子·小匡》:"卫人出旅于曹。"注:"旅,客也。"《易·旅·疏》:"旅者,客寄之名,羁旅之称,失其本居而寄他方,谓与为旅。"这句话的意思是,"旅"这个字指的是寄身他乡的意思。唐代孔颖达在《周易·疏》中对"旅"字的解释为:"旅者,失其本居而寄他方。"凡离开自己的居所而出外做客的,都可以以"旅"字概括。从上述诸义项可以看出"旅"是一个通指,已经具有当代的"旅游"一词中离开惯常居住地的意涵。

二、中国古代"游"的意涵

在中国古代,"游"字曾被赋予许多含义。"游"字是取用脚走之义,其中一个重要的意涵与农业有关。《管子·中匡篇》:"司马问管子:'先王之游,……何谓也?'管子曰:'春出原农事之不本者谓之游。'""不本者"意指没有种子的农户。此句意为古代天子春天到全国各地巡视,发现农户穷困得连种子都没有的,便由朝廷提供。诸侯也一样,应该在自己封地范围内访贫问苦。"游"也叫"夕"或"豫"。"夕"或"豫"的含义是"秋出补人之不足"和"秋省实而助不给"。即秋天帝王、诸侯巡视境内,发现谁家歉收,便根据灾情轻重,补充粮食,免致饥馑。《管子·戒篇》对"游夕之业"评价极高,认为"先王有游夕之业,宝法也"。

"游"也有流动的意涵。《说文解字》释曰:"游,旌旗之流也。"《诗·秦风·小戎》有

"游环胁驱,阴靷鋈续"。"游环",即用皮革制的靶环,在当中两匹马的背上,套着两旁骖马的幅绳,能随时移动。

《广雅·释诂》有"游,戏也"。《吕氏春秋集释·贵直论》注云:"游,乐也。""游"在此是娱乐的意思。此外,游玩在古代也称"敖"。《说文解字》"敖,出游也。从出从放。"指"敖"字由"放"字与"出"字合成。《管子·小问》:"桓公放春,三月观于野。"金廷桂解释说:"放春,当春而游放也。"除了齐国春游叫"放春"外,《楚辞》中可以看到楚国的春游叫"发春"。汉代的"行春""班春",都是春游的意思。《礼记·学记》上说:"故君子之于学也,藏焉、修焉、息焉、游焉。夫然,故安其学而亲其师,乐其友而信其道,是以虽离师辅而不反也。"所谓藏、修、息、游,就是要学生将学习("藏""修")与游乐休息("息""游")相结合,唯有如此,才能使学生在学习、生活中感到快乐,从而敬业乐群,最后便能达到信道不移的目的。汉人注解《学记》中的这几句话说:"谓闲暇无事于之游。"很显然,这种"游"成了读书人健康身心的措施,"放春"的性质是娱乐身心,以享受明媚的春光为目的。其实这种以娱乐身心为目的的旅游,早在春秋时代孔子就已提倡过,《论语·述而》中规劝弟子们"游于艺"。《正字通》解释这个"游"字道:"游,自适也。"《论语集注》解释这个"游"字说:"游者,玩物适情之谓。"

此外,游猎可称之为"游",《战国策》说楚王狩猎,"乐矣,今日之游也";游览也可称之为"游",《庄子·秋水》说"庄子与惠子游于濠梁之上",观鱼之乐;游学、游说等也可称之为"游",《礼记·少牢》又说"游于说"。尽管是不同的"游"的行为,但本身都蕴涵了适意而行、顺其自然的意义。

以声色娱乐为目的的行为,称为"游冶",也称"冶游",见《福慧全书·庶政部·禁妇女烧香》:"后世风俗不古,妇女好为游冶。"天子出游叫"游幸",如《旧唐书·杨贵妃传》:"妃每从游幸,乘马则力士授辔策。"士子在异乡做官,称为"游宦"。如《汉书·地理志下》:"及司马相如游宦京师诸侯,以文辞显于世。"古代狩猎活动被称作"游田",《尚书·伊训》上有"敢有殉于货色,恒于游田"。《潜夫论·潜叹》:"文王游田,遇姜尚于渭滨。"在古代,旅行讲演被称为"游讲",如《北史·熊安生传》:"安生在山东时,岁岁游讲,从之者倾郡县。"以求法传教为目的的僧侣旅游,称为"游方",也叫"游行"。前者如贾岛《送灵隐上人》诗:"遍参尊宿游方久,名岳奇峰问此公。"后者如《法华经·信解品》:"渐渐游行,遇向本国。"

通过上述记述,我们不难看出"游"字的意蕴从实用向审美进化的轨迹。"游"字最初与农业、政事关系密切,并且只有帝王才有"游"。后来"春游"出现了,一般官吏与民众也可参加。特别是官学下移,大批知识分子也开始步入旅游队伍中来,娱乐旅游取代了实用旅游。旅游者也由王公贵族变成了包括商人、知识分子在内的一切有闲暇、有金钱、有游兴的人们。其间的风气转移真实地说明了旅游的定义也是历史发展的产物。或者说,不同时代关于旅游的定义无不打上时代的烙印。

三、中国古代"旅游"的意涵

近乎旅游之义的"观光"一词出现于《易经》"观国之光,利用宾于王"。意思是,观仰国家大治的光辉景象,有利于成为宾王的贵宾。早期社会财富集中在极少数领主贵族统治者手中,他们进行政治性的视察,称为"巡";休闲娱乐性的赏览、狩猎、嬉戏玩乐,称为"观、戏、猎"等;而外交事务性质的国家间交往的政治朝见、聘问、会盟,称为"聘、使"等;君主贵族的"巡、征、聘、使"带有政治性质。

"游"真正与"旅"字相通,逐渐与近现代的"旅游"概念相接近,大约是西周、春秋、战国之时。在《诗经》《战国策》和《庄子》等一系列文学作品中,"游"被广泛引用,涵盖了游行、游观、游玩、游戏的意涵,并引申为出游、淫游、嬉游。在《诗·邶风·泉水》中有诗句:"驾言出游,以写我忧。"意思是驾车出去旅游以宣泄心中忧愁,已经具有"旅游"的意涵。事实上,《逸周书》中"于是告四方游旅旁生,忻通津济,道宿所至如归",东汉王粲的《七释》中"西旅游梁,御宿素粲。瓜州红曲,参糅相半。软滑膏润,入口流散",其中出现的"旅""游"尽管是作为两个词,但已经具有今天"旅游"的意涵了。而王粲的诗《从军五首·其五》中就出现了"游客"一词:"悠悠步荒路,靡靡我心愁。四望无烟火,但见林与丘。城郭生榛棘,蹊径无所由。蓎蒲竟广泽,葭苇夹长流。游客多悲伤,泪下不可收。朝入谯郡界,旷然消人忧。诗人美乐土,虽客犹愿留。"

魏晋时期《艺文类聚·卷二十一》记载建安"三曹"之一的曹植赠友人夏侯威的《离友》一诗:"王旅游兮背故乡,彼君子兮笃人纲。媵予行兮归朔方,驰原隰兮寻旧疆。车载奔兮马繁骤,涉浮济兮汎轻航。迄魏都兮息兰房,展宴好兮唯乐康。"诗中的"旅游"已经是今天"旅游"的意义。自曹植以后,南朝沈约,唐朝王勃、韦应物、白居易、张籍等许多人都使用了"旅游"一词,如沈约诗"旅游媚年春,年春媚游人",王勃诗白居易诗"江海漂漂共旅游,一樽相劝散穷愁",刘沧诗"灯微静室生乡思,月上岩城话旅游",张籍诗"过岭万余里,旅游经此稀"。

陈来生(2003)认为旅游观念的古今演变,大致经历了两个阶段。在古代生产力水平较低时期,人们期望了解世界、征服世界、享受世界却又受制于外在世界,因而虽有游玩时的乐趣,却多受制于客观条件,产生的无奈和悲凉源自亲缘关系和乡土观念的漂泊感和忧伤感。在中国古代出门前祖道择吉的风俗里面,实际上蕴含着"出行遇凶"的中国传统旅游观念。为了出行时不受到伤害,夏代就曾"铸鼎象物"作为旅行时的指南。还会祭祀专门的神灵祈求庇护,古代祭祀行神或祖神称为"軷"。《诗经》毛注认为:"軷,谓祭道路之神。軷本山行之名。道路有阻险,故封土为山象。伏牲其上。天子用犬,诸侯羊,卿大夫酒脯。既祭处者于是饯之,饮于其侧。礼毕,乘车轹之而去,喻无险难也。"唐代徐坚所著《初学记》卷二十四引《五经要义》中就记载:"将行者,有祖道。一曰祀行,言祭祀道路之神以祈也。"同时,物质条件的匮乏,也使出游成为畏途。《庄子·逍遥游》就有"适百里者,宿舂粮;适千里者,三月聚粮"的说法。第二个阶段,随着社会的发展和生产力的进步,人们征服自然的能力逐步提高,出行的速度和便捷程度大为改进,人们利用不断发展的科技力量越来越多地摆脱了自然和传统的束缚,旅游的娱乐休闲成分不断增加,人们的思想观念、旅游观念才会逐渐改变,不再以客居在外和远游为畏途,逐渐摒除思乡愁绪和漂泊悲苦,而具有越来越多休闲娱悦的色彩。中国古代旅游发展示意图见图2-1。

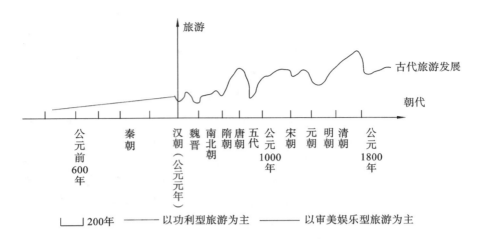

图 2-1 中国古代旅游发展示意图

（资料来源：任唤麟，何小芊.旅游概念界定与中国古代旅游发展论略[J].旅游论坛，2011，4(4)：1-6.）

第二节 中国古代旅游文化的发展历史

中国旅游史从时间上可分为古代、近代和现当代三大阶段。就中国旅游史的内容而言，石云霞（2013）认为，主要包括中国旅游思想及其特点、类型，以及交通食宿、旅游习俗、休闲娱乐等。沈祖祥（1999）认为，中国旅游文化史可分为形成（先秦秦汉）、勃兴（魏晋南北朝）、鼎盛（隋唐宋）、发展（元明清）、转型（近现代）五个时期。都大明、金守郡（2008）将中国旅游文化发展历史分为中华旅游文化孕育期（蒙昧时代）、奠基期（过渡时代）、成熟期（封建文明时代）、转型期（半殖民地半封建时代）、新时期（新中国成立以来）五个时期。马勇、余冬林、周霄（2008）认为，中国旅游文化发展历程根据旅游文化的主体、客体和媒体以及旅游观念等的变迁，可以分为滥觞时期、勃兴时期、隆盛时期、新变时期、穴结时期和转型时期六个时期。邹本涛、曲玉镜（2015）则认为，旅游文化史就是旅游体验与介入文化的发展史。旅游体验文化包括现实旅游体验、虚拟旅游体验及相关的体验规范，旅游体验文化史必然包括现实旅游体验史、虚拟旅游体验史及相关的体验规范史。从宏观的角度，整个旅游文化史可分为古代、近代、现代三大历史阶段，起讫时间分别为公元前 31 世纪至 18 世纪中叶、20 世纪中叶、现在。从中观的角度看，古代、近代、现代旅游文化亦可各自细分为若干小的历史时期。古代旅游文化可分为形成、消长、嬗变三个时期。

总之，理解中国古代旅游文化的发展，需要在整个社会发展的历史背景中考察，旅游文化史并不完全等同于旅游史或文化史，但旅游文化的发展历史是伴随旅游历史和文化的发展而发展的。

一、中国古代旅游文化的滥觞时期

中国旅游文化的滥觞时期,是指先秦时期,包括远古、夏商西周和春秋战国三个阶段。在这一时期,中国文化萌生、发展,由神本走向人本,人文色彩日益浓厚,至春秋战国时期进入文化史上的"轴心时代",并逐步形成了"和而不同"的包容机制。从旅游形式来看,有远古时期的山林生存之旅和辟地探险之旅,可谓人类蒙昧时代、野蛮时代的本能的旅行;夏商西周时期的商业贸易之旅等步入文明时代的人文色彩日益浓厚的旅行;春秋战国时期的践礼之旅,包括朝聘之旅与"秦晋"之旅、游猎观光之旅和游学、游说等。从旅游主体来看,由远古和夏商西周时期的帝王、诸侯,增加了从事商业贸易的奴隶主、贵族,至春秋战国再变为天子、诸侯和士阶层。从旅游客体来看,主要局限于自然景观。从旅游介体来看,道路、交通工具和旅馆方面有了初步的发展。修建了"周道"等陆路干线和支线。陆路交通工具是车,水上交通工具则为桴和舟。周代始建旅馆,有两类四种:一类是国家开办的宾馆和驿站;另一类是私人开办的传舍和客舍。从旅游观念来看,旅游概念逐渐明确,出现了儒家的"比德说"和道家的"逍遥游"。

(一)原始人类生存之旅

根据考古学、地质学的发现,早在 200 多万年以前,中国境内已经有人类生息繁衍。约 200 万年前至公元前 21 世纪是我国的原始社会,因原始人类在这一历史时期所使用的主要劳动工具是石器,所以考古学称之为"石器时代"。它包括氏族公社的发展、繁荣时期,直至青铜器时代开始前的铜石并用时代。在这一阶段,人类在大自然的灾害面前非常弱小,因此只有依靠群体智慧和力量才能生存。中国的云南元谋人、陕西蓝田人、北京周口店北京猿人即生活在这一阶段,距今二三十万年至四五万年前,进入人类学意义上的"古人"阶段,他们发明了取火的方法,活动的领域也进一步扩大。距今 5 万年左右,古人进化为"新人",又称"晚期智人",他们的足迹遍布中国大江南北,并且发明了弓箭。

在这样的情况下,原始人群居穴处,依山林而生,居无定所,采摘野果,捕猎野兽,待居住地附近果实和动物消耗殆尽,就翻山越岭,找寻新的采集区。这种为了生存而进行的迁徙,不能属于完整意义上的旅游活动,但在这种奔波流浪之中,产生了大量关于自然的神话传说,以及萌生于生存之旅中征服自然的愿望,成为潜藏在原始人集体无意识中的旅游因子,可以说是中国旅游文化的滥觞。

距今约 1 万年时,中华大地上开始出现原始农业,即进入了传说中的神农时代,100 多万年以来不停地漂泊流浪的迁徙步履逐渐停止,逐渐和土地联系紧密,由作物栽培到动物畜养,朝着村落农耕生产的新生活转变,不断地开拓和改变生存空间。数千年的以食物生产为主要内容的"农业革命",引领着先民走出蒙昧时代,结束了仅限于自身繁衍生存的最初生产形态,逐步走进了以耕作为主要方式的物质资料生产及其相应的社会形态和生活模式。距今 5000 年左右,出现了私有制和阶级分化。聚落已出现古城址,在安徽淮河北蒙城尉迟寺遗址,大汶口文化的聚落故址呈现出大、中、小三类聚落,互相依托,构成一个社会共同体。最大的一处聚落遗址约 10 万平方米,独立单间构成排房,周围构筑大型围沟,种植水稻和粟,陶、石纺轮数以百计,形状各异,大小有别,可见纺织业已相当发达。在周围 10~20 千米,还分布着 3 万平方米以下的中型聚落 3 处,1 万平方米以下的小型聚落 12 处。可以想象,在 5000 年前,中华先民的农居生活已相对稳定。而良渚古城遗址是长江文明于距今约 5300—4300 年出现在下游环太湖地区的一个前所未有的复杂社会的代表性产物。这一复杂社会在中国新石器时代的考古学文化谱系中被称为"良渚文化",兴衰于距今约 5300—4300 年,是中国新石器时代晚期长江流域展现稻作农业最高成就的区域性复杂社会,其规模依据现已发现的 600 余处同期遗址分布范围界定,约为环太湖地区的 3.65 万平方千米。依据该范围内同期文化的遗址群之间存在的 4 个以上的聚落等级、拥有统一信仰、存在明显的社会等级,特别是出现了城市文明等现象分析,这一史前文化已具备了早期的国家形态。

知识活页

良渚古城遗址(见图 2-2)作为良渚文化的权力与信仰中心,以建造距今约 5300—4300 年的规模宏大的古城、功能复杂的水利系统、分等级墓地(含祭坛)等一系列相关遗址,以及具有信仰与制度象征的系列玉器,揭示了中国新石器时代晚期在长江下游环太湖地区曾经存在过一个以稻作农业为经济支撑的、出现明显社会分化和具有统一信仰的区域性国家,展现了长江流域早于黄河流域对中华文明起源阶段"多元一体"特征所作出的杰出贡献。与此同时,良渚古城遗址在空间形制上展现出的向心式三重结构——宫殿区、内城与外城,成为中国古代城市规划中进行社会等级的"秩序"建设、凸显权力中心象征意义的典型手法,揭示出长江流域早期国家城市文明所创造的规划特征"藏礼于城",拥有东方城市起源的某种"原型"含义,在其后的 5000 年中国古代礼制社会的绵延发展中,一再被统治者们应用于都城规划设计。良渚古城遗址所展现的"水城"规划格局与营造技术,反映了人们在湿地环境中创造的城乡特色景观,展现了 5000 年前中华文明乃至东亚地区史前稻作文明发展的最高成就,在人类文明发展史上堪称早期城市文明的杰出范例。2019 年 7 月 6 日,中国良渚古城遗址获准列入《世界遗产名录》。

图 2-2 良渚古城北城墙考古发掘现场
(资料来源:良渚遗址官方网站 https://www.lzsite.cn/index.aspx。)

资料来源 陈同滨.世界文化遗产"良渚古城遗址"突出普遍价值研究[J].中国文化遗产,2019(4):55-72.

(二)神话传说中先民之旅

距今4000年至1000年间,中国从黄河流域到长江流域的先民大部分进入部落或部落联盟的"英雄时代"。这个时代的氏族或部落,在延续几百或几千年的时间内,一般都沿袭其始祖的名号。炎帝部落在姜水(今陕西宝鸡市南神农乡)流域兴起后向渭水南北两岸发展,逐渐成为关中地区主要部族。后向甘肃发展,进入戎羌地区。黄帝氏族在今甘肃天水地区兴起后逐渐向东迁,先后于泾水流域、今陕西黄陵地区。这种集体的迁徙可能是出于战争,但更多的是为了寻找适合农业定居生活的地域,与原始先民毫无目的、随处安身相比,呈现出了组织和行为上的区别,同时也为旅游意识和旅游活动的萌芽奠定了基础。

在神话传说中,可以窥见中国上古时期先民的旅游活动。传说黄帝一生好入名山大川。在《庄子·天地》中记载:"黄帝游乎赤水之北,登乎昆仑之丘,而南望还归,遗其玄珠。""作舟车以济不能,旁行天下。""东至于海,登丸山,及岱宗。西至于空桐,登鸡头。南至于江,登熊、湘。北逐荤粥,合符釜山……迁徙往来无常处。"明代杨慎《升庵集》卷七十二引古本《山海经》中也记载:"黄帝游幸天下,有记里鼓,道路记以里堆。""里堆"是用于瞭望和记载里程的土堆,系今天的铁路、公路边上里程碑之前身。《贾谊新书》记载黄帝之曾孙颛顼曾"北至于幽陵,南至于交趾,西至于流沙,东至于蟠木"。司马迁《史记·五帝本纪》记载舜"入于大麓,列风雷雨不迷"。禹为治理洪水"陆行乘车,水行乘船"。《尚书》上说,尧的儿子傲也是"唯漫游是好"。汉代应劭《风俗通义》的《祀典篇》及《独断篇》中记载与颛顼争帝、怒触不周山闻名的天神共工之子修为人们祭祀的"行神"或"道路之神","谨按《礼传》,共工之子曰修,好远游,舟车所至,足迹所达,靡不穷览,故祀以为祖神"。《宋书·历律志》引崔实《四民月令》主张行神应是黄帝的儿子累祖。唐代颜师古注《汉书·景帝十三王传》中"祖于江陵北门"一句时引用崔实的说法:"祖者,送行之祭,因饯饮也。昔黄帝之子累祖,好远游,而死于道。故后人以为行神也。"这些神话和传说中的旅行活动说明了上古时期帝王山川之旅的传统以及祭祀"行神"的习俗。

(三)肇始时期的商旅文化

夏商周时期是中国奴隶制形成、发展和鼎盛时期,这个阶段实际也是源远流长的中国文化的奠基时期。春秋战国时期,由于社会生产力提高,商业和城市也随之兴起。在中国古代,"旅"字不但"从止为走",更"从车",与商旅直接联系在一起,《易经》中"旅"卦就专以商贾客旅讲解。商旅对中国古代旅游的萌芽有着特殊的作用。

商朝时期,王亥开创了氏族部落之间长途贩运的先河,在他去世后,商族人沿其传统,利用牛车、马车的便利条件从事部落间的物品交换,以获取财富。商部落的人成为当时贸易交换的代表,后来"商人"的意思就发生了变化,专指经商做买卖之人的统称。"商人"一词一直沿袭至今。而作为最早进行贸易的王亥,成为"商业"的始祖,数千年来一直被商人奉若神明。

知识链接

王亥（公元前 1854 年—公元前 1803 年），河南商丘人，子姓，又名振，阏伯的六世孙，契之后，冥之长子，商部落族的第七任首领。甲骨卜辞中称为"高祖亥"或"高祖王亥"。王亥不仅帮助父亲冥在治水中立了大功，而且还发明了牛车，开始驯牛，促使农牧业迅速发展，使商部落得以强大。《山海经》记载："王亥托于有易、河伯仆牛，有易杀王亥，取仆牛。"《尚书》记载："肇牵牛车，远服贾，用孝养厥父母。"王亥亲自驾驶牛车载货运输，用帛、黍和粟以及牛、羊跟其他部落以物换物。与商经常交往的有一部落是葛。葛资源贫乏，商一直向葛提供粮食，平等进行各种交易。有一年葛遭遇天灾大旱。葛的君主向商王亥求援，恳求商多运送些粮食到葛，并愿意拿出价值比原来高出一倍的物品交换。王亥却认为不能见死不救。王亥除了继续以原定的物品与葛国交换粮食外，还多提供了些粮食援助。公元前 1810 年，王亥和弟弟王恒一起从商丘出发，载着货物，赶着牛羊，长途跋涉到了河北的有易氏（今河北易水一带）。有易氏的部落首领绵臣见财起歹意，杀害了王亥，赶走了王亥的随行人员，夺走了货和牛羊。王亥的弟弟王恒日夜兼程逃回商丘。王亥之子上甲微非常悲愤，欲为王亥报仇。公元前 1806 年，上甲微借助河伯之师灭了有易氏，杀了绵臣，为父王王亥报了仇。商族部落进一步扩大了新的势力范围。

（四）民间游乐与节日游嬉

先秦时期已经形成了游乐的习俗，《诗经》中有许多描述。例如，《诗经·陈风·东门之枌》再现了陈国男女约会于白榆树下，市场上翩翩起舞的欢乐情景；《诗经·王风·君子阳阳》反映了情人相约出游的无穷乐趣。节日游赏亦是当时民间游乐的重要内容。人们团聚会餐，歌舞戏耍，或踏青登高，或竞舟赛灯，尽情欢愉，其乐融融。尽管上巳节固定的时间是在东汉时期，实际上该习俗早在先秦时就已出现了旅游的性质。《周礼》曰"女巫掌岁时祓除衅浴"，东汉郑玄注曰"岁时祓除，如今三月上巳如水上之类。衅浴谓以香薰草药沐浴"。就是说，每至农历三月的第一个巳日，到水边祭祀，并用浸泡了香草的水沐浴，能够被除疾病和不祥。《风俗通义》亦曰："女巫掌岁时以祓除衅浴。禊者，洁也。春者，蠢也，蠢蠢摇动也。《尚书》'以殷仲春，厥民析'，言人解析也。疗生疾之时，故于水上衅洁之也。巳者，祉也，邪疾已去，祈介祉也。"上巳节的这种祭祀沐浴活动称为"修禊"。修禊自周代始，千百年来流传不衰。《诗经》中的《郑风·溱洧》一诗便生动地描绘了上巳节士、女聚会的情景。

知识链接

上巳节源于古代的巫术仪式"祓禊"之祭，根据史籍记载，先秦西汉时期虽然盛行祓除之仪，但各地祓除的具体时间并没有固定、统一。固定的时间——农历三月的第一个巳日的节俗大致形成于东汉时期。如《后汉书·周举传》曰："顺帝永和六年三月上巳日商大会宾客,燕于洛水,举时称疾不往。商与亲昵酣饮极欢,及酒阑倡罢,继以《薤露》之歌。"《后汉书·袁绍刘表列传》曰:"三月上巳,大会宾从于薄洛津。"三月上巳逐渐成为社会上层贵族在水边宴会宾客、纵酒欢会的节日。至魏晋南北朝时期,上巳节已由祓除灾气的巫术仪式演变为曲水流觞、娱怀骋情的民俗节日,时间也由三月的第一个巳日固定为三月三日。

(五)狩猎之旅与灵台营建

游猎是由上古狩猎演化而来的。狩猎是人类最原始的生存手段,同时也是上古社会一项非常重要的生产活动。夏代的统治者喜欢游猎,太康因耽于游猎而失国,后羿因溺于游猎而丧命。殷商王室亦乐此不疲,卜辞中有多条商王游猎的记载。迨至周代,还形成一套关于游猎的系统完备的礼制。不同季节的游猎又有不同的称谓,春猎为"蒐"(选择未孕的野兽捕猎),夏猎为"苗"(为苗稼灭害兽),秋猎为"狝"(顺应秋气),冬猎为"狩"(无所选择,随意猎杀)。夏朝之时,一年四季均可打猎。周代天子、诸侯如果没有征战、出行之事,一般每年要打三次猎,否则为"不敬"。周天子辟有游猎的场所,并且特地规定游猎场所规模:周天子为百里,诸侯为四十里。东周时,诸侯争行天子的"田狩之事,园囿之乐",游猎成了当时王公贵族追求享乐的一种方式。

周代的游猎之风盛行,可从《诗经》和《战国策》中得到印证,如《诗经·小雅·车攻》叙写天子出猎,备车选马,东行莆田行狩,后又夏猎于敖山的情景。各路诸侯穿着鲜艳的礼服、红色的护膝、金色的靴子,驾着车马络绎不绝而来,与周天子聚会游猎。《诗经·小雅·吉日》描写了周天子在随从的前呼后拥中搭箭拉弓,射杀野猪与犀牛,展现其身手不凡。《战国策》中也有生动地展现游猎的宏大规模和壮观场景,如"楚王游于云梦,结驷千乘,旌旗蔽日,野火之起也若云霓,兕虎嗥之,声若雷霆,有狂兕牂车依轮而至,王亲引弓而射,一发而殪。王抽旃旄而抑兕首,仰天而笑曰:'乐矣,今日之游也。'"

周王朝大规模营建城邑,奠定了中国古代"前朝后寝"制度,同时也兴建了皇家园林:灵囿、灵台、灵沼。《诗经·大雅》:"经始灵台,经之营之。庶民攻之,不日成之。"其诗序:"《灵台》,民始附之。文王受命,而民乐其有灵德,以及鸟兽昆虫焉。"《孟子·梁惠王上》:"文王以民力为台,为沼,而民欢乐之,谓其台为灵台,谓其沼为灵沼。"灵台立于灵囿之中,其形象"四面而高"。根据唐人《括地志》记载,直至唐代初年,在长安西 20 千米处尚能见到"高三丈,周四百二十步"的遗迹。"文王作灵台而知人之归附,作灵沼、灵囿而知鸟兽之得其所。"灵台营造及对百姓开放,是带有政治意图的,这是古代中国第一个向民众开放过的皇家人造景观。

(六)动荡时期的旅游文化变奏

春秋战国时期的社会大变革,为社会各阶级、集团的思想家发表自己的理论主张,追求新的精神生活提供了广阔的历史舞台,同时也使旅游活动由三代之时以商旅为主旋律的局面,发展成帝王诸侯的封禅、外交会盟和士的游学、游说之旅等多重变奏的格局。

春秋战国时期(公元前 770 年—公元前 221 年),社会风雷激荡,烽烟四起,战火连天。仅据鲁史《春秋》记载的军事行动就有 480 余次。司马迁《史记》记载春秋之中,"弑君三十六,亡国五十二,诸侯奔走不得保其社稷者,不可胜数"。相传春秋初期,诸侯列国有 140 多个,经过连年兼并,到后来只剩较大的几个。这些大国之间还互相攻伐,争夺霸权。同时,一些被称为蛮夷戎狄的民族受中原文化的影响加入了民族融合。中原各国也因社会经济条件不同,大国间争夺霸主的局面出现了,各国的兼并与争霸促成了各个地区的统一。因此,东周时期的社会大动荡,为全国性的统一提供了条件。这个时候的旅游活动包括:天子诸侯的封禅、游猎、会盟、巡游、娱游;由于各国间政治、外交、军事活动频繁而萌生的公务旅行、外交盟会;百家争鸣期间,各学派创始人带领其门徒周游列国等。

> **知识活页**
>
> **齐桓公欲封禅**
>
> 桓公既霸,会诸侯于葵丘,而欲封禅。管仲曰:"古者封泰山禅梁父者七十二家,而夷吾所记者十有二焉。昔无怀氏(古之王者)在伏羲前封泰山禅云云;神农封泰山禅云云;炎帝封泰山禅云云;黄帝封泰山禅云云;颛顼封泰山禅云云;帝喾封泰山禅云云;尧封泰山禅云云;舜封泰山禅云云;禹封泰山禅会稽;汤封泰山禅云云;周成王封泰山禅社首。皆受命然后得封禅。"桓公曰:"寡人北伐山戎、过孤竹,西伐大夏、涉流沙,束马悬车上卑耳之。山南伐至召陵,登熊耳山,以望江汉兵车之会三,而乘车之会六,九合诸侯一匡天下,诸侯莫违我,昔三代受命,亦何以异乎?"于是管仲睹桓公不可穷以辞,因设之以事曰:"古之封禅,鄗上之黍,北里之禾,所以为盛江淮之间。一茅三脊所以为藉也。东海致比目之鱼,西海致比翼之鸟,然后物有不而自至者十有五焉。今凤凰麒麟不来,嘉谷不生而蓬蒿藜莠茂鸱枭数至,而欲封禅,毋乃不可乎。"于是,桓公乃止。
>
> **资料来源** 《管子·卷十六》。

东周时期官学下移,中国历史上开始出现士阶层,士人奔走不暇。士人广泛的旅行活动大体有三类。一为游学之旅。诸子学者和莘莘学子,不辞路遥,纷趋列国四方。或授业解惑,或拜访名师,或问学习礼,或演艺习技。二为学术之旅。诸子百家或聚于稷下学宫和礼仪之都著书讲学、争鸣论辩,或深入山林洞豁、市井陋巷访问高士,与贤师切磋学问。三为游说之旅。诸侯争霸,君主和公卿大夫盛行"纳贤养士"之风,以赵之平原君、齐之孟尝君、魏之信陵君、楚之春申君为代表,皆"食客数千人"。而百家争鸣,竞相提出"治国平天下"之策,许多掌握知识才技的士人,纷纷踏上游说之道,朝秦暮楚,周游列国,论辩殿堂,兜售自己的学说和主张,各尽所能,建功立业。

当时的周游,主要目的不是欣赏娱乐,但是大量的旅游实践促使他们的周游之行带上审美的色彩,并有不少旅游的哲学见解,对后世中国的旅游文化产生了不容低估的影响。这在《论语》《庄子》《孟子》《荀子》《列子》等典籍中都有所体现。

孔子提出了"仁者乐山，智者乐水"的比德意涵和"父母在，不远游，游必有方"的近游观。"比德说"是清人刘宝楠在《论语正义》中首先明确提出，意为自然物的性质特征与人的品格道德有相似之处，人对自然物的爱赏与赞美，归因于自然物的某些特征能够比拟、象征人的某种美德；自然物之所以美，是因其某些属性特征"似有德者"。荀况《荀子·宥坐》中记载："孔子观于东流之水。子贡问于孔子曰：'君子之所以见大水必观焉者，是何？'孔子曰：'夫水，大遍与诸生而无为也，似德；其流也埤下，裾拘必循其理，似义；其洸洸乎不淈尽，似道；若有决行之，其应佚若声响，其赴百仞之谷不惧，似勇；主量必平，似法；盈不求概，似正；淖约微达，似察；以出以入以就鲜絜，似善化；其万折也必东，似志。是故君子见大水必观焉。'"从旅游客体自然景观——东流的大水上，前往观水的旅游主体孔子独具慧眼地发现其禀性：仁、义、道、德、勇、法、正、察、志及善化等。也就是说，蕴藏于自然景观中的禀性，类似于仁人君子的美德。孔子认为，热爱自然，游观山水，不仅可以怡情养性，还可以净化心灵，使人受到道德教化。将自然物的外观特征伦理化、人格化，从观念上将其纳入社会范畴，从而使自然之美与伦理之善联系起来，是"比德说"通过旅游在自然与人之间强调的关联。

庄子提出了"依乎天理，因其固然"的审美观和"旧国旧都，望之怅然"的怀旧旅游理念。《逍遥游》代表了道家的旅游思想理论，指不计功利，不借任何外力，不受任何限制和约束的自由自在地遨游。也就是在无拘无束的遨游、漫游中去获得审美愉悦和精神满足，并从中了悟自然、社会和人生的本质和规律，即"道"。

《列子》一书提出了"人之游也观其所见，我之游也观其所变""务外游不如务内观"的尚变的旅游观以及与此相联系的内游理论，可谓中国古代旅游哲学的第一个高峰。学者章必功(1992)认为，春秋战国时期已有了较明确的旅游范畴，标志着中国旅游文化开始进入自觉阶段。

二、中国古代旅游文化的勃兴时期

旅游文化的勃兴时期，主要是秦汉时期，这一时期中国文化经历了秦汉阶段的大一统。旅游文化以不可抑制的态势发展起来。从旅游形式来看，有秦汉时期的巡游之旅、壮行之旅和宦游之旅。

从旅游主体来看，有秦汉时期的秦皇汉武等帝王、司马迁和张骞等奇志之士以及为数众多汲汲于功名的文士。其中，秦汉文士之宦游亦有三变，由秦时的销声匿迹至汉初复兴游说诸侯王，再至西汉中期离乡去国，奔赴京都长安和洛阳，结交权贵，以求晋升之阶。

从旅游客体来看，不仅有兰亭、富春江等自然山水，而且还建造了大量的宫室苑囿、皇家和私家园林以及形成了众多宗教旅游景观。宫室园林，秦汉时期有阿房宫、未央宫、上林苑等，私家园林则有西汉吴王刘海的池园、梁孝王刘武的"苑园"等。

从旅游介体来看，中国陆路交通网的形成，始于秦朝。秦始皇首次巡游西北后，深感交通阻塞，原六国道路自成系统，互不衔接，极不便于行军作战和南北巡游。为了镇压六国残余势力的反抗和把新开拓的疆土与内地融合为一个大一统整体，秦朝规定了车轨的标准宽度，即"车同轨""舆六尺"；又下令拆除原六国边境上关卡、堡垒，以便陆路交通的往来。秦合并列国的种种驿传机构,举凡道路的开辟,传舍、邮亭的修建等,客观上促进了各区域的交流往来和旅游旅行的发展。

汉初,社会经济凋敝。经过六七十年的休养生息,社会生产逐渐恢复发展。至汉武帝时,国力强盛。为了经营西南少数民族地区,相继修筑了通北方的"回中道",通蜀中的"褒斜道",跨越秦岭而抵汉中的"子午道",通西南(今贵州、云南)地区的"夜郎道"。由此,最终形成了以京城长安为中心向四面辐射的交通网:自长安而东,出函谷关,经洛阳,至定陶,以达临淄,为东路干线;自长安向西,抵达陇西郡(今甘肃临洮),为西北干线;自长安而北,直达九原郡,为北路干线;自蒲津(今山西永济西)渡黄河,经平阳(今临汾西北)、晋阳(今太原市南),以通平城(今大同),为河东干线;自长安向西南经汉中,以达成都,并远至云南为西南干线;自长安向东南出武关,经南阳,以达江陵,并继续南进,为南路干线。汉政权尤其注重交通与通信的建设,在秦代邮传的基础上,开辟了通达全国各郡的交通线。同时,加强了交通要道沿途的食宿设施建设和管理,设立了亭传、传舍、馆舍、邸舍、谒舍、客舍、逆旅等。

秦汉时期的水上交通工具较以前也有很大的发展,尤其是船舶制造,形成了第一个高峰。这一时期,舟船的生产规模和制造技术均有显著的发展。秦汉时期舟船的数量和种类迅速增多,有漕船、战船以及各种民用船只等不同类型。水上航行已采用了橹、帆和舵。《汉书·艺文志》中还记录了通过航船观星象、定方位的书籍有一百三四十卷,足见当时的航海知识已经较为丰富。

(一)帝王巡游封禅之旅

公元前221年,秦始皇建立了中国历史上第一个君主专制的中央集权国家,为中华文化共同体的形成奠定了基础。秦始皇在位时期巡狩天下,公元前220年至公元前210年出游5次。秦始皇沿袭周穆王"勒石王母之山,纪迹元圃之上"的摩崖传统,将其发展为"刻石",即另外打凿坚硬平整的石面,在上面刻字,为自己纪功志游。《史记》记载的有泰山勒石、芝罘勒石、峄山勒石、琅琊勒石、会稽勒石、碣石勒石等。为了强化统治,威服海内,秦始皇曾到泰山举行封禅仪式,并留下五松亭的典故。《史记》记载公元前219年秦始皇率领文武百官来到泰山脚下,召集齐鲁儒生博士70余人,讨论封禅大典的礼仪。"诸儒生或议曰:'古者封禅为蒲车,恶伤山之土石草木;扫地而祭,席用蕴秸,言其易遵也'。""始皇闻此议各乖异,难施用,由此绌儒生。"秦始皇认为,儒生博士所说仪式过于简陋,于是斥退儒生博士,"而遂除车道,上自泰山阳至巅,立石颂秦始皇帝德,明其得封也。从阴道下,禅于梁父。其礼颇采太祝之祀雍上帝所用。而封藏皆秘之,世不得而记也"。

在江南游太湖、杭州、绍兴、苏州、金陵等地;至今都流传了许多关于秦始皇巡游的种种传说:在虎丘,为得吴王阖闾的宝剑,他下令掘墓;在金陵,为截城市的王气,他把金陵改为秣陵;在洞庭湖,因湖水波涛汹涌险些翻船,他命令侍从上君山,把娥皇、女英两个神庙烧毁,并在山石上刻下"永封"二字。

汉武帝在位共巡幸30次。汉武帝在泰山立无字碑,比喻自己的功德无法用言语形容;在庐山,他祭祀庐山的山神匡俗,封其为大明公;传说他登嵩山时,忽闻山谷里传来"万岁"呼声,他认为这是山神的呼唤,下令将此山峰命名为"万岁峰"。汉武帝的封禅活动也声势浩大,《史记》记载了第一次封禅:"上议曰:'古者先振兵释旅,然后封禅。'乃遂北巡朔方,勒兵十馀万,还祭黄帝冢桥山,释兵须如。""上念诸儒及方士言封禅人人殊,不经,难施行。天子至梁父,礼祠地主。乙卯,令侍中儒者皮弁荐绅,射牛行事。封太山下东方,如郊祠泰一之礼。封广丈二尺,高九尺,其下则有玉牒书,书祕。礼毕,天子独与侍中奉车子侯上太山,亦有封。其事皆禁。明日,下阴道。丙辰,禅太山下阯东北肃然山,如祭后土礼。天子皆亲拜见,衣上黄而尽用乐焉。江淮间一茅三脊为神藉。五色土益杂封。纵远方奇兽蜚禽及白雉诸物,颇以加礼。兕牛犀象之属不用。皆至太山祭后土。封禅祠;其夜若有光,昼有白云起封中。"封禅礼仪结束后,汉武帝在泰山下东北古明堂遗址接受群臣朝贺,又下诏今后五年一修封,令诸侯在泰山下各修治官邸,以作为将来按古礼实行的"五载一巡狩,用事泰山"的朝宿地。此后,汉武帝先后于元封五年(公元前106年)、太初三年(公元前102年)、天汉三年(公元前98年)、太始四年(公元前93年)、征和四年(公元前89年)五次封禅泰山。

秦汉诸帝以强大的综合国力为后盾,数次大规模巡游,使秦汉旅游活动呈现出浩大的特点。帝王巡游兴师动众,劳民伤财,但是对于加强中央集权,巩固封建统治,促进经济、文化交流以及发展交通起到一定的作用。同时,为巡游开发名山大川旅游资源成为中国古代旅游活动的重要组成部分。

(二)士人壮行之旅

秦汉时期的开拓进取、恢弘包容的文化精神也深刻地影响了普通士人的精神风貌及其行旅观念。

张骞,汉中(陕西城固)人。张骞两次出使西域,历时20余载,行程数万里,"跋履山川,逾越险阻",历尽人世罕见之艰辛。打通中亚细亚与西汉的陆路通道,以亲身经历和实践,发现和考察了被匈奴中断和阻塞的丝绸之路,详细记载了丝绸之路的具体路线和行经地点,详细报告了中亚各国山川、地形、风土人情、物产等自然和社会情况。促进了中西经济文化的交流和发展,使得汉族和西北边疆各族以及中国与亚欧人民的友好交往进入了一个新阶段。

司马迁,字子长,左冯翊夏阳(陕西韩城市)龙门人。其父司马谈是汉朝专管文史星历的太史令,熟悉历史,通晓先秦诸子学术。司马迁10岁后随父亲到长安学习经史。20岁开始漫游江淮,为收集古代王侯将相历史传说、考察各地风俗民情文化资源。司马迁一生博览群书、壮行天下,漫游了全国的中原、西北、西南、东南和东北广大地区,足迹遍及今甘肃、山西、陕西、河南、河北、山东、四川、湖南、江西、江苏、浙江、贵州、云南等多省。这些实地考察格致之旅丰富了司马迁的历史知识和生活经验,加深了他对历史人物和历史事件的印象和理解,同时开阔了他的胸襟和视野。司马迁漫游天下行程万里的壮游之旅,代表了当时士人在学术方面的锐意进取和开拓创新的精神,这也为他撰写《史记》奠定了深厚的基础。

(三)宦游与及时行乐的旅游意识

在两汉时期,士人为步入仕途建功立业进行了旷日持久的宦游。由于政治、社会等方面的原因,游士宦达的成功率极低,多数人无法实现自己的愿望。这些仕途失意者人生追求的层次也因此由高向低跌落,从努力实现人生的价值到满足于及时享乐。因此,宦游的性质在不知不觉中发生了变化,增添了较多的娱乐和消遣成分。宦游生活也促进了我国汉代文学的发展,如汉赋中的篇章,大多出自宦游者之手,影响了日后知识分子的生活范式。如西汉的枚乘在其《七发》中直接阐发了旅游修养身心的功用。文中假借吴客之口向楚太子陈述强身养性的七种"灵丹妙药",有三种是"浮游观览",且皆具"其乐忘死"的功效,如曲江观涛,既可以"澡概胸中,洒练五藏",又能"分决狐疑,发皇耳目"。

南朝萧统从传世古诗中选十九首入《文选》,后世称《古诗十九首》。一些学者对《古诗十九首》的产生年代和创作者尚有争议,一般认为是东汉末年,但无论如何,诗歌保存了当时人的生命意识,并展现了古人追求舒心适意的精神生活。如"人生不满百,常怀千岁忧。昼短苦夜长,何不秉烛游?""青青陵上柏,磊磊涧中石。人生天地间,忽如远行客。驱车策驽马,游戏宛与洛。长衢罗夹巷,王侯多第宅。两宫遥相望,双阙百余尺。极宴娱心意,戚戚何所迫!"又如《芙蓉池诗》曰:"乘辇夜行游,逍遥步西园。双渠相溉灌,嘉木绕通川。卑枝拂羽盖,修条摩苍天。惊风扶轮毂,飞鸟翔我前。丹霞夹明月,华星出云间。上天垂光采,五色一何鲜!寿命非松乔,谁能得神仙?遨游快心意,保己终百年!"

三、中国古代旅游文化的自觉时期

魏晋南北朝是中国历史上引人瞩目的时期,从秦汉大一统向魏晋南北朝阶段的多元走向转换,这一时期出现了羁旅征戍、玄游、仙游和释游等,出现了消遣、娱乐与审美的非功利性活动。旅游者开始专注于官能享受,追求审美快感,使旅游有了质的变化,成为一种自觉行为。这一时期,虽然社会动荡不安,但由于旅游思想的变化,以文士为主体、以山水为对象的审美娱乐型旅游活动成为主流,加之宗教旅游与女性出游的发展,这一时期成为中国古代审美娱乐型旅游发展的第一个高峰。

(一)慷慨悲凉的羁旅与旷达超逸的玄游

这一时期,一方面,社会生活剧烈动荡。魏晋之时,已经神学化的儒学越来越"不周世用"。人们开始抛弃儒家教义,放弃对外在功名利禄的追求而进入精神世界的探索。这一思想的变化反映在旅游文化上,则是从曹魏之际具有现实主义慷慨悲凉的羁旅征戍的旅游文化到魏晋之时旷达超逸的玄游的发展,并形成以远离尘世、不及人事,重思辨、究玄理为玄游主流的旅游风格,这一风格在西晋末年向纵深方向发展。

以曹操父子、王粲、陈琳为代表的政治家和文人,在军旅征戍中有较为丰富的游观活动。他们所见的自然景物或人文景象,都是当时社会的真实面貌,感受到了社会的动乱和民生的疾苦,其游风具有强烈的现实主义底蕴以及"慷慨悲凉""行壮志深"的时代特色。不过,这种游风随着曹魏政权的日渐衰落而衰落。

另一方面,整个文化领域异常活跃,儒家思想的绝对统治地位发生动摇,从哲学、艺术到人们的生活,都有着新的表现形式。政治风云的变幻莫测,更使这一时期的人们全身避祸而纵情于山水之间。他们认为:人间的功名利禄、荣辱祸福、是非曲直,都蒙蔽了人的本性;而如果人们超脱尘世,适意自然,返璞归真,就能恢复本性,得到内心的宁静,享受真正的人生乐趣。这一时期的突出特征是对山水进行审美评价的现象蔚然成风。刘义庆《世说新语》一书中有为数众多的山水游览与欣赏的内容。当时还出现玄谈与佛理相结合,名士与高僧合流,山水与寺庙一体,园林和人性相谐,自然和空门同归,汇成了魏晋南北朝特有的逍遥玄虚、不拘一格的旅游文化的主流。这一时期,旅游形式主要有羁旅征戍、玄游、仙游和释游等,旅游资源如古典园林、宗教寺观和佛门石窟等得到大规模的建设和开发。

魏晋玄游起自三国魏末的七位名士,他们是嵇康、阮籍、阮咸、山涛、向秀、刘伶和王戎七人,人称"竹林七贤",都以纵情放荡、玩世不恭的态度来追求个性解放。其行动则表现为饮酒、服食、狂狷,崇尚隐逸山林寄情山水,这就是所谓的"魏晋风流"。

东晋政权建立后,大批南渡名士与江南士绅躲避现实,在山水中清谈玄理,吟诗长啸,玄游更加普遍,玄言诗更加盛行。东晋后期,玄游开始逐步走出清谈玄虚、参悟玄机和印证玄理的窠臼,而追求对山水景物的感官愉悦,即由重思辨、析玄理向务实、审美、求知的方向演变。东晋玄游的主要代表人有孙绰、谢安、王羲之、陶渊明等。

 知识链接

> 王羲之(321—379 年),字逸少,东晋司徒王导侄子,祖籍琅琊(今属山东临沂),后迁居建康(今江苏南京)、会稽(今浙江绍兴),曾任右军大将军。王羲之为人率直、洒脱。他出身高门,却淡泊宦情,好隐居,与清谈名士交游,以山水吟咏为乐。《晋书·王羲之》曰:"羲之雅好服食养性,不乐在京师,初渡浙江,便有终焉之志。会稽有佳山水,名士多居之,谢安未仕时亦居焉。孙绰、李充、许询、支遁等皆以文义冠世,并筑室东土,与羲之同好。"王羲之与朋友们徜徉于会稽的明山秀水之间,诗酒风流,逍遥度日。永和九年(353 年)三月三日上巳节,王羲之邀请谢安、孙绰、支遁、许询等名人雅士以及本家子侄王凝之、王徽之、王献之等 42 人,在浙江绍兴兰渚山的兰亭聚会。聚会的起因源于"修禊"这一习俗。古人于三月上旬巳日,在东流水中洗濯,祓除不祥。后来发展为暮春之初在水边宴饮嬉游,祓除不祥的意义反而退居其次,兰亭之会亦是如此。聚会的目的主要是欣赏山水,饮酒赋诗。王羲之作《兰亭序》以申其志,曰"此地有崇山峻岭,茂林修竹,又有清流激湍,映带左右,引以为流觞曲水,列坐其次。虽无丝竹管弦之盛,一觞一咏,亦足以畅叙幽情","是日也,天朗气清,惠风和畅,仰观宇宙之大,俯察品类之盛,所以游目骋怀,足以极视听之娱,信可乐也"。

(二)山水审美与"畅神说"

中国古代自然审美是在中华民族审美的漫长历程中形成和发展起来的,经历了一个由被动、朦胧的自在状态到主动、清醒的自觉状态的理论发展过程,即由原始社会时期的以实用的观点来对待包括山水在内的外在自然世界,发展到汉代萌生的以审美的态度来看待山水,乃至于魏晋时期自然山水审美意识的觉醒和拓展。人们开始把自然山水当作一个纯粹的美的客体,悠游其中,陶冶性情。

南朝时期,"庄老告退,而山水方滋",越来越多的旅游者认识到"非必丝与竹,山水有清音"。山水游风大涨,士人们纷纷将自然山水作为审美对象来鉴赏、游娱,纳入自己的创作,如南朝的鲍照、吴均。这些文人专注山水造型、山水神韵的欣赏,淡化了玄学的意味。"畅神说"旅游审美观逐渐形成。"畅神说"是产生于道家哲学之上的一种自然审美观。它是以人的精神自由为出发点,在摆脱功利杂念的状态下,以超然的心境去观赏自然风物的审美原则。在审美观照中,主体与自然的内在交融,在自然与艺术中怡悦情性,展畅精神,由此而获得精神的审美享受。"畅神"更侧重审美主体的审美心境,通过人与自然建立精神关系,来达到对自然山水审美的超然境地。

可以说,自然山水不只是具有满足人类物质生活需要的实用价值,也不只是具有象征、启发人的道德观念的比附功能,而且被发现能为人类提供纯粹的美的观赏和精神愉悦。当时文人已经具有把自然山水作为独立的审美对象来鉴赏观照的审美态度和唯美主义倾向。与南朝对峙的北朝也涌现出许多著名的旅游家,代表如郦道元。

知识链接

> 郦道元(约470—527年),字善长,范阳涿县(今河北涿州市)人。他是中国古代杰出的地理学家,又是北魏著名的旅行家、散文家。作为北朝人的郦道元大致走遍长城以南和秦岭、淮河以北的广大地区。郦道元从少年时代起,就十分注重考察山川地理。凡其所至,必"脉其枝流之吐纳,诊其沿路之所躔,访渎搜渠"。古书中对汝河源记载不一,在任鲁阳郡(治所在今河南鲁山县)太守时,他亲自跋山涉谷,追流溯源,终于在"岩朝深高,山岫邃密,石径崎岖,人迹裁交"的山谷中找到其源头。此外,他还注重访问群众,搜罗各种地图和地理文献。郦道元鉴于当时各类地理著作都过于简略和谬讹甚多,遂以三国时期的《水经》为纲,详加考证注释,将原137条河流扩充为1389条(如包括湖、泽、泉、渠等各类水体,合计2596个水文实体),字数由万余字扩展到34万字,综述流域内水文、地貌等自然地理环境和交通、城镇、民俗等人文地理环境,形成一部体裁新颖、内容丰富、文笔生动、雅俗共赏的地理巨著《水经注》。

(三)园林兴建

中国园林历史悠久,风格独特,在世界园林中享有盛誉。中国园林究竟滥觞于何时尚无定论。总体而言,中国古代园林的发展大体经过三个阶段:自西周至两汉为初期,其代表作如秦汉的上林苑等为自然型,以供应皇室粮食、蚕丝、薪柴以及祭天、狩猎和军事习武、集结兵力为目的;魏晋至宋元为中期,其代表如魏晋之时的华林园和西游园、洛阳隋西苑、长安唐禁苑、汴京的北宋艮岳以及洛阳私家园林和全国各地与大自然相结合的寺庙园林;第三阶段是明清园林,使中国古代造园艺术达到了顶峰。

魏晋南北朝时期,中国旅游资源的开发集中体现在园林的建造和宗教旅游景观的形成上。此时的园林建造特别是私家园林濡染上玄学的色彩。由于道教和佛教盛行,仙游和释游频繁,宗教风景资源也得到了前所未有的大规模开发。这一时期是中国园林从秦汉风格向唐宋风格大转变的过渡时代。崇尚自然,以智水仁山明志,依然是这一时期造园思想一脉相承的主题,同时也深受道教与佛教的影响。在这一时期,园林作为思想寄托和美育空间,儒、释、道三家的自然、社会、人生观念在同一园林里得以兼容。园林经历了由简到精,由纯天然的苑园到再现自然山水的演变,园林艺术日益趋于成熟。北魏太和十八年(494年),北魏迁都洛阳,全面推行汉化政策。当时,王侯贵臣、庶士豪家多崇信佛教,故洛阳佛寺众多。最盛时城内及附廓一带梵刹林立,城中寺院达千余所。

当然,魏晋南北朝时期自给自足的庄园经济的日益巩固与发展,也使得士人有造园的经济条件。中国古典园林中的私家园林自西汉发端之后,在魏晋南北朝时期成为主流。自西晋开始,士人经营园林已非常普遍。西晋最著名的士人园林当属石崇的"金谷园"。

> **知识活页**
>
> ## 金谷园与东林寺
>
> 南北朝时期是中国古代园林史上的一个重要的转折时期。文人雅士厌烦无休止的战乱,他们崇尚玄谈玩世,寄情山水,多以风雅自居。富豪们也纷纷建造自己的私家园林,把自然式风景山水浓缩于自家的私家园林当中。自然山水园的出现,为后来唐宋明清时期园林艺术的大发展打下了深厚的基础。其中的金谷园和东林寺两处,是两种不同类型园林的典范。西晋石崇的金谷园是当时北方著名的庄园别墅。石崇是晋武帝时的荆州刺史,此人长期滥用权力,敲诈勒索商贾,盘剥百姓,聚敛了万贯家财,生活十分奢华。晚年辞官后,他隐居在洛阳城西北郊金谷涧旁的河阳别墅,也就是金谷园。石崇经营金谷园的目的是自己晚年安享山林之乐,兼做服散吟咏的场所。石崇生平喜欢结交文人雅士,如与潘岳等24人经常聚会于金谷园,吟诗作画,赏花弄月,号称"金谷二十四友"。石崇《金谷诗序》中说金谷园在"河南县界金谷涧中,去城十里,或高或下,有清泉茂林,众果竹柏、药草之属,金田十顷,羊二百口,鸡猪鹅鸭之类,莫不毕备。又有水碓、鱼池、土窟,其为娱目欢心之物备矣"。金谷园是一座临河的,地形略有起伏的天然水景园,有前庭和后园之分。建筑物形式多样,亭台楼阁十分华丽,建筑内外,金碧辉煌,雕梁画栋。园内有清泉茂林、众果、竹柏、药草之属,还有从事生产的水碓、鱼池、土窟等。从这些建筑物的用途可以得知,金谷园是一座巧妙利用地形和水系的园林化庄园。
>
> 东林寺(见图2-3)位于江西九江庐山的西北麓,是佛教净土宗的发祥地,东晋时南方佛教的中心道场。东林寺始建于东晋太元十一年(386年),名僧慧远是东林寺的创建者。他先在西林寺以东结"龙泉精舍",后得江州刺史桓伊资助,筹建东林寺。慧远在东林寺主持三十余年,集聚沙门上千人,遍邀中外高僧123人结为白莲社,译佛经,著教义,同修净土之

业,成为佛门净土宗的始祖。

庐山东林寺营建在自然风景优美的地带,该寺北负香炉峰,旁带瀑布,表石垒基,即松栽构,周回玉阶青泉,森树烟凝,宛若仙境。处幽谷之中,其周围的群山绿树,犹如碧绿的屏风,庙前有虎溪水流过。东林寺红墙环绕,中轴线上为山门、弥勒殿、神运殿。神运殿两侧有三笑堂,十八高贤影堂。三笑堂后有藏经阁、聪明泉,神韵殿是寺内最宏伟的建筑。东林寺不仅是佛教道场,同时也成为自然风景区开发的开拓者。由于这里的风景优美,以信徒为主的香客,以文人名士为主的游客,纷至沓来。这里甚至成为皇帝贵族们,听喧避政,游山赏景的世外桃源。东林寺的园林经营与私家园林的别墅颇有异曲同工之处。

图 2-3　东林寺

(资料来源:庐山东林寺官方网站 http://www.donglin.org/)

资料来源　柯庆明,曾永义.两汉魏晋南北朝文学批评资料汇编[M].台湾:成文出版社,1978.

四、中国古代旅游文化的隆盛时期

中国古代旅游文化的隆盛时期是隋唐时期,这一时期,中国文化兼容并包异彩焕发,产生了热烈奔放、丰富多彩的旅游文化。隋唐的统一,结束了中国长达300余年的分裂动荡局面,同时也标志着国内各民族在政治、经济、思想、文化上的进一步融合。中国文化正是在这个大背景下向纵深发展。杨隋和李唐相继开疆拓土,军威四震,建立起东临日本海,西至中亚西亚的隋唐大帝国。具体说来,隋唐的疆域极盛时期,东至朝鲜半岛,西北至葱岭以西的中亚,北至蒙古,南至印度支那。文化面貌的改观,往往直系于文化主体即知识精英的人格、心态与素质的转换,唐朝呈现出士人阶层性大变易。均田制、科举制等一系列措施的实施,打击和压制了魏晋南北朝活跃在政治舞台的门阀士族,而庶族地主经济和势力得到了较大的发展。科举制的推行,使隋唐政权具有一种开放性与流动性,大批中下层地主阶级士人以及自耕农出身的读书人得以由此进入仕途,进而参与和掌握各级政权。这些因科举制、均田制等社会政治经济制度以及巨大社会结构变动所推上中国文化舞台的庶族寒士,是正在上升的世俗地主阶级中的精英分子。

从旅游形式来看,隋炀帝开创了独具特色的龙舟南巡、声势浩大的封禅之旅、慷慨激昂的边塞之旅、寄情山水田园的逸游和漫游天下的求仕之旅以及西游东渡之释旅等。从旅游主体来看,有隋唐帝王(隋炀帝、唐高宗、武则天、唐玄宗等)、文人士子、僧侣等。同时唐朝的开放及其文人的激情,促进了以寒士为主体的山水田园与边塞旅游的发展。民间节日与宗教旅游也得到新的发展。从旅游客体来看,隋唐时期皇家宫苑园林的营造,始自隋文帝杨坚兴建大业城,后经隋炀帝杨广及唐朝诸帝的发展,形成了以长安(今陕西西安)、洛阳、江都(今江苏扬州)和骊山等地为中心,遍及华夏大地的庞大宫苑园林体系。其中,著名的宫苑有禁苑、大明宫和兴庆宫等,在长安、洛阳、扬州和成都等地私家园林也颇为兴盛;著名的自然景观有陕西终南山水、安徽宣城山水、湖南永州山水和奇绝天下的广西桂林山水等;楼台景观有鹳雀楼、岳阳楼、黄鹤楼和滕王阁等。此外,还有隋唐帝王陵墓,以及佛教旅游景观,如寺庙有法门寺和寒山寺,古塔有大雁塔、小雁塔和大理崇圣寺三塔,佛像雕刻有乐山大佛等。从旅游介体来看,全国陆路交通再次畅通,以长安为中心 5 条主要驿路向外辐射;水路交通的发展主要体现为大运河的开凿;旅馆可分为政府创办的驿馆、民间私人旅舍、寺院的旅舍和外国商人创办的胡邸等。中外旅行文化交流出现了繁盛的局面。因此,这一时期与勃兴时期的主要区别在于旅游形式更加多样化。

(一)独具特色的隋朝旅游文化

隋朝开国君主杨坚在位期间励精图治,躬行节俭,按《隋书·卷二·高祖纪下》记载,杨坚"曾巡幸并州、齐州,旅王符山、祠太山",但他没有大规模巡游。隋炀帝杨广时期,迨至国力强盛,经济繁荣,继位后,四次北巡,隋炀帝北巡的主要目的是彰扬国威、镇抚突厥,即所谓"出塞外,陈兵耀武",主要针对北方的强敌突厥。大业五年(609 年)西巡河右,主要目的是攻打吐谷浑,重开通西域之路。西巡途中,隋炀帝曾经"大猎于陇西""大猎于拔延山,长围周亘二千里""入长宁谷""度星岭""宴群臣于金山之上"。隋炀帝还泛舟大运河,三次千里南巡江都(今江苏扬州),开创了龙舟巡游的先例。《隋书·炀帝纪上》记载"龙舟四重,高四十五尺,长二百丈。上重有正殿、内殿、东西朝堂;中二重有百二十房,皆饰以金玉;下重内侍处之"。他开凿大运河,将封建帝王的巡游推向高潮。大业十四年(618 年)三月十一日,隋炀帝被宇文化及等弑于江都。唐代皮日休曾作《汴河怀古》:"尽道隋亡为此河,至今千里赖通波。若无水殿龙舟事,共禹论功不较多?"

(二)朝气蓬勃的唐朝旅游文化

唐朝兴盛时期,国力鼎盛,经济繁荣,交通发达,帝王将相、贵胄巨贾、文人士子、市井之民,乃至僧侣道人,南来北往,出现了封建帝王的封禅之旅,如唐高宗、武则天、唐玄宗都进行了封禅。

唐朝朝气蓬勃的时代文化氛围,使士人的人生价值指向由魏晋南北朝的对内转向对外,他们积极入世,追求建功立业。从旅游角度来看,他们或作慷慨激昂的边塞之旅,或寄情于山水田园之逸游,或南北漫游以求跻身仕途。唐朝知名的文人都有漫游的经历,留下诸多著名的旅行诗篇,如骆宾王所做《畴昔篇》:"少年重英侠,弱岁贱衣冠。既托寰中赏,方承膝下欢。遨游灞陵曲,风月洛城端。且知无玉馔,谁肯逐金丸!"唐朝还出现了一股文人南北漫游长年不息的洪流,成为盛极一时的社会风尚。这种漫游鲜明地体现了唐朝特别是盛唐文化的生机勃勃、昂扬奋发的时代风貌。唐朝经济繁荣、交通便利、社会安定、疆域辽阔,为文人漫游提供了必需的社会条件和广阔的活动空间。唐代文人满怀豪情漫游天下,激发了灵感吟诗作赋,结交显宦,激扬声誉,寻找入仕之阶。唐代之前的文人远游时还带有一种因前途莫测而忐忑不安的心情,那么唐代的漫游文人则表现出无所顾忌、自信洒脱的气度和乐观开朗的胸怀。他们畅游天下,追求"五岳为辞峰,四溟作胸臆"的精神境界,其中的代表人物是李白。中、晚唐山水田园隐逸之游的著名代表人物有陆龟蒙、白居易、柳宗元等。

知识链接

李白(701—762年),字太白,号青莲居士,祖籍陇西成纪(今甘肃秦安)。李白少年时就表现出对旅游的强烈爱好,其一生几乎漫游了半个中国,所到之处,吟咏不辍,诗名远播,震动朝野。其所作《蜀道难》:"噫吁嚱,危乎高哉!蜀道之难,难于上青天!蚕丛及鱼凫,开国何茫然!尔来四万八千岁,不与秦塞通人烟。西当太白有鸟道,可以横绝峨眉巅。地崩山摧壮士死,然后天梯石栈相钩连。上有六龙回日之高标,下有冲波逆折之回川。黄鹤之飞尚不得过,猿猱欲度愁攀援。青泥何盘盘,百步九折萦岩峦。扪参历井仰胁息,以手抚膺坐长叹。问君西游何时还?畏途巉岩不可攀。但见悲鸟号古木,雄飞雌从绕林间。又闻子规啼夜月,愁空山。蜀道之难,难于上青天,使人听此凋朱颜!连峰去天不盈尺,枯松倒挂倚绝壁。飞湍瀑流争喧豗,砯崖转石万壑雷。其险也如此,嗟尔远道之人胡为乎来哉!剑阁峥嵘而崔嵬,一夫当关,万夫莫开。所守或匪亲,化为狼与豺。朝避猛虎,夕避长蛇;磨牙吮血,杀人如麻。锦城虽云乐,不如早还家。蜀道之难,难于上青天,侧身西望长咨嗟!"

柳宗元(773—819年),字子厚,河东(今山西永济市)人。贞元九年(793年)进士及第。贞元二十年(804年)授监察御史里行。翌年,为力挽朝纲,参与王叔文领导的"永贞革新"。革新运动惨遭失败,柳宗元被贬为永州司马。柳宗元初到永州,寄居于城南龙兴寺。闲暇之时,"施施而行,漫漫而游,上高山,入深林,穷回溪,幽泉怪石，无远不到。到则披草而坐，倾壶而醉，醉则更相枕以卧"。他不仅优游于明山秀水之中，而且以其固有的开拓进取精神搜奇探幽，发掘开发风景。元和四年（809 年）秋，柳宗元与李深源、元克己等渡过潇水，一路披荆斩棘，穿越人迹罕至的密林，登上离城数里的西山。在西山附近，发现了钻䥯潭、潭西小丘、小石潭三处风景点。钻䥯潭水面 0.667 公顷，四周环林，泉悬石壁，风景极为幽丽。柳宗元购买后，在此修建长栏高台，并引悬泉坠入潭中。并写成最终结晶为《钻䥯潭记》。在永州灌水之北有冉溪（亦名"染溪"），柳宗元更其名为"愚溪"。购买溪旁的小丘、泉流等，并用"愚"字来命名：愚丘、愚泉、愚沟、愚池、愚堂、愚亭、愚岛，这就是有名的"八愚"。柳宗元还专门为此题写《八愚诗》，并刻于溪石上。他在愚溪养花、种菜和种黍，或与猎人渔夫来往，或独驾扁舟横渡溪流，或游赏雪景饮酒赋诗。此外，还斥资在龙兴寺建东丘，在法华寺作西亭，并写作了著名的《永州八记》。《永州八记》不仅是其山水游记的代表作，而且被公认为历史上同类作品的典范。

唐朝是一个文化政策开明开放、文化氛围宽松活跃的时代。唐朝在意识形态上奉行儒教、佛教、道教三教并行的政策。佛教在魏晋南北朝的基础上得到长足的发展。寺庙金碧辉煌，教派纷纭林立，僧侣信徒众多，唐朝文人士子也纷纷崇佛礼佛。在佛教兴盛的氛围中，不畏艰险跋山涉水求法弘法的释游活动也蓬勃发展起来。僧侣道人求法之旅如玄奘、义净的西游求法和鉴真的东渡弘法，其中最著名的是玄奘西行求法，成为四大名著《西游记》的故事蓝本。此外，曾有被俘虏的唐兵杜环随横跨欧、亚、非的阿拔斯王朝游历 11 年，写下《经行记》详实记叙阿拉伯世界，及横跨亚欧大陆的东罗马帝国。杜环是中国有史料可考游历西亚、非洲并留下文字记录的第一人。

（三）山水旅游景观的形成

唐朝时期很多著名的山水景区逐渐被人们认识，如雄浑的陕西终南山水，秀丽的安徽宣城山水，幽清的湖南永州山水，奇绝天下的广西桂林山水等。很多文人雅士以游山玩水为乐，奇山异水给文人的创作提供了灵感，促进了旅游文学的发展，文人雅士的创作也为山水赋予文化的意义。如桂林地名源于古老的《山海经》，所谓"桂林八树，在贲隅东"。唐之前，声名未著。唐朝时期，李靖、张九龄、颜真卿、李渤、元晦、韩愈、柳宗元、李商隐等一大批著名的文人墨客纷至沓来。宝历元年（825 年），李渤出任桂州刺史兼御史中丞、充桂管观察使。在桂林时，他主持修浚灵渠，开山铺路，建台造亭，开发了隐山和南溪山两处名胜。李渤离开桂林时作诗云："惟有隐山溪上月，年年相望两依依。"他在南溪山白龙洞口处留下《留别南溪》的摩崖石刻，今保存完好，字迹清晰，其诗为："常叹春泉去不回，我今此去更难来。欲知别后留情处，手种岩花次第开。"唐武宗会昌三年（843 年），诗人元晦在桂林任观察使，开发建设叠彩山，并撰写《叠彩山记》，刻于摩崖之上，其中提及山名之由来，"山以石文横布，彩翠相间，若叠彩然，故以为名"。韩愈的诗句"江作青罗带，山如碧玉簪"，则是对桂林地区清澈萦绕的江水和苍翠挺拔的峰峦的绝妙概括。

骊山风景区在唐朝时亦有显著的改观和发展。骊山位于西安市临潼区南。周、秦、汉、隋、唐都在骊山建离宫。公元前8世纪,周幽王修建"骊宫",供自己与宠妃褒姒居住。骊山的温泉出名,秦始皇曾在此砌石筑池,称作"骊山汤"。汉武帝在秦汤泉旧址修筑离宫。唐贞观十八年(644年),唐太宗营建"汤泉宫"。唐高宗咸亨二年(671年),改名为"温泉宫"。天宝六年(747年),唐玄宗进行扩建,改称"华清宫",蓄泉之池则称"华清池"。华清宫制作精绝,规模宏大,亭台殿阁从山脚一直排列到山顶,其中最著名的是唐玄宗与杨贵妃的寝宫长生殿。由于唐代皇帝以老子后代自居,尊奉道教,为此还在骊山建造了老君殿。华清宫在安史之乱中遭到洗劫,许多宫殿被烧毁。

五、中国古代旅游文化的全面发展时期

宋元时期,中华整体文化呈现出多元激荡的趋向,旅游文化进入全面发展时期。从旅游形式来看,有宋代心怀社稷的忧国之旅、悟理求知的格致之旅;元代纵横欧亚的西征之旅、西行东渐的宗教之旅、跨国观光之旅和士人文化之旅等。从旅游主体来看,巡游的帝王明显减少,文士旅游在宋代较为兴盛,在元代逐渐式微,国际宗教旅行家辈出。此外,还有进行海上航行的周达观和汪大渊等。从旅游介体来看,出现了新的陆路交通工具轿子和油壁车。元朝时期,不仅有以大都为中心的完备的陆路交通网,还有规模空前、管理制度严格的驿站系统;宋元时期的水路交通建设发展主要体现在大运河的贯通,桥梁如洛阳桥、安平桥、卢沟桥等的建造,造船技术的明显提高和航海技术的发达,如水罗盘应用于航海等方面;宋元时期的驿站馆舍方面有官办驿馆,如"四方馆""怀远馆"等,私人和寺院旅馆也形成了一定的规模。

(一)内敛娴雅、意在理趣的宋代旅游文化

由于政治与理学思想影响,两宋旅游具有对国家的忧患意识和从自然体悟理学的时代特色。这种特色在旅游上的具体表现有两点:一是心怀社稷的忧国之旅,二是悟理求知的格致之旅。

两宋时期,国势不如唐汉,外患不已,国势危殆。以天下为己任的文人士大夫,常怀社稷之忧,或游历北国,考察形势,著述献策,或于登临之时,壮志难酬,发出忧国忧民之浩叹。这在很多著名诗篇中形成了忧国之旅的文化意涵,如范仲淹《岳阳楼记》"先天下之忧而忧,后天下之乐而乐",陆游《楚城》"江上荒城猿鸟悲,隔江便是屈原祠。一千五百年间事,只有滩声似旧时"。

宋时期,另一个旅游文化的特点就是形成了从自然山水中体悟理趣,追求知识,形成了内敛娴雅、意在理趣的旅游文化。自中唐以来的由向外转为向内的人生追求指向日益强烈以及两宋理学的形成,使得文人士大夫更加注重知性内省,把自我人格修养的完善视为人生的最高目标,认为一切世俗功利都只是人格修养的外在表现而已。由于深受三教合一思潮以及南禅宗的影响,文人士大夫的审美情趣也发生了改变。他们认为,审美活动中的雅俗之辨,关键在于主体是否具有高雅的品质和情趣,而不在于审美客体是高雅还是凡俗。因此,宋人旅游理趣盎然,注重通过欣赏实在具体的景物去追求和领悟理趣,也就是因物及理,因景言理,因象悟道,因游得理。如苏轼《饮湖上初晴后雨》:"水光潋滟晴方好,山色空蒙雨亦奇。欲把西湖比西子,浓妆淡抹总相宜。"朱熹《吴

山高》:"行尽吴山过越山,白云犹是几重关。若寻汗漫相期处,更在孤鸿灭没间。"

两宋时期的民间旅馆亦很发达。北宋汴梁民间的旅店鳞次栉比,沿街排列,形成了一定规模的旅馆区。《东京梦华录》记载:"街西保康门瓦子。东去沿城皆客店。"而吴自牧《梦粱录》记载南宋临安"自大街及诸坊巷,大小铺席,连门俱是,即无虚空之屋……所以客贩往来,旁午于道,曾无虚日。至于楮羽毛,皆有铺席发客。其他铺可知矣"。因旅店生意发达,诱使许多纸品店、羽绒店也设铺纳客。宋人张择端的《清明上河图》如实地描绘了当时客店设于闹市中的情景。王公贵族以及显宦橡吏竞相投资旅店,民间旅馆更多为商贾和平民百姓所开办。它们或设于城市中心,如南宋临安贡院附近有许多小客店,主要接纳科举应试者;或设于乡村交通要道旁以方便旅客。此外,一些寺院也纷纷设置旅舍开门纳客。寺院旅舍环境幽静,所以许多文人显贵乐于投宿寺院。南宋临安的仙人寺、昭庆寺、报恩寺等都是士人经常投宿的场所。

（二）交通东西互通有无的元代旅游文化

13世纪蒙古的兴起,成吉思汗及其继承者建立历史上前所未有的庞大帝国,从太平洋西岸直到黑海之滨,欧亚大陆的大部分都处于蒙古国统治之下,从前的疆界被清除。在空前辽阔的帝国疆域内,元蒙统治者建立起完善的驿站系统,从元大都或中国其他城市到中亚、波斯、黑海和黑海之北的钦察草原以及俄罗斯和小亚细亚各地,都有驿道相通。在漠北、岭北的蒙古草原,东北的辽阳,西南的大理、丽江、金齿,吐蕃称藩后的乌斯藏,天南北的畏兀儿地区等,都重新建立或增建驿站,均与大都相通。对外海上交通更为发达,东到高丽(今韩国)、日本;南至印度、南洋各地;西南通阿拉伯、地中海;西北达伏尔加河上游、波兰等地。窝阔台时期的和林与忽必烈时期的大都则处于这一国际交通网的中心。同时,元朝是中国历史上开设对外口岸最多的王朝,先后在广州、泉州、杭州、庆元(今宁波)、温州、上海、澉浦(今浙江海盐)7处设立市舶司,与近百个国家和地区有着贸易往来。欧亚大陆出现了民族的大融合,也为东西旅行者提供了极大的便利。

外来旅游者也在这一时期留下来诸多中外文化交流的著名篇章,如著名的马可·波罗写成了《马可·波罗游记》。意大利旅行家,圣方济各会会士鄂多立克于元仁宗延祐三年(1316年)开始了前往中国的旅行,口述了他的远游经历和见闻,由他人笔录成书,取名为《鄂多立克东游录》。这部游记介绍了中国的广州、泉州、杭州、扬州、明州、北京等城市风貌,以及元朝的行政划分、宗教建筑、风俗民情、宫廷礼仪以及帝王的出巡游猎等,极大地丰富了中世纪欧洲对中国的认识。摩洛哥丹吉尔人伊本·拔图塔21岁时开始漫游世界,先后4次朝觐麦加,元惠宗至正二年(1342年)二月十七日,伊本·拔图塔奉印度素丹之命出使中国,于至正六年(1346年)到达中国泉州。此后,乘船在珠江、长江上漫游,到过广州、杭州、镇江、大都(今北京)等许多地方,走遍了大半个中国。至正八年(1348年),伊本·拔图塔离开中国,经印度、西亚、埃及等地,于至正九年(1349年)返回摩洛哥非斯。摩洛哥素丹得知他的事迹后,令其秘书伊本·朱赞将伊本·拔图塔口述的旅行见闻和经历笔录下来,这就是在至正十六年(1356年)完成的著名的《伊本·拔图塔游记》(原名《异域奇游胜览》)。这段时期,宗教的交流也更加频繁,如丘处机受成吉思汗征招西行，其弟子写成《长春真人西游记》，成为中国13世纪一部重要的交通文献。

 知识链接

周达观，号草庭逸民，永嘉（今浙江温州）人。元成宗元贞元年（1295年）六月，奉旨作为使团成员访问真腊（今柬埔寨）。在逗留真腊一年多的时间内，他几乎游遍了国都吴哥全城，对其风土人情、文化艺术、政治经济进行了全面考察。归国后，周达观将在真腊国的所见所闻撰写成《真腊风土记》。比较全面地记载了13世纪柬埔寨的自然环境、资源物产、政治制度、经济状况、宫廷建筑、风俗习惯、语言文字以及中柬两国人民之间的经济、文化交流情况。

汪大渊，字焕章，豫章（今江西南昌）人。他"少负奇气"，热爱旅游，尤其沉迷于航海，博览风土地理著作。"顾以海外之风土，国史未尽其蕴"，立志亲历海外考察游览。元文宗至顺元年（1330年）到元顺帝至元五年（1339年）两次出海共计8年。其足迹东抵印度尼西亚的班达海，西越阿拉伯海、红海、地中海，直到大西洋的东端摩洛哥，南至东非的坦桑尼亚，北达欧洲意大利的那不勒斯。汪大渊被认为是中国历史上环航亚非及其周围岛屿第一人。元顺帝至正九年（1349年）冬，他将这些游历见闻笔记整理成书，取名为《岛夷志略》并加以刊行。《岛夷志略》是一部关于元代中西交通海道诸国的重要著作。它述及220余个亚非国家和地区，逐一记其山川、土俗、风景、物产及"可怪可愕可鄙可笑之事"，均为作者"身所游览，耳目所亲见。传说之事，则不载焉"。

马可·波罗，作为罗马教廷使者，于公元1271年从威尼斯出发，随父亲和叔父从地中海东岸的阿迦城，沿着古"丝绸之路"亲行，经过三年半的艰苦跋涉，完成横贯亚欧大陆的旅行。忽必烈在大都（今北京）接见马可·波罗，并留其在元朝政府中供职。1295年夏，马可·波罗回到威尼斯。后由他口述，写成了对西方世界和西方探险家产生巨大影响的《马可·波罗游记》。游记记叙了他所经过的国家和地区的风土人情，其中尤其详细地描述了元代北京、西安、开封、南京、扬州、苏州、杭州、福州、泉州等各大城邑的繁荣景象，以及中国的文化礼仪和丰富物产。第一次较全面地向欧洲介绍了发达的中国物质文明和精神文明，在世界中世纪亚洲史、中西交通史、蒙古史、元史，以及历史地理学史上都有重大的学术价值，也激起了欧洲人对中国文明的惊羡和冒险东航的决心，直接引发了15—16世纪欧洲的"东方热"。

（三）别开生面的明清旅游文化

在这一时期，资本主义萌芽产生并有了缓慢的发展，中西文化发生了第一次冲突和融合。在打破理学的思想一统，追求个性解放、以情反理的思潮中，单纯追求精神愉悦的冶游之风日益炽烈；宋元以来的中国古代科学旅行考察至此臻于极致；封建帝王巡游再次勃兴；驿站旅馆几经起落，在鸦片战争后都归于衰落，驿站走向消亡；发挥民间旅馆功能的会馆开始出现并兴盛。此外,人文旅游景观大量产生,旅游理论"游道"日益丰富并走向成熟。

从旅游形式来看,有巡游之旅、山水林泉游乐、城市近郊野游、科学考察之旅、放逐边塞之旅、宣教通好的西行之旅、怀国寄志的遗民之旅等。从旅游主体来看,有封建帝王(康熙、乾隆等)、外交使节、遗民文士、普通市民、科学家、流放者等。从旅游客体来看,这一时期给后世留下许多令人称羡的人文旅游景观。其中包括长城,宫苑园林如颐和园、圆明园、畅春园、承德避暑山庄等;私家园林则有拙政园和留园等;帝王陵墓如明孝陵、明十三陵、关外三陵、清东陵和西陵;宗教建筑则有北京卧佛寺、峨眉山伏虎寺、武当山道教建筑群、拉萨三大寺、扎什伦布寺、塔尔寺和外八庙等。从旅游介体来看,驿路、驿站、旅馆等方面发生了明显的变化。驿路方面形成了比较完善的驿路系统,道路布局比以前更加合理和有效。驿站在明朝前期经整治较为完善,中后期以及明清之际因社会腐败或战争破坏等原因相继衰落;私人旅馆则在驿站没落之时依然兴盛而且服务项目比以前朝代更为周全。康乾时期,驿站兴盛,鸦片战争以后逐渐衰落,直到1913年驿站制度废除,驿站消亡。而民间旅馆在清朝前期十分兴盛,鸦片战争后服务设备也非常简陋。肇始于明代永乐年间的会馆在清代到达极盛。这种会馆在一定程度上起到了民间旅馆的作用。

元蒙统治在内外矛盾交加中土崩瓦解,代之而起的是朱元璋建立的明朝政权。后经明成祖朱棣的进一步开拓,成为当时世界上幅员最辽阔、势力最强盛的国家之一。明初以来,社会生产日益发展,商品经济逐渐繁荣,城市建设亦颇具规模。上述种种为旅游旅行活动的兴盛准备了有利条件。这一时期,中国的航海和造船技术经过长期的积累,取得了质的飞跃,为郑和七下西洋准备了物质和技术条件。明前期极为注重发展对外关系,因此产生了宣教通好的西行之旅:一是郑和七下西洋的壮举;二是傅安和陈诚出使西域。

 知识链接

> 郑和(1371—1433年),明朝太监,原姓马,名和,小名三宝,又作三保。明朝航海家、外交家。郑和出使西洋的船队,约有大小船舶200余艘,出行人数2万—3万,是15世纪世界上最先进、最完备的远洋船队和无以匹敌的海上劲旅。郑和船队的规模、出征人数均是半个世纪后那些西方航海家船队的100倍以上。15世纪在世界史上可称为航海的世纪,这个序幕是由郑和和他的船队揭开的。郑和下西洋要比欧洲人达·伽马绕过非洲好望角抵达南印度早80年,比哥伦布发现美洲早87年,比麦哲伦环航世界一周早103年。郑和七次指挥船队远航西洋,纵横于太平洋和印度洋上,先后到达东南亚、南亚、红海和东南非洲沿岸30多个国家和地区,不仅打通了从中国横渡印度洋,到达波斯湾、阿拉伯半岛、红海以及东南非洲的航路,而且也使东南亚、南亚等不同地区之间建立起交通网络,从而使广大的亚、非海域息息相通,使各地区之间的交往前所未有地密切起来。因此,郑和下西洋是中国和世界航海史上空前的壮举,郑和被誉为15世纪最伟大的航海家之一。

自明中叶以来,农业、手工业、商业日益发达,资本主义生产方式初露端倪。由于商品经济的发展和社会思想的渐趋活跃，以游山玩水、节庆、市民文艺等为内容的审美娱乐型旅游活动得到发展。与此同时，知识分子敏锐地感应到外来文化科学技术的压力以及社会的危机。主体意识逐渐觉醒的知识分子纷纷走出儒家经学传统的樊篱，摒弃宋明理学的心性空谈，投入科技实验和科学考察的实践之中，并由此形成重视科技、实事求是、经世致用的实学思潮。把科学研究与实地考察形成有机结合起来的杰出代表有李时珍、潘季驯、徐光启和徐霞客等，并由此形成了经世致用的旅游文化，其中徐霞客尤为典型。

知识链接

> 徐霞客（1586—1641年），名弘祖，字振之，号霞客，明朝南直隶江阴（今江苏江阴市）人。明地理学家、旅行家和文学家，地理名著《徐霞客游记》的作者，被誉为"千古奇人"。
>
> 徐霞客一生志在四方，足迹遍及今21个省、市、自治区。"达人所之未达，探人所之未知"，所到之处，探幽寻秘，并记有游记，记录观察到的各种现象、人文、地理、动植物等状况。他经30年考察撰成的60万字《徐霞客游记》，经34年旅行，写有天台山、雁荡山、黄山、庐山等名山游记17篇和《浙游日记》《江右游日记》《楚游日记》《粤西游日记》《黔游日记》《滇游日记》等著作，除佚散者外，遗有60余万字游记资料。死后由他人整理成《徐霞客游记》。世传本有10卷、12卷、20卷等数种。在原稿的基础之上，王忠纫手校、季梦良续成稿本，成书于崇祯十五年（1642年）。《徐霞客游记》主要按日记述作者1613年至1639年间旅行观察所得，对地理、水文、地质、植物等现象，均做了详细记录。开辟了地理学上系统观察自然、描述自然的新方向，既是系统考察祖国地貌地质的地理名著，又是描绘华夏风景资源的旅游巨篇，还是文字优美的文学佳作，在国内外具有深远的影响。2011年起国务院将《徐霞客游记》开篇之日（5月19日）定为中国旅游日。

清前期的康熙和乾隆二帝把封建帝王巡游推向了顶峰，康熙二十三年（1684年）至康熙四十六年（1707年），康熙六次巡游江南，之后又巡山东，登泰山。乾隆也于乾隆十六年（1751年）至乾隆四十九年（1784年）间六次南巡，路线与康熙一致。之后多次出巡内蒙古。

文人士子很多留恋于林泉之下，于是出现了杰出的诗文作家和戏剧作家，如李渔、袁枚等。清末，很多文人士子到西方游历，为国民开阔眼界留下了重要的著作，如黎庶昌《西洋杂志》、康有为《欧洲十一国游记》、魏源《海国图志》。

明清时期，是中国旅游资源集大成时期，给后世留下诸多人文旅游景观，包括长城、宫苑园林、帝王陵墓、宗教建筑等。作为世界奇迹的万里长城，自春秋战国始，先后经历了2000多年的漫长修建沿革，其间出现了三次高潮。第一次是秦代，秦长城联结加固了原秦、赵、燕等国的长城，西起临洮，东至辽东，绵延万余里。第二次是汉代，汉长城西起今新疆罗布泊，东越鸭绿江，绵延1万余千米，是历史上最长的长城。秦汉长城均是版筑夯土而成，至今在甘肃、新疆境内仍依稀可见一些残存的土基和烽火台。明代则是修筑长城的第三次高潮。

知识活页

明长城（见图 2-4）是中国历史上修筑的最后一道长城，也是修建规模最大、历时最长、工程最坚固、设施最完善的长城。它东起辽东的鸭绿江，西至甘肃的嘉峪关，全长 6350 千米，横贯辽宁、河北、天津、北京、内蒙古、山西、陕西、宁夏、甘肃 9 个省、市、自治区。《明史》载曰："元人北归，屡谋兴复。永乐迁都北平，三面近塞，正统以后，敌患日多。故终明之世，边防甚重。东起鸭绿，西抵嘉峪，绵亘万里，分地守御。"从整体上看，明长城是由四个部分组成：城墙、城台、关城及烽火台。城墙是组成万里长城的主体，倚山傍险，因地制宜，多用砖石砌成。城台，又称敌台、敌楼，骑墙而建，是御敌的碉堡。城台有实心、空心两种，形状就像碉楼，实心敌台只能在顶部瞭望射击，而空心敌台分层而建，上层有射口和瞭孔，下层可储放武器弹药，或供士兵住宿之用。敌台的间隔又常控制在有效射程之内，平时可方便联系，战时可互相策应。关城，又称关口或关隘，多设在高山峡谷险要处或军事扼守要冲之地，是一种军事孔道，是征战、防御的重心所在。它采用拱券（一种外形为弧形的建筑结构）形式，两边跨度较大。为加强纵深防卫，通常在关口四周设置营堡、烽火台，有的加建数道短城墙，如闻名的山海关、黄崖关、居庸关、雁门关和嘉峪关等。烽火台，又称烽燧，多分布在关口外或长城外的制高点山冈上，是一种用于递送军事情报的墩式建筑，结构形式与城墙相仿。两座烽火台之间的距离约 1.5 千米，台上备有干柴，遇到敌情时，白天焚烟，夜晚营火，依次相递，可一直传到总台。万里长城是中华民族用血汗和智慧铸就的人类文明史上的不朽丰碑。同时，作为世界奇迹，它吸引和倾倒了无数中外游客，成为中国最重要的人文旅游资源之一。

图 2-4 长城

（图片资料来源：中国长城网 http://www.thegreatwall.cn/）

资料来源 魏保信.明代长城考略[J].文物春秋,1997(2):54-58.

明朝时期，文人士子不仅热衷于旅游实践，促进旅游活动的多样化和世俗化，而且还普遍重视旅游经验的总结和旅游理论的探索。明人总结、议论旅游的文字散见于各种游记、书信、诗文集序中，如谭元春《游玄岳记》、周忱《游小西天记》、沈守正《游香山碧云二寺记》、屠隆《答李惟寅》、张鼐《程原迓稿序》、袁中道《三游洞记》等皆论及"游道"。蔡清在《江湖胜览后序》中将旅游分为"在外之游"（客观世界的山水游）与"在内之游"（主观世界的山水游），认为在外之游固然是一种胜览，而在内之游更是一种胜览。钟惺在《蜀中名胜记原序》中提出了"名胜"（旅游资源）以山水为"形"、以"诗""事""文"为"神"的观点。而文学家、旅游家王士性、袁宏道和王思任在旅游理论上的建树尤其为人所瞩目。

关于旅游的本质。王思任在《游唤序》中指出："天地定位，山泽通气，事毕矣，而又必生人，以充塞往来其间，则人也者，大天、大地、大山、大水之所托以恒不朽者也。人有两目，不第谓其昼视日、夜视月也；又赋之两足，亦不第欲其走街衢田陌、上长安道已也。"他从人类万物产生的本原出发，阐述自然、人、旅游三者的关系。他认为，自然是"天地之精华"，造物主"未生贤者，先生山水"；人是"大天、大地、大山、大水之所托以恒不朽者也"，既然是天地山水之所托，自然要览天地、观山水，外出旅游；人之所以生而有双足和双目，也是为了游览观赏山水。因此，旅游是天赋予人的本性，是人的本能的体现。

关于旅游的类型。王思任在《游唤》中按照旅游者的身份、条件、情绪和习惯等，将旅游进行细分，而且指出其局限性之所在。如"官游"指官员之游，因讲究身份与地位，往往持重有余而风流不足，故王思任说"官游不韵"；"士游"是指文士之游，文士大多热衷于仕途，游宦京师，而京师之外，在未入仕途之前，则无心涉足，故王思任说"士游不服"；"富游"指富人之游，富人喜讲排场摆阔绰，与朴素的自然山水极不协调，故王思任说"富游不都"；"穷游"指穷人之游，穷人经济拮据，游庙不能许愿，逢僧不能布施，更不能为风景名胜刻碑赠匾，故王思任说"穷游不泽"。王思任心中理想的旅游是兼有上述旅游之长而摒弃其短，能够排除外界的一切干扰，尽善尽美地享受自然，一心一意地融入自然。

关于旅游审美鉴赏。旅游的过程也是一个旅游主体（即旅游者）进行审美活动的过程，通过所见所经历的自然美、人文美可以培养和提高旅游主体的审美能力。王士性把旅游审美分为三种境界：天游、神游、人游。即"夫太上天游，其次神游，又次人游，无之而非也。上焉者形神俱化，次焉者神举形留，下焉者神为形役"。人游是指领悟到隐藏在景物形式背后美的内容、尚未形成旅游意境的旅游境界。神游是指领悟到大自然的魅力、灵魂深受美之召唤所形成的旅游境界。天游则是在神游的基础上形成的与天地万物融为一体的旅游境界。袁宏道尤其赞赏自然山水个性特质所展现的生命力和艺术美感。对于山，他认为能够表现山的形象并显出奇异之趣的，全在于以石为主的"骨"，而骨之奇，又取决于鲜明艳丽的色泽和生动峻峭的形态。他首推华山："表里纯骨者，唯华为然。骨有态，有色。"同时，他觉得水性变幻万千，因物赋形，"天下之至奇至变者，水也"。袁宏道对山水关系和景观生成有着独到的见解，认为山水相得益彰。明代文人又指出旅游必须掌握审美的技巧，如距离的远近、角度的变换、景物的取舍等。此外，袁中道在《三游洞记》中说："江声滂湃，听宜远；溪声涵澹，听宜近。"谭元春则说："善游岳者先望,善望岳者,逐步所移而望之""善辞岳者,亦逐步回首而望之"。周忱认为真正的旅游家必须具备"能至""能言""能文"三项基本功,故曰:"天下山川之胜,好之者未必能至,能至者未必能言,能言者未必能文。"三者中,能不能至关系于兴趣、资金和时间;而能不能言、能不能文则关系到人的文化修养,因此三者俱全者不多。这就促使那些想当旅游鉴赏家的人除了好游外,还要努力提高文学艺术水平。对于旅游鉴赏,王思任在《游唤》中感叹:"至于鸟性之悦山光,人心之空潭影,此即彼我共在,不相告语者。今之为此告语,亦不过山川之形似,登涉之次第云耳。嗟乎!游何容易也!而亦何容易告语人也!"其大意是说,鸟性因林岚山光而快乐自在,人心因湖光潭影而空灵透彻,这是一种物我交融、主客统一的境界,很难用语言来表述,因此阐述旅游鉴赏问题绝不是容易的事情。

关于旅游的功能。袁宏道曰:"今与客从开先来,欹削十余里,上烁下蒸,病势已作,一旦见瀑,形开神彻,目增而明,天增而朗,浊虑之纵横,凡吾与子数年淘汰而不肯净者,一旦皆逃匿去,是岂文字所得诠也。"山水旅游成为心灵的寄托、精神的家园,还可以健体强身、延年益寿。通过旅游活动,可以认识自然、社会,增长知识智慧,能抽象出事物和现象的内在规律。明代人文地理学家王士性曾写道:"吾视天地间一切造化之变,人情物理,悲喜顺逆之遭,无不于吾游寄焉。当其意得,形骸可忘,吾我尽丧。""造化之变"指自然环境及其变迁,"人情物理、悲喜顺逆之遭"则意味着社会、人文现象的变化。由此可知,旅游目的是为求其"意",即探索自然事物的内在规律。他还说:"昔人一泉之旁,一山之阻,神林鬼冢,魑魅之穴,猿狄所家,鱼龙所宫,无不托足焉,真吾师也。岂此于枕上乎何有? 遇佳山川则游。"他认为所考察的自然山水是他的老师,旅游是获得知识的奥秘的一种途径。王思任则从反面来阐发旅游的功用,他认为"所谓贤者,方如儿女子守闺阃,不敢空阔一步""不凡负天地之生,而羞山川之好耶",并嘲讽这些"贤者",认为他们"是蜂蚁也,尚不若鱼鸟"。他进而指出整日蜗居于类似蜂巢蚁穴的房屋之中,所见所闻所居之狭必然导致其心胸之狭隘。

关于旅游主体与旅游客体的关系。将山水与我合为一体,但以我为主,而以山水为宾,是较普遍的观点。谢肇淛在《小草斋文集》中说:"夫山水吾自有之,则吾主而山水宾也,吾借之以供杖履焉。赏谐而心会,一再游足矣。"《陈伯孺游草序》:"夫游之难,游而有所受焉之难也。灵闷足以会心,陈迹足以兴感,流揽足以畅耳目,啸咏足以俟千秋,伯孺于是为不廉矣。"既以我为主,以山水为宾,则山水之奇不奇就是主观的问题。沈恺在《环溪集·奇游漫记序》中说:"环宇内称山川之奇者不为少也,然奇不在山川,而所恃以为奇者,岂不以人哉。"

关于自然风景与人文的关系。明代文人认为最完美的景观应是自然与人文的有机合成。张岳在《信芳亭记》中说:"盖凡湖山以胜名,则必带林麓,穷岩壑,有宫室亭榭之观,而前世又有高人逸士留故事以传,如杭之西湖、越之鉴湖。然后其名始盛,而游者踵至。"对此,钟惺在《隐秀轩集》中说:"一切高深可以为山水,而山水反不能自为胜;一切山水可以高深,而山水之胜反不能自为名。山水者,有待而名胜者也:曰事,曰诗,曰文。之三者,山水之眼也。"可见,钟惺认为:山水之为"名胜"须具备历史传说、民俗风情、诗词文赋等三眼。明人所崇尚的著名景观,都是自然与人文因素和谐组合的典范。

第三节　中国旅游文化的近现代转型

一、近代旅游文化的发展

近代时期指 1840 年至 1949 年。这一时期，中国受到资本主义列强的侵略，沦为半殖民地半封建社会。国内阶级矛盾和民族矛盾日益尖锐，内忧外患交加，中国面临"数千年未有之大变局"，进入前所未有的深刻的转型时期。救亡图存成为中国社会的主旋律，近代旅游文化也具有时代的烙印。从旅游形式来看，有师夷求强的出境之旅、壮游忧国的境内之旅、西学渗透的入境之旅，其中出境之旅又可分为文人士子的修学博闻之旅，政府官员的出使考察之旅和爱国志士的政治流亡之旅。从旅游主体来看，有文人士子、政府官员、政治家、驻外使节、商人、传教士、探险家等。从旅游客体来看，西方殖民者将公园引入中国，中外私人花园的建造亦颇具规模。建设了很多近代西方别墅，庐山、北戴河风景区的开发和建设深受西方文化的影响。近代中国也给后人留下了众多闻名遐迩的历史遗迹，如苏州的太平天国忠王府、武昌的起义军政府旧址以及南京的中山陵等。从旅游介体来看，出现了中国人开办的第一个旅行社，中国旅行社的诞生则标志着中国近代旅游业的兴起。公路、铁路的建设，航线的开辟，汽车、火车、轮船和飞机等新式交通工具的出现，大大便利了人们的旅游旅行。新式旅馆、中西式饭店等新的旅游设施也开始在中国出现，并在 20 世纪初开始发生突破性的变化，于二三十年代臻于极盛，著名饭店有北京的北京饭店、六国饭店、西山饭店、中国饭店和上海的汇中饭店、维多利亚饭店、华懋饭店、国际饭店等。

（一）旅游主体意识的转化

20 世纪初，较多中国知识分子游学国外。中国的众多青年学子学成回国后，成为中国现代文化科技等领域的精英人物，在中西文化知识交流下极大影响中国现代文学、艺术、科学的发展。如五四新文化运动的倡导者胡适，先后留学美国康奈尔大学和哥伦比亚大学。1916 年 6 月，在克利夫兰参加第二次国际关系讨论会，提出改革中国文学，同年 11 月，写出《文学改良刍议》，揭开了文学革命的序幕。徐志摩游学英国，写出名作《再别康桥》。艺术大师徐悲鸿留欧 8 年，将西洋绘画艺术引入中国。20 世纪 30 年代，出现了宣传抗日救亡和民族解放的爱国革命之旅，如"新安旅行团""湘黔滇旅行团"。

知识链接

新安旅行团：淮安小学由著名教育家陶行知创办于 1929 年 6 月 6 日，陶行知兼任校长，后由汪达之接任。1933 年秋，淮安小学挑选 7 名学生，组成"新安旅行团"到上海进行修学旅行，他们遵照陶行知"行事知之先，知是行之成"的教育思想，在沪参观学习50多天,增长了见识,拓宽了知识面。这一新创举获得中外舆论界一片赞誉,轰动了上海江苏教育界。1935年8月,淮安小学汪达之校长再次成立"新安旅行团",14名学生抱着"即使讨饭,也要宣传抗日,卫国保家"的决心,以文艺宣传形式旅行各地,宣传抗日救国。他们在国民党沦陷区进行抗日救亡宣传活动,旅途艰辛,但得到社会各界爱国人士的支持和帮助,特别是得到周恩来、毛泽东、刘少奇、朱德、陈毅等无产阶级革命家的亲切关怀和热情支持。1939年3月,淮安沦陷,新安学校停办,新安旅行团在宣传和旅行活动中迅速壮大,毛泽东同志还在1941年5月20日亲笔写信,鼓励他们"努力工作,继续前进,争取民主革命的胜利"。皖南事变后,新安旅行团北上,进入敌后抗日根据地,随新四军,以后随解放军活动,直至1952年6月进驻上海。新安旅行团历时达18年之久,足迹遍及18个省、市、自治区,行程22500余千米,先后参加人数达六七万人。

湘黔滇旅行团:1937年"七七事变",北京大学、清华大学和南开大学在平津相继沦陷的情况下,先迁往湖南长沙,成立"长沙临时大学",上课仅仅一个学期,日军进逼长沙,"长沙临时大学"决定迁往昆明。于是当时还在学校的875名学生志愿前往昆明就学。1938年2月,学校师生分两路搬迁,女学生、体弱师生及教职员家属乘火车至广州取道越南,由滇越铁路到蒙自入昆明。250多位体魄健康的师生组成了"湘黔滇旅行团",徒步去昆明。闻一多、黄珏生等十余教师组成辅导团,黄珏生任"湘黔滇旅行团"指导委员会主席,湖南省主席张治中特派黄师岳中将担任旅行团团长,毛鸿等3名教官分别担任各中队队长。湘黔滇旅行团于1938年2月20日启程,边行边游,饱览沿途的壮丽山水,访问苗、彝等少数民族山寨,宣传抗日,了解风土人情,搜集民歌民谣。250多名师生经过68天的长途跋涉,步行1750千米,于4月28日胜利到达昆明,体察了祖国大西南人民的贫穷疾苦,深受磨炼。

(二)旅游介体专业化发展

旅行社的诞生是一定社会的经济、政治、文化发展的产物。20世纪初,美国、日本、英国、法国等外国公司先后在中国的上海、南京、北平等地开设旅行社。中国旅游业务均为少数洋商所垄断,如英国的通济隆、美国的运通、日本的国际观光局等,它们又多以西侨为服务对象。

1923年8月15日,陈光甫创办上海银行旅行部。这是第一家由中国人自己开办的旅行机构,标志着中国近代旅游业的兴起。从此,中国旅游进入了由分散、个体化的传统旅游向有组织、团体型的近代旅游转化的新阶段。旅行部创立之初附设于上海银行国外部之下。1924年1月,迁至上海市四川路420号独立门户。5年之间,先后设立分部11处。1927年改名为"中国旅行社"。1928年1月,获得国民政府颁发的第1号旅行业执照。1931—1937年,随着交通线的开辟,中国旅行社业务陆续增设的分社和办事处达45所。1937年抗日战争爆发后,中国旅行社几乎毁于一旦。1949年,陈光甫迁居香港,中国旅行社的重心随之迁移,专门办理从香港到内地的客运业务,并经营中国台湾地区、南洋一带和日本的旅行业务等,1953年宣布撤销。

(三)出现具有半殖民地时代特征的旅游客体

在被帝国主义列强辟为租界地不久,上海就建成近代意义上的第一座公园:黄浦滩公园。园址原为滩地,1864年,英国殖民者擅自填滩修筑公园,同年竣工开放,当时称"公家花园"。此园位于外白渡桥,故又称"外白渡桥公园",另称"外滩公园""大桥公园""外国公园"。该园初建时仅允许外国人入园,门口设立标志有"华人和狗不得入内"的条文,令国人气愤,遂激起上海人民抗议斗争。英殖民主义者为缓和上海人民的激愤,在苏州河南岸涨滩营建公园,专供中国人游览,时称"新公园",次年易名"华人公园"。1905年和1909年,又相继建造有"虹口公园",即"虹口体育场"和"复兴公园",曾经名为"法国公园"。1911年,辛亥革命后即修建开放的无锡城中公园,因完全为市民公众免费享用,被称为"公花园"。

随着西方的园林艺术和建筑风格的逐渐传入,近代中国的一些风景名胜区的开发与建设也因而具半殖民地半封建时代的特色。庐山是中国人文荟萃、风景秀丽的历史名山。千百年来,文人墨客纷至沓来,吟诗作赋,热情讴歌这一大自然赋予的瑰宝。光绪二十一年十一月十六日(1895年12月31日),英国传教士李德立通过《牯岭案十二条》,强行租借庐山长冲一带(今东谷一带)1029亩土地,取得了开发牯岭避暑地的特权。随后,美、法、俄等国传教士、商人也纷纷上山租地。同时,成立了以李德立为主席的董事会,制订《牯岭避暑地约法》和详细的规划方案,并由外国工程师和社会学家共同主持。他们大都依照本国生活方式和建筑风格建造别墅。1935年,牯岭有各种别墅、店铺、教堂、学校、图书馆、剧院、茅屋等建筑总计近2000栋。同年,国民政府正式收回牯岭英租借地。1937年,牯岭建有正街、西街、下街、后街、新路等街道,城镇的主体框架基本定型。

庐山最引人注目的人文景观是数百幢近代别墅所构成的别墅群。这些别墅因地制宜,或在幽谷之侧,或在溪涧之畔,或在峻岩之旁,千姿百态。这些建筑大都采用欧洲的山地别墅建筑样式,楼层不高,以一至两层居多,有的还布置有庭院。外墙由岩石砌成,并基本上保留了原本粗糙的岩石石面。这些别墅建筑广泛采用平面几何式屋顶,屋顶多以尖顶为主,尖顶又有正方形、六边形、八边形和圆锥形多种组合形式。庐山别墅群被称为"万国建筑博物馆"。

二、中国现代旅游文化的全新发展

中华人民共和国的诞生,为中国旅游文化的全面发展开辟了新的广阔前景。随着农村土地改革、城市公私合营、社会主义改造的逐步深入,亿万劳动者成了国家主人,爆发出巨大的生活热情和劳动积极性,对物质文化生活的需求也有所增长。碍于当时社会生产率低,社会可供物质资源匮乏,郊游和各类游园娱乐成为短途旅行游览的首选形式和主要内容。

1954年4月21日,中国国际旅行社成立,新中国开始有了专门的国际旅游业的机构,属于"政企合一"的长期实行企业化管理的事业机构,承担一切外宾、外国旅游团在中国的访问和旅行中的生活接待工作,并与各国旅行社进行业务联系,承办国际联运业务。1964年,周恩来总理成功访问亚、非、欧14国,中法建交、中巴通航,中国旅行游览事业管理局成立,这标志着中国旅游事业进入一个新时期。1965年,中国国际旅行社接待外国团体游客12877人次,零星委托客人8358人次,共21235人次,是建社以来接待人数最多的一年。1957年4月22日,华侨旅行服务总社成立,主要承担组织华侨、港澳同胞自费回国观光、旅游、探亲的重要任务。1956—1965年,华侨旅行服务社共接待了来自80多个国家和地区的华侨20万人次,港澳同胞100万人次。1972年,中日建交,美国总统尼克松访华,美日以及其他国家和地区的来华旅行者急剧增加。1973年,接待外国宾客27750人次,创汇越过150万美元。1974年建立中国旅行社,与华侨旅行社合署办公,接待华侨、外籍华人、港澳同胞业务又在全国范围内逐步开展起来。

十一届三中全会以后,从1978—2005年,入境人数从180.92万人增至1.2亿人,增长65.33倍;外汇收入从263万美元增至292亿美元,增长了11101.66倍。中国旅游的接待能力也与国际接轨,从1992年起,全面进行星级评定与管理。1999年,中国国务院公布了新的《全国年节及纪念日放假办法》,决定将春节、"五一劳动节"、"十一国庆节"的休息时间与前后的双休日调休,从而形成7天的长假,被誉为"旅游黄金周"以及2008年起公休假制度的实行,中国旅游迎来了全面的大众旅游时代。中国现代旅游实现了从奢侈品向大众化、经常性生活方式的转变,从外事性行业到民生产业的转变,从单一产业到综合现代产业的转变,以及旅游行业与文化产业深度融合的转变。因此中国现代旅游文化也形成了以大众旅游文化为主,多种旅游文化并存的形态。如美国旅游人类学家格雷本(Graburn)在为麦克康纳(Dean MacCannell)所著《旅游者:休闲者新论》序言中所言:"中国的大规模的群众旅游中已经出现了类型化现象:个性化旅游、豪华旅游、探险旅游以及近期升温的生态旅游等,都反映出财富积累和社会价值在过去25年旅游发展过程中的变化和差异。概言之,中国已经进入一种'旅行文化'的时代。"

实际上,现代文明的进步和发展集中体现在城市的工业化、城镇化程度,科学、民主化程度,这些现代文明的进步和发展,直接影响到旅游文化内涵的变化。随着生活水平的提升和人们收入的增加,工薪群体成为旅游的主体;旅游的目的不仅仅是领略风光、开阔眼界,而且赋予了观光休闲、体验文化等更多内容。

2018年3月9日,《国务院办公厅关于促进全域旅游发展的指导意见》发布。"全域旅游"是指将一定区域作为完整旅游目的地,以旅游业为优势产业,进行统一规划布局、公共服务优化、综合统筹管理、整体营销推广,促进旅游业从单一景点景区建设管理向综合目的地服务转变,从门票经济向产业经济转变,从粗放低效方式向精细高效方式转变,从封闭的旅游自循环向开放的"旅游+"转变,从企业单打独享向社会共建共享转变,从围墙内民团式治安管理向全面依法治理转变,从部门行为向党政统筹推进转变,努力实现旅游业现代化、集约化、品质化、国际化,最大限度满足大众旅游时代人民群众消费需求的发展新模式。全域旅游概念内涵,立足"全"与"域"的深刻理解,实现空间域、产业域、要素域、管理域和社会域等领域的完善与完备。加快旅游综合改革创新,构建现代治理体系、完善旅游基础设施建设、健全公共服务体系、拉动供给侧结构改革投资,强化旅游要素保障、推广全域旅游示范区创建,打造升级版目的地,推进"旅游+""+旅游",构建大产业服务体系。

2018年3月13日,十三届全国人大一次会议在人民大会堂举行第四次全体会议,听取全国人大常委会关于监察法草案的说明、国务院关于国务院机构改革方案的说明，其中文化部和国家旅游局合并组成文化和旅游部。文化资源与旅游开始深度融合。2019年年末，纳入统计范围的全国各类文化和旅游单位35.05万个，从业人员516.14万人。其中，各级文化和旅游部门所属单位66775个；从业人员69.49万人。2019年，国内旅游人数60.06亿人次，入境旅游人数14531万人次，出境旅游人数15463万人次，全年实现旅游总收入6.63万亿元。2022年5月22日中共中央办公厅、国务院办公厅印发了《关于推进实施国家文化数字化战略的意见》，标志着旅游文化的发展也将与数字化深度融合。2024年4月30日国家文化和旅游部办公厅发布《文化和旅游标准化工作细则》，标志着中国的文化和旅游标准化工作得到进一步规范。中国的旅游文化迎来全新的发展时代。

如何让沉寂的两汉文化"活"起来？

"自古彭城列九州，龙争虎斗几千秋。"位于江苏北部的徐州，曾是刘邦故里、项羽故都，留下了闻名中外的汉墓、汉兵马俑、汉画像石等众多历史文化遗产。自带两汉文化发祥地光环的徐州，如何保护、传承、弘扬两汉文化？徐州近期开门迎客，举办首届汉文化论坛，诚邀一众学者前来出谋划策。

"我们的文化遗产得不到呵护前是蓬头垢面的，只有保护好它们，面对公众时才会光彩照人。"被称为故宫"看门人"的单霁翔，在首届汉文化论坛上带着《让文化遗产资源"活"起来》的演讲题目，第一个向与会者分享"如何兼顾保护和开放，让两汉文化遗产'活'起来，走进公众视野。"

单霁翔说，以前故宫的库房堆放着大量文物、木料，从未对外开放，包括与汉文化有关的文物都在库房里面沉睡多年。执掌故宫博物院后，他花了数年时间清理腾空这些库房，"很多汉兵马俑当时就在冰冷的台阶下，先修复好再把它们神采奕奕地陈列出来"。

挖掘了大量两汉文化遗产的徐州，同样面临着"养在深闺无人识"这一问题。国家博物馆考古研究所原所长信立祥认为，目前徐州博物馆、徐州汉画像石艺术馆无论展示内容还是展陈手段，在全国同级博物馆当中堪当前列，但遗址博物馆展览却不尽如人意。

"如果国外同行问我们两汉诸侯王陵整体特征是什么？我们回答不上来。"信立祥说，按照汉代礼制和其他地方遗址考古的发现，汉代诸侯王陵规模应十分庞大，而前期徐州汉墓考古侧重发掘主体，陵园整体挖掘不够，导致不论是学者还是游客对一些文化遗迹难窥全貌。汉墓、汉兵马俑、汉画像石被誉为"汉代三绝"，是汉文化的三大标志性符号。据最新考古资料，徐州已勘查汉墓近3000座，发掘西汉楚王（后）墓8处19座、东汉彭城（下邳）王（后）墓2处5座。狮子山楚王陵发现了数量繁多、种类丰富的兵马俑。作为研究汉代社会生活图景的第一手资料，汉画像石在徐州已有

140多年的发现和研究历史,徐州现存汉画像石2500余块,是国内收藏汉画像石最多的城市。

而在今天的文旅大融合的背景下,如何将分散在多个县区的两汉文化遗产"串珠成链"?"在杭州宋城景区随处可见'给我一天,还你千年'的旅游标语,徐州不妨借鉴,刷新文旅名片辨识度。"西北大学教授、中国秦汉史研究会副会长徐卫民说。

在南京博物院副研究馆员卢小慧看来,徐州可尝试打造5A级汉文化大景区,以九里山为龙头,以狮子山、龟山、北洞山、东洞山、驮蓝山以及丰、沛二县为两翼的全域旅游景区。"徐州汉文化有五大特点:不屈不折的斗争精神,重义质朴的性格特征,善用智谋的策士风范,健康长寿的养生理念,兼收并蓄的开放姿态。"对于如何进一步弘扬徐州汉文化,南京师范大学教授陈书录认为,在"十四五"期间,当地可打造体现"楚韵汉风、南秀北雄"与现代化交相辉映的大都市文化圈。

徐州是京杭大运河重要节点城市,河段至今运输繁忙,是当地经济社会发展的重要支撑。"难得有一个城市将一个朝代的文化和大运河文化结合在一块。"国家行政学院原副院长周文彰表示,大运河文化与汉文化有诸多共性,它们都有着丰富的遗存,都是源远流长、博大精深的文化,扎根于人民生活,一直活到现在,还将奔向未来。徐州应该发挥两种文化交汇的得天独厚的优势,促进文旅融合跃步升级,擦亮金字招牌。

"作为两汉文化的发祥地,大力保护、传承、弘扬两汉文化精髓,徐州责无旁贷。"徐州市委常委、宣传部部长冯其谱说,近年来,徐州以打造世界级汉文化传承和旅游目的地为目标,以"舞动汉风"品牌工程为引领,不断推动汉文化创造性转化、创新性发展,孕育了"楚韵汉风、南秀北雄"的人文特质,生动展现了打造贯彻新发展理念区域样板的时代风采。未来,徐州将力争让昔日兵家必争之地,成为诸多游客向往的诗和远方。

资料来源 2020年10月31日新华每日电讯:"如何让沉寂的两汉文化活起来?"

【案例提示】
1. 两汉文化具有什么样的意义?其作为历史文化旅游资源的价值是什么?
2. 徐州成为两汉文化代表地的可能性是什么?
3. 在当下文化与旅游深度融合发展背景下,旅游可以如何助推对徐州文化的发展?

本章小结

旅游文化作为中国文化的重要内容的一部分,与中华文化历史的发展息息相关。本章主要梳理了中国旅游文化发展历史,第一节主要介绍了中国古代"旅""游"以及"旅游"连用之后的意涵。中国古代"旅"和"游"是两个有区别的概念,先秦时期"旅游"已经作为词组出现,东汉时期"旅""游"作为两个词,已经具有今天"旅游"的意涵,并已经出现"游客"一词。魏晋时期"旅游"的用法已经成熟。第二节主要概述中国古代旅游文化发展历史,分别是中国古代旅游文化的滥觞时期、勃兴时期、自觉时期、隆盛时期、全面发展时期。第三节主要概述了中国旅游文化的近代转型与现代的全新发展。

重要概念

比德说："比德说"是清人刘宝楠在《论语正义》中首先明确提出，意为自然物的性质特征与人的品格道德有相似之处，人对自然物的爱赏与赞美，归因于自然物的某些特征能够比拟、象征人的某种美德；自然物之所以美，是因其某些属性特征"似有德者"，如孔子提出的"仁者乐山，智者乐水"。

畅神说：产生于道家哲学之上的一种自然审美观。它是以人的精神自由为出发点，在摆脱功利杂念的状态下，以超然的心境去观赏自然风物的审美原则。在审美观照中，主体与自然的内在交融，在自然与艺术中怡悦情性，展畅精神，由此而获得精神的审美享受。

全域旅游：指将一定区域作为完整旅游目的地，以旅游业为优势产业，进行统一规划布局、公共服务优化、综合统筹管理、整体营销推广，促进旅游业从单一景点景区建设管理向综合目的地服务转变，从门票经济向产业经济转变，从粗放低效方式向精细高效方式转变，从封闭的旅游自循环向开放的"旅游＋"转变，从企业单打独享向社会共建共享转变，从围墙内民团式治安管理向全面依法治理转变，从部门行为向党政统筹推进转变，努力实现旅游业现代化、集约化、品质化、国际化，最大限度地满足大众旅游时代人民群众消费需求的发展新模式。

第三章
旅游时间与休闲文化

学习目标

知识目标
(1)掌握旅游与休闲的关系。
(2)掌握旅游时间的意义和内涵。

能力目标
(1)培养相关学科理论视角的基本概念辨析能力。
(2)加深对旅游文化基本问题域的认识。

素养目标
(1)学习马克思经典时间理论并在旅游领域实践。
(2)树立正确的人生价值观。

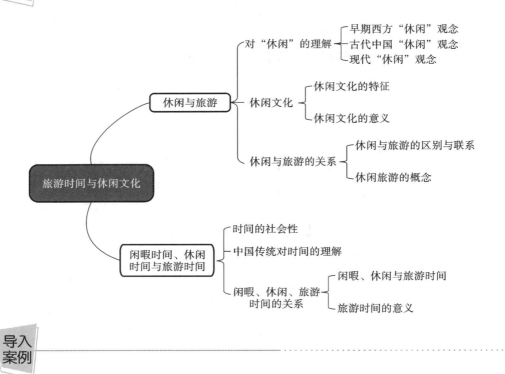

导入案例

2019—2020年中国休闲发展报告（节选）

中国社会科学院财经战略研究院、中国社会科学院旅游研究中心及社会科学文献出版社联合发布的《休闲绿皮书：2019—2020年中国休闲发展报告》中指出，旅游是实现集中休闲和深度休闲的一种重要形式。在全面建成小康社会的背景下，旅游对于居民高质量休闲的贡献更加凸显。总体来看，2019—2020年，旅游休闲发展呈现如下特征。

其一，文化和旅游融合发展持续深入，休闲的供给内涵更加丰富。文化和旅游融合发展在扩大休闲供给总量的同时，更加注重供给结构的改善和供给质量的提升。其二，全域旅游示范区验收工作继续推进，为旅游休闲创新发挥示范作用。根据验收工作的实际经验，国家全域旅游示范区的供给体系内涵进一步拓展。其三，夜间旅游成为旅游休闲新形态，有利于挖掘休闲消费潜力。在旅游休闲过程中，夜间经济是能够对餐饮、购物、文化演艺发挥综合推动作用的重要载体。其四，国家公园试点工作推进顺利，助推休闲可持续发展。其五，公共卫生环境变化，旅游休闲市场存在结构调整空间。一方面，全球主要旅游目的地国家的疫情防控情况不及我国；另一方面，参考"非典"时期旅游休闲市场的历史经验可知，疫情过后的需求复苏以短途游、境内游以及与康养休闲有关的市场活动为主。因此，旅游休闲市场存在结构调整空间，市场重心预计以国内旅游为主，入境游和出境游的复苏情况面临更大的不确定性。

绿皮书指出，中国居民的休闲意识显著增强，收入增长带来休闲消费潜力的释放，休闲的时间保障进一步增强。中国社会科学院旅游研究中心等进行的"中国国民休闲状况调查（2020）"数据显示，中国国民对休闲重要性的认识逐步深化，休闲时间有所增加。

资料来源 节选自宋瑞.休闲绿皮书：2019—2020年中国休闲发展报告[M].北京：社会科学文献出版社，2020.

思考：《休闲绿皮书：2019—2020年中国休闲发展报告》中为什么说旅游是实现集中休闲和深度休闲的一种重要形式？

第一节　休闲与旅游

一、对"休闲"的理解

（一）早期西方"休闲"观念

根据词源学的考证，"休闲"一词最早出现于古希腊文学中，希腊语是"skole"，代表"平静、和平、休闲、自由时间"等意义。其中的"闲"与"自由"指的不仅仅是时间的概念，更是指必须从劳动中解放出来的无拘无束的状态。与其相对的则是劳动、奴隶的状态。古希腊的自由市民将"体力劳作"都交由奴隶去做，把"休闲"看成是肯定的、积极的概念，在他们的观念体系中，"休闲"比劳动具有更重要的意义，"休闲"是主要的，劳动是次要的。同时，这个词语也用来表示学术讨论的场所，说明休闲与教育是紧密相关的。古希腊人认为，在可以自由支配的时间里，"休闲"是更为重要的。同时还需要智力的参与，才能使动物意义上的"休闲"上升到人的意义上的"休闲"。"休闲"对古希腊人而言含有主动进行学习、重新创造生活和提高生命质量的意义，是一种以丰富和创造生命活动、完善自我为目的的闲暇活动。古希腊哲学家柏拉图（Plato）在《理想国》中描述了休闲理想，其弟子亚里士多德（Aristotle）认为休闲是一切事物环绕的中心，是科学和哲学诞生的基本条件之一。他提倡"哲学家首先要做的是论证那些休闲之人自由地从事的高层次活动的合理性"，他将休闲视为"对必然性的摆脱"。中世纪的基督教徒吸收了亚里士多德的观点，认为人们通过沉思去了解基督的真理，进而得到终极的快乐。

 知识链接

亚里士多德（Aristotle），古希腊哲学家、科学家和教育家，堪称希腊哲学的集大成者。誉为西方的"休闲学之父"。他在《尼各马可伦理学》和《政治学》中，阐述了对快乐、幸福、休闲、美德和安宁的理解。他说："人唯独在休闲时才有幸福可言，

> 恰当的利用闲暇是一生做自由人的基础。"他认为休闲就是一种深思的状态,是"不需要考虑生活问题的心无羁绊的状态,也可被认为是一种冥想的状态"。他认为休闲和思考密不可分,休闲耕耘了心灵、精神和个性;休闲的决定因素并不是自由时间,而是自由时间的态度或意向。

除了最初的古希腊语之外,在古法语及古罗马语中也出现了意味着"休闲"含义的词语。其中,"休闲"的英文单词"leisure"源于古法语中的"leisir",意思是指人们摆脱生产劳动以后的自由时间或活动;而该古法语单词出自拉丁语中的"licere"一词,意思指"自由的、没有压力的状态"或"合法的被允许的"。而古罗马语中有休闲含义的"otium"一词,指的则是"什么也不做"的消极无为的状态。

实际上,西方古典休闲观认为,休闲的基本要素是拥有包括在生活之内的自由时间,有足够精力倾心于快乐的活动,以及有适当的心灵状态和环境。法国社会学家杜马哲迪尔(Dumazedie)指出,休闲有不可分的三个部分:首先是放松,休闲之始,因为需要克服疲劳;其次是娱乐,提供休闲的转移功能,使人们脱离自己和关注的事情;最后是个人持久发展,使视野开阔,生命更有意义。可布兰(Kaplan)认为,休闲是一种整体倾向,自愿性愉悦是休闲的要求;无论尊贵或堕落,只要是自由选择并享受其中即是休闲。瑞典哲学家皮普尔认为,休闲是一种思想或高尚的态度,而不是外部因素作用的结果,也不是闲暇的结果,更不是游手好闲的结果;它是一种文化的基础、一种精神状态,是灵魂存在的条件。

(二)古代中国"休闲"观念

休闲意蕴古已有之。从字义上考察,"人倚木而休",这里的"休"在《康熙字典》和《辞海》中被解释为"吉庆、欢乐"的意思。《诗·商颂》有"何天之休"之句,"休"含"吉庆、美善、福禄"的意蕴。"闲",通常引申为范围,多指道德法度。《论语·子张》称:"大德不逾闲。"其次,有"限制、约束"之意。《易·家人》"闲有家"即此之谓。"闲"通"娴",具有"娴静、纯洁与安宁"的意思。"休闲"的词意组合,表明其含有特定的文化内涵,它不同于一般的"闲暇""空闲""消闲",而是"从心所欲不逾矩"的自由自在与超越自得。"人倚木而休",表达了人类生存过程中劳作与休憩的辩证关系,又喻示着物质生命活动之外的精神生命活动,使精神的休整和身体的颐养活动得以充分地进行,致使人的自由创造与世界的对象化欣赏浑然无间,从而赋予生命以真、善、美的价值。

中国古人很欣赏悠闲的状态,几千年的文明历史孕育了中华民族独特的休闲观念。中国文化艺术的传承常常以悠闲的方式进行,在悠闲的活动中追求意境。他们不但把悠闲当作衡量生活品质的重要标准,更把它提升为人生的最高境界,注重身心在大自然中的直接感受。悠闲是传统文化所倡导的一种具有高尚品位的状态和境界。中国古人很早就对休闲有独特的理解和实践。孔子向往"冠者五六人,童子六七人,浴乎沂,风乎舞雩,咏而归"的人生境界,庄子欣赏"忘适之适"的"逍遥游",陶渊明忘情于田园"采菊东篱下,悠然见南山",苏轼喜欢率性而为,朱熹主张"玩物适情",王阳明追求"无往而非乐""无入而不自得",近代朱光潜、宗白华、林语堂等人明确提出"人生艺术化"的主张。

中国人的悠闲观念更注重的是精神的境界,真正的悠闲境界是一种与万物合一、消除你我分别、内外分别的精神境界。这正如庄子提出来的"逍遥游",也是孔子所说的"从心所欲而不越矩"的自由。后来的中国哲学,无论是儒家、道家或佛家,在某种意义上说,都是在探讨与建构以境界为中心的悠闲思想。悠闲境界与中国哲学的价值取向是相一致的。

(三)现代"休闲"观念

随着社会的发展,"休闲"的概念被引申到现代社会生活中来。在现代化和全球化的背景下,现代人理解的"休闲"主要是指让人摆脱繁杂的事务、解脱精神压力、排遣消极情绪,从而获得一种宁静安谧的悠闲,而这种悠闲的感受能使人达到调适心灵的效果。不仅如此,"休闲"在现代社会的意义已经成为人的重要部分,联合国《世界人权宣言》中提出"人人有休息和消闲的权利"。联合国《消闲宪章》中说:"无论在城市和乡村,闲暇都是重要的。它为人们提供了基本才能的变化条件:意向、知识、责任感和创造力的自由发展。"

中国艺术研究院中国休闲研究中心主任、学者马惠娣(2001)认为,真正把休闲放在学术的层面加以考察和研究,并形成学科体系则是近一百多年的事情。这是因为,近现代工业的高度发展,一方面促进了人们闲暇时间的增多,人们在拥有物质财富的同时,开始向往精神生活的满足;而另一方面,现代社会也对人的全面丰富性造成了空前的压抑。休闲正好在弥补人们精神贫困方面起到了不可替代的作用。因此,休闲学研究之兴起,正好反映了人们对人类前途命运的一种思考,是对几千年人类文化精神和价值体系发生断裂的现状做补救工作的一种努力,是试图通过对休闲与人生价值的思索,重新理清人的文化精神坐标,进而促进人类的自省。德国政治家、哲学家、社会学家马克思(Marx),德国哲学家、语言学家尼采(Nietzsche),德国哲学家海德格尔(Heidegger),美籍犹太人哲学家、心理学家弗洛姆(Fromm)等人对科学理性的效能和意义产生了疑虑,许多思想家们则试图通过休闲重新找到思考人的基点和中介形式,以寻求人的返璞归真。这是休闲学缘起的重要学术背景和社会背景。

马克思在近代资本主义社会发展的初期,就已经结合当时工业社会的现状,对休闲科学理论进行了比较深入的研究,尤其是对休闲时间的使用以及休闲活动的作用等问题,在理论上提出了鲜明的观点和重要见解。马克思 free time(自由时间)的概念在人类活动的意义上就是 leisure,这是"不被生产劳动所吸收"的时间,是"娱乐和休息""发展智力,在精神上掌握自由"的时间,是摆脱了异化状态"自由运用体力和智力"的时间。在这种"自由时间"里,人的劳动是自由的创造,而不是奴役状态下的被动的劳作。人对劳动产品的享受是自由的欣赏而不是私有欲中狭隘的占有。在此,人的"自由""自觉"的本性充分体现人不仅按其类的固有尺度生存,也按"美的规律"生活。显然,在马克思看来,休闲与人的全面发展及社会的理想状态密切相关,而这种理想状态本质上与审美境界相通。

马克思在《资本论》中,一方面揭露了资本家对工人剩余价值的最大限度地剥削,另一方面指出资本家这种剥削限制了工人个人的自由休闲时间的获得。他洞察到,休闲的发展将带给人类社会以巨大的影响。在1862年完成的《剩余价值理论》的草稿中,马克思指出可以自由支配的时间,也就是真正的财富。这种时间不被直接生产劳动所吸收,而是用于娱乐和休息,从而为自由活动和发展开辟了广阔的天地。"自由时间,可以支配的时间,就是财富本身:一部分用于消费产品,一部分从事自由活动,这种自由活动不像劳动那样是在必须实现的外在目的的压力下决定的,而这种外在目的的实现是自然的必然性,或者说社会义务。"马克思在文章中进一步阐明:"作为自由时间的基础,而取得完全不同的、更自由的性质,这种同时作为拥有自由时间的人的劳动时间,必将比役畜的时间具有高得多的质量。"

马克思在深刻揭示缩短工人的劳作时间和增加自由时间的重要性时,又从另一个角度分析道:休闲时间"不仅对于恢复构成每个民族骨干的工人阶级的健康和体力是必需的,而且对于保证工人有机会来发展智力,进行社交活动以及社会活动和政治活动,也是必需的"。在《政治经济学批判手稿(1857—1858年)》中,马克思还明确指出:"从整个社会来说,创造可以自由支配的时间,也就是创造产生科学、艺术等的时间。"马克思还提出,一个国家真正富裕的标志是劳动时间的减少,闲暇时间的增多。他清晰地预见到休闲在文明发展中的重要性。马克思主义理论在近代休闲社会科学理论上所作出的前瞻性研究和开创性成果对日后休闲学研究的兴起起到了极大的推动作用。之后,恩格斯等各国学者也都在不同时期、从不同的角度对休闲进行了相关研究。

多数学者认为,休闲学作为一种系统的理论研究发端于美国,并且以1899年凡勃伦(Veblen)出版《有闲阶级论》(The Theory of The Leisure Class)一书为标志。

知识链接

> 托斯丹·邦德·凡勃伦(Thorstein B. Veblen),美国经济学家、哲学家和社会学家,制度经济学派创始人。凡勃伦是20世纪初美国著名的经济学家,他从经济学的角度,对当时颇有争议的"有闲阶级"的社会地位和生活价值进行了全方位的分析,他的许多观点和论述对现代休闲社会科学的发展具有重要影响。其重要著作《有闲阶级论》记载了19世纪后期富裕的"有闲阶级"娱乐的社会生活,分析了闲暇时间、休闲与消费、权利等的关系,尤其是试图揭示休闲和消费是如何联系在一起的这样一种内在规律性。凡勃伦认为,休闲是一种阶级的社会象征。休闲已经成为一种标志和社会制度,人们用它来区别上层阶级与广大劳动群众之间不同的生活方式。这种用休闲来区分社会阶层的思想意义重大,对哲学、社会科学产生了深远的影响。其次,他还指出在休闲过程中对奢侈品或是对休闲活动支付昂贵价格进行无节制的消费,是一种社会差别的象征,是有闲阶级带有社会优越感和阶级荣誉感的消费心理的表现。凡勃伦在书中第一次提出了有关有闲阶级的"炫耀性消费"概念,这一观点对后世的影响极大。所谓"炫耀性消费"是指旨在摆阔气、炫耀自身财产、身份和地位而非出于需要而花钱购物的消费行为。"当然,一切奢侈品和生活上的享用品是属于有闲阶级的。在禁律之下,某些食料,尤其是某些饮料,是严格规定由上层阶级享用的。""如果这类消费代价高昂,其间就含有了高贵和光荣的成分。"不难看出,凡勃伦在对美国资本主义社会的浪费现象进行抨击时,揭露

了有闲阶级及其消费方式的腐朽性。他的这一研究成果被公认为奠定近代休闲科学理论基础的开山之作。

继凡勃伦提出"有闲阶级"的"有闲生活"概念后，西方学者开始关注对休闲问题的理论探讨，许多学者纷纷加入休闲研究的行列。进入20世纪，美国教育哲学家阿德勒（Adler）提示人们牢记亚里士多德的教导，以休闲求幸福、宁静与美德，呼吁人们珍惜休闲、善待休闲。荷兰学者赫伊津哈（Huizinga）《游戏的人》进一步论述了游戏的人性本真、自由和创造性本质。瑞士神学家皮普尔《休闲：文化的基础》把休闲作为人之灵魂和理智的一种"静观的、内在安详的和敏锐的沉思状态"，指出休闲是从容纳取，是默默接受，是淡然处之，并强调"文化的真实存在依赖于休闲"。法国社会学家杜马兹迪埃（Dumazedier）从社会学角度对休闲进行了深入探讨，他认为所谓闲暇，就是个人从工作岗位、家庭、社会义务中解脱出来的时间，为了休息，为了消遣，或为了培养与谋生无关的智能，以及为了自发地参加社会活动和自由发挥创造力，是随心所欲活动的总称。他在20世纪60年代就前瞻性地预言休闲时代必将到来。

20世纪七八十年代，观念的更新、休闲产业在西方国家的蓬勃发展促使一批学者从心理学、管理学、经济学等的角度探讨休闲问题，休闲也因而从哲学和社会学的层面延伸、渗透到社会经济生活的各个层面，形成多学科共同研究休闲现象及其相关问题的学术局面。美国心理学家奇克森特米哈伊（Csikszentmihalyi）在《畅：最佳体验的心理学》中，更将"畅"（flow）作为休闲活动的心理学本质和标准，认为只要能够获得"畅"的内在心理体验，有益于个人健康发展，就是休闲。这些休闲的基本理念，无一例外地将休闲本质指向审美境界，以欣然之态做心爱之事，就是以审美的态度对待生活，实现生存境界的审美化。1970年由国际娱憩协会（International Recreation Association）颁布的《休闲宪章》中提出："消遣/休闲时间是指个人完成工作和满足生活需要后，完全由他本人自由支配的一段时间，它为补偿当代生活方式中的许多要求创造了条件。它通过身体放松、竞技、欣赏艺术、欣赏科学和大自然，为丰富生活提供可能，还为人们提供了激发基本才能的条件。建立于闲暇时间基础之上的行为情趣，或者是休息、娱乐，或者是学习、交往等，他们都有一个共同的特点，即获得一种愉悦的心理体验与满足，产生一种美好感。"美国《里特莱辞典》对"休闲"诠释为：离开正规的业务，在正规时间里进行娱乐和活动。

美国学者约翰·凯利（Kelly，2000）认为：休闲普遍地是一种自由状态，是一种在摆脱义务责任的同时对具有自身意义和目的的活动的选择。"休闲最好被理解为一种'成为状态'（state of becoming），也就是说，休闲不仅是当前的显示，而是动态的，它包含许多面向未来的因素，而不仅仅是现状的形式、情境和意义。因此，应该通过行为取向而不应以时空、形式或结果来对休闲加以界定。"

中国的学者马惠娣（1998）提出：休闲是指已完成社会必要劳动之外的时间。它以缩短劳动工时为前提。劳动工时的缩短会使劳动时间更紧凑，劳动条件更好，休闲活动更丰富，对劳动产生更有益的影响。因此，休闲是一个国家生产力水平高低的标志，是衡量社会文明的尺度。许斗斗（2001）认为，休闲作为人类的一种现代社会现象，在本质上是人们社会生活的一种方式。而作为人类社会生活的休闲活动，本质上应该属于人们的社会交往的范围。这不仅因为休闲活动是人们实际的社会生活和社会活动，而且由于休闲本身也是一种精神体验和享受，一种人在休闲活动时对人与休闲环境融合的感觉。"休闲，作为人的生活方式，是人的价值存在的一种表现，休闲只有在人的动态存在，即'成为'和'去生存'（海德格尔）的意义上才是一种本真的含义，对人才是一种体验和享受。"刘啸霆（2001）认为，人类的休闲至少可分为这样几个层次：一是休息，如睡眠等，这是在劳动的间歇为缓解疲劳而进行的一种自发的休整，目的是更好地劳动；二是闲暇，即空闲，是有了相对自由的时间而未能有目的地安排休闲活动的闲散状态，如北方农村传统的"猫冬"习俗；三是有意休闲，即把休闲当作一种有意识有准备的活动，追求一定的休闲质量，其隐含的目的还是更好地劳动；四是追求休闲意蕴，这是在有了相对充裕的自由时间，从而把休闲本身当作直接目标的一种社会行为。只有第四种属于休闲，这是真正的休闲。

张广瑞等（2001）认为，休闲是人们在可自由支配的时间内自主选择地从事某些个人偏好性活动，并从这些活动中获得惯常生活事务所不能给予的身心愉快、精神满足和自我实现与发展。王雅林（2002）认为，休闲是人们在可以自由支配的时间中用于满足精神生活之需要所从事的各种活动。"休闲同人们每天所占有的可自由支配的时间有极大的相关性，人们在这样一种相对自由的时间中能够从事自己所喜爱的、有助于满足心理和文化需要的活动，并本能地感到从事这些活动是有价值的。"马勇、周青（2008）认为，休闲是人们在个人自由时间内，自发地选择和参与有利于身体的休息和体能的恢复并能产生内心愉悦感的体验性活动过程及其所引起的一切现象和关系的总和。潘立勇（2016）认为，一般意义上的休闲是指两个方面：一是解除体力上的疲劳，恢复生理的平衡；二是获得精神上的慰藉，构筑心灵的驿站。

从这些定义来看，中外学者对"休闲"概念的理解与把握基本上一致：一是认为体现"休闲"的直接存在物是"时间"，而且这样的时间是人们生存需要之外的时间；二是具体的休闲呈现物是一种表现人类生活方式的动态或过程；三是认为休闲的存在价值主要体现在人们"体悟人生与领略自我、自我发展与自我完善、实现自由"三个需要之中。实际上，对休闲本质的认识大体上可概括为经济和文化两个方面。

从经济学的角度认识休闲的本质是有其历史根源的，因为学术意义上的休闲研究最初是由经济学家们开始的。在经济学家看来，休闲者用于休闲活动所产生的消费对当地的经济体系中各相关部门的发展都产生了积极的促进作用。显然，他们颇具倾向性地关注休闲所产生的经济贡献，将休闲活动视为与社会领域以及产业和贸易相互联系的一种经济现象。这种观点在休闲学研究的经济学者阵营中是较为普遍的。20世纪90年代后，休闲的经济学研究主要集中在三类：第一类是从时间分配的角度研究休闲；第二类是从劳动供给的角度研究休闲；第三类是从家庭生产的角度研究休闲。这些研究大多在家庭经济学和劳动经济学的研究基础之上，将休闲纳入其分析框架，研究休闲对经济变量的影响度和作用机制。总的来说，休闲具有其经济内核，但就其本质而言，不能单纯地将其视作社会经济活动，容易导致对"休闲"和"休闲业"两者的混淆。

文化学者们主张休闲在本质上是一种文明所形成的生活方式，是一种文化现象、一个系统，是人类物质文化生活和精神文化生活的一个最基本的组成部分。从休闲发生和运行过程来看,由于体验和自娱是休闲的内核,因此,休闲就表现为一种个人的行为,并且是在个人的意愿、志趣支配下受个人支付能力及其他能力的影响而发生的行为。凯利(2000)在其著作中就曾指出:"如果我们将文化定义为在社会中学来的一切——价值观、语言、思维模式、角色定义、世界观、艺术、组织以及所有社会建制中学来的东西,那么,休闲与文化是不可分的。"

二、休闲文化

按照现代"休闲"的意义理解,休闲首先是人类在繁重的工作余暇中自我调适的一种生活方式,是在闲暇时悠然自得的休憩活动和娱乐生活。学者马惠娣(2001)认为,休闲文化是指人在完成社会必要劳动时间后,为不断满足人的多方面需要而创造文化、欣赏文化、建构文化的生命状态和行为方式。楼嘉军(2005)则认为,休闲文化是指人们在工作、睡眠和其他必要的社会活动时间以外,将休闲时间自由地用于自我享受、调整和发展的观念、态度、方法和手段的总和;它与人们自由支配休闲时间的强度和方法密切相关,并反映在个人、家庭和社会群体的价值认同、文化素质培养、文化品位追求、文化消费倾向等诸多方面。章海荣(2004)提出:从广义上来看,休闲文化是指与休闲相关的一切人类活动及其表现,它包括休闲的内容与方式、休闲的功能、休闲的历史走向和休闲的民族特色等,其核心是休闲这一社会现象所蕴含的文化意义。

文化是人化自然的结果,而休闲则是人类在自然的人化过程中的消遣休憩活动,即人为了更好地改造自然,必须使身体得到休息而产生的休闲活动。休闲本身也是人类征服自然的成果,因此它本身就是一种文化。休闲中的精神自由导致了文化娱乐活动的繁荣。随着人类对自然改造的深入,人们的休闲活动也会越来越具有规模和品位,并日益成为一种完善的文化形态。休闲文化是人生享受的文化,是人们对于自己所创造出的物质文明和精神文明成果的享受和品尝。在休闲活动中,在享受自己所创造的成果时,人才感到自己工作的价值和人生的意义。与劳动不同,休闲给人更多的是自由。如果说休闲是人的自由活动,那么它必须以劳动的解放为前提。美国学者杰弗瑞·戈比(Godbey,2000)认为,休闲是从文化环境和物质环境的外在压力中解脱出来的一种相对自由的生活,它使个人能够以自己所喜爱的、本能地感到有价值的方式,在内心之爱的驱动下行动,并为信仰提供一个基础。在休闲时间里,人们可以从事有兴趣、能体现自己个性的活动,充分地享受人生。作为人的本质,自由是一个历史过程,由必然到自由就是由野蛮到文明、由自然向人生成的过程。从社会复杂程度来看,多元文化社会中的休闲与单一文化中的休闲不同(见表3-1),这两种情况的"自由"也会不同。

表 3-1　多元文化社会和单一文化社会中的休闲比较

项　目	多元文化社会	单一文化社会
概念	休闲是一个人选择任何使他/她感到快乐的事情;休闲不受约束,自己就是目的	休闲是一系列认同体验,而个体应该享受这些体验;休闲是受约束的,是达到某种目的的手段
行为范围	可以接受的行为范围很宽	可以接受的范围狭窄

续表

项 目	多元文化社会	单一文化社会
判断行为的标准	标准由法律设定;没有普遍接受的判断休闲行为的道德标准	标准由传统道德和社会性习俗来设定;休闲标准建立在传统文化基础上
角色	休闲与个体认同的亚文化认同有关	休闲与部落的、本地的和民族的认同有关
角色问题	难以对休闲的道德进行判断;对休闲价值存在争议	可以提供的选择很少;对外界排斥;容易把休闲作为社会控制手段
政府的角色	认为娱乐需求难以满足;可能为某亚文化群提供一些不成比例的服务	认为休闲需要容易满足;所提供的服务能够为人共有
商业机构的角色	商界有更多的机会;能刺激个体或亚文化群的消费欲望;容易创造需求	商界只有有限的机会;很难创造需求或刺激亚文化的需要

(资料来源:杰弗瑞·戈比.你生命中的休闲[M].昆明:云南人民出版社,2000:55.)

休闲文化已成为人类文化的重要组成部分。休闲文化是最能体现一个民族或个人本性的一种文化形态。在休闲活动中,民族或个人的本性会暴露无遗。如果不了解人们日常的娱乐方式,就不能认识一个民族。在休闲时间里,人的个性可以得到尽情地发挥。当一个人处于意兴而无拘无束的时候,其个性才会显露出来。

(一)休闲文化的特征

1. 时尚性

社会时尚是休闲文化的重要表现形式。生活在社会各个层面上的人或多或少都在物质生活或精神生活的模式和程序上受到时尚的影响,并都在个人的休闲生活中自觉或不自觉地服从于社会时尚所产生的巨大文化驱动力,从而形成休闲文化的时尚性特色。时尚是休闲文化的一种符号,是人们在多变的社会中追求生活方式和体验生活情趣的真实记录。休闲生活的时尚化是现代社会休闲文化本身的重要特征。休闲文化的时尚性是指人们在某一个社会阶段对特定的休闲生活方式的随从和追求,它有一定的时间波动周期性。由于人们从事休闲活动的方式和兴趣的变化,会受到当时的经济、政治、文化等各种因素的制约,因而某种特定的休闲活动方式通常只在某一时期内流行和传播,而且随着时间的延伸和人们兴趣的转移,休闲时尚的内容和方式将会随之发生演变。当然,人们对一种新的休闲活动或形式的好奇和追求,也可能产生某种程度上的从众心理现象。

2. 可传播性

借助现代传媒技术,休闲文化的传播速度和范围在全球化的背景下变得更加迅速和广泛,因而休闲文化具有传播作用。休闲文化也具有塑造功能,休闲文化对人的塑造,往往通过有形和无形的方式体现出来,而且这是一个潜移默化的渐进过程。休闲文化的塑造功能其实是一种对人社会化的整合过程,它使个体形成适合于社会和文化系统标准的人格特征,掌握社会所认同的行为规范,采用社会所默认的生活方式,遵循社会所接受的价值尺度。这种塑造功能并不是抹杀人的个性化发展,人的个性化发展是休闲时代竭力倡导的重要社会特征。人的个性化与休闲文化的社会化是相互影响、相互交融的。只有实现自我认同,才有独立的个性化;而也只有在休闲文化的社会化过程中,才能最终体现自我认同的价值,并使个性化逐渐完善起来。无论是在东方,还是在西方,休闲文化对人的精神和情感都具有陶冶作用。由于东西方的社会文化传统和观念不同,人们选择休闲活动的途径也不同,但休闲文化在对人的陶冶作用上却是一致的。

休闲文化对社会群体具有凝聚作用,它是以观念、行为、活动方式为表现形式和影响渠道的。休闲文化对社会群体的影响往往是以社会阶层、年龄阶层、心理阶层等来进行划分的。对于同一种休闲活动方式,不同群体或阶层有各自相应的选择倾向。但这种选择倾向实际上是受到主体文化指令的影响和制约的,是各自的文化和对相应社会群体的强烈吸引所致,从而造成群体之间活动表现方式的差异性。休闲文化的凝聚作用使社会群体或阶层有明确的归属感和认同感,因而在一定程度上,休闲文化对群体吸引力的最终表现结果就是这种差异性。休闲价值观的变迁过程见图 3-1。

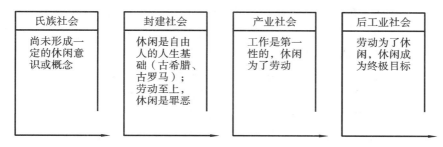

图 3-1　休闲价值观的变迁过程

(资料来源:马勇,周青.休闲学概论[M].重庆:重庆大学出版社,2008:62.)

(二)休闲文化的意义

"休闲"和"空闲"是两个截然不同的概念。人人都拥有空闲时间,但并非人人都能够休闲。空闲是一种人人都拥有的并可以实现的观念,是计算时间的一种方式。休闲却并非每个人在空闲时都可以真正达到的人生状态,休闲不仅是一种方式,还涉及存在状态和人类生存的环境。休闲之事古已有之。休闲的一般意义是指解除体力上的疲劳,找回被破坏的精神和生理的平衡,获得精神上的慰藉。从一般意义上来讲,它是社会劳动时间之外的一种活动,是人的生命状态的一种形式。而对于人之生命意义来说,它是一种精神的态度,是使自己沉浸在整个创造过程中的一种机会和能力,它对于人之成为人有着十分重要的价值,并在人类社会的历史中始终扮演着重要的角色。

休闲是一种社会建构以及人的生活方式和生活态度,是发展人的个性的场所。用社会学的理论和方法对有闲阶层和休闲行为进行研究,使休闲社会学成为社会学的重要分支。社会学家对休闲研究已经取得了丰硕的成果。这些研究旨在使人们有关休闲的知识、信念、态度、行为、技能等方面的能力不断地得到提高。而哲学家研究休闲,从来都把它与人的本质联系起来。休闲之所以重要,是因为它与实现人的自我价值和"心灵的永恒性"密切相关。休闲在人的一生中都是一个持久的重要的发展的舞台,是一个完成个人与社会发展任务的重要的思考空间,即一种社会系统所必需的创造性和批判性的思考空间。休闲作为一种现实存在,首先是通过人的外在形式表现出来,并由特定历史时期的人们对其所面临的生活历程和所抱有的生活理想而确立起来的文化样式、生活方式和价值取向所决定的。它的价值不在于提供物质财富或实用工具与技术，而在于为人们构建一个有意义的世界，守护人们的精神家园，使人们的心灵有所安顿、有所皈依。它还以特有的价值追求赋予人的行为以真实的意义，使它与政治、经济、科技保持一定的距离，或保持其独立性，形成真正的人格力量。

从审美与文化的角度来看，休闲是愉悦身心的文化审美活动。休闲是人们为了不断满足其多方面需要而创造文化、欣赏文化、建构文化的生命状态和行为方式。休闲的价值不在于实用，而在于文化。它使人在精神的自由中历经审美的、道德的、创造的、超越的生活方式。它是有意义的、非功利性的，因而被誉为一种文化基础和精神态度。它是一种对社会发展的进程具有校正、平衡、弥补功能的文化精神力量，既包括情感、理智、意志、生理、价值、文化，也包括生活方式、价值观、语言、思维方式、角色定位、世界观、艺术、组织等。休闲取决于每个个体的经济条件、社会角色、宗教取向、文化知识背景以及类似的因素。在人类历史的发展过程中，不断衍生的社会文化以及各种文明的价值观一直在推动着休闲的发展。比如，人的旅游行为不仅能满足人的欣赏、好奇、远足和愉悦身心的需求，而且还可以促进人与自然、人与人的和谐以及不同文化的交流。休闲可以愉悦人的身心。建立于休闲基础之上的行为情趣，或是休憩、娱乐，或是学习、交往，它们都有一个共同的特点，就是获得一种愉悦的心理体验，产生一种美好的感觉。人与自然的接触，可以塑造人的坚韧、豁达、开朗、坦荡、虚怀若谷的品格。同时，休闲还会促进人的理性的进步。许多睿智的哲学思想的产生，如天人合一、生态哲学、可持续发展等都与休闲紧密相关。休闲还为补偿当代人生活方式中的许多要求创造了条件，它通过欣赏艺术、从事科学研究、享受大自然等锻炼了人们的体魄，激发人们的创新灵感，更为重要的是，它丰富了人的情感世界，坚定了人追求真善美的信念，表达和体现了人的高尚与美好的气质。

西方最早提出休闲思想的是古希腊的亚里士多德，他在《尼各马可伦理学》和《政治学》等著作中，阐述了什么是快乐、幸福、休闲、美德和安宁的生活，并把休闲看作是一切事物环绕的中心。古希腊的哲学家认为，休闲是人的本性中最神圣的东西，它不仅仅是摆脱必然性和人们能够选择做什么的一段时间，而且是实现文化理想的一个基本要素：知识引导着符合道德的选择和行为，而这些东西又反过来引出真正的愉快和幸福。

古希腊的市民过的是一种有闲生活。但那时的休闲局限在希腊公民，并且是男性的范围之内的闲逸，而劳动者并没有休闲的概念，充其量只是适当的休息。近现代以来，工业的高度发展推动了休闲活动的发展。一方面，随着闲暇时间的增多，人们在拥有物质财富的同时，开始追求精神生活的满足；另一方面，人类过于追求物质社会的充分发展，使人开始异化，人的全面丰富性遭到空前的压抑，人们在享有充裕的物质资料的同时，精神又陷入极大的贫困。正是闲暇时间的增多和人们对生活的全面反思，才使休闲开始走入人类社会中。

休闲文化作为一种亚文化形态，在中国文化发展史中具有重要的历史地位。中华民族为人类思想文化宝库作过重要的贡献，特别是对休闲有着独特的理解方式和行为方式。它是中国传统文化重要的组成部分，也是中华文化传承的载体。中国人的休闲最崇尚自我心境与天地自然的交流与融合，推崇静观、独处等宁静的状态，以达到修身养性、提升人格之目的。从文化的渊源上说，中国人受老庄哲学和禅宗思维方式的影响,喜爱淡泊明志、宁静致远,推崇体静心闲。然而,休闲绝不是无所事事、无所用心。相反,一个人在休闲时更能表现出个性和志向,正如《论语》所说的"隐居以求其志"。忙与闲相辅相成,缺一不可。真正的休闲其实与劳动有关,它是人类社会不断进步和人们生活水平不断提高的直接结果。如今,人们不再把休闲与劳动对立起来,不再认为休闲就是游手好闲。休闲不排斥劳动,而必须以劳动为前提。随着社会、经济、科技的不断发展和人类文明的不断进步,以及中等收入阶层或群体的扩大,休闲日益在全社会展开。它是一个人生命中的一种状态,是一个人真正成为人的过程,它已成为社会进步和经济发展的基本标尺。它不仅仅是寻找快乐,更是一种精神和思想的态度,是人类生存状态的追求目标。休闲如同其他任何社会活动一样,是处在具体环境之中的,具有多层次性和多样性。中国著名学者林语堂认为,消闲生活并不是富有者和成功者独享的权利,而是一种宽怀心理的产物;享受悠闲的生活是不需要金钱的,有钱人也不一定能真正领略悠闲的乐趣。而杰弗瑞·戈比(2000)则认为,休闲是从文化环境和物质环境的外在压力中解脱出来的一种相对自由的生活。休闲作为一种新的社会文化现象,正快速地向我们走来。我们将耕耘于休闲文化沃土之上,追寻休闲文化之主旨,探究休闲文化之精髓,思索人生之要义,描绘人类之未来。

> **知识活页**
>
> **文化资源开发与成都文化休闲产业发展**
>
> 成都市名胜古迹扬名中外,李白赋予成都"九天开出一成都,万户千门入画图"的美誉。成都的文化资源有着得天独厚的优势,形式多种多样,并独具巴蜀文化鲜明特色。具体来看,成都休闲文化资源有以下类型。
>
> 1. 历史文化资源
>
> 成都拥有4000年的悠久历史,蕴含着丰富的历史文化资源。截至2008年年底,成都市共拥有119个文物保护单位,其中包括17个国家级文物保护单位,30个省级文物保护单位和72个市级文物保护单位,青城山和都江堰更是被列入世界文化与自然双重遗产。成都具有著名的大熊猫生态文化、以金沙为代表的远古文明、脍炙人口的三国文化、优雅的诗歌文化、独特的古城文化、以都江堰为标志的水文化、悠久的宗教文化、闻名退迩的川菜文化、独树一帜的休闲文化以及民间演艺等民俗文化;同时,成都也是一座著名的工艺城市,以锦缎、丝绸刺绣、金银丝绸产品、漆器、瓷轮胎和竹编织而闻名。
>
> 2. 饮食文化资源
>
> 成都川菜文化是独一无二的,餐饮品种繁多、餐桌文化独特、餐桌礼仪精致、用餐氛围热情,有"吃在中国,味在四川"之美誉。作为四川餐饮文化的集中体现,成都菜肴可分为三类:川菜、火锅和小吃。川菜是中国八大菜系中的第一位,品种多样,其"一菜一格,百菜百味,善用麻辣"的特色享誉中外,可谓"盘盘菜品皆故事,道道佳肴有典故"。成都有着数量巨大的高端和中低端餐厅,并拥有着全球唯一以菜品文化为中心的主题博物馆——川菜博物馆。四川美食博物馆占地约40英亩(1英亩≈4046.86

平方米），分为收藏大厅、互动示范大厅、灶王祠，以及食品加工设备展示区和品豪休闲大厅，馆内拥有超过6000种藏品。

3. 市井文化资源

市井文化是中国历史文化发展中的特殊形式，具有人文性、通俗性、广泛性、时尚性等特点，它是指起源于街道的一种市场文化。在城市化进程中，"市井文化"成为人们追寻以前的质朴和原始生活方式的一种全新文化。比如，沿街叫卖的小贩、路灯下一起围观棋局的市民、传统的吹糖人捏面人工艺，或是在夏日晚间坐在街头的竹椅上聊天喝茶的市民等，都属于市井文化，这些场景都有其独特的价值和韵味。成都具有丰富的市井文化资源，如古色古香的锦里古街、抑扬顿挫的宽窄巷子、现代和传统结合的太古里，它们都是对成都传统市井文化的再现。

4. 茶馆文化资源

明代的儒家代表人物顾炎武曾在《日知录》写道："自秦人取蜀而后，始知茗饮事。"由此可知，在秦国来蜀地之前，蜀地人就有了喝茶的习惯。成都人都有喝茶的习惯，尤其是对盖碗茶有着特殊的情感。成都的盖碗茶，是别有一番讲究的，茶水师拿来"三才碗"围成一圈，然后再用长嘴铜茶壶挨个给"三才碗"沏茶，这就像蜻蜓点水一样，但是这样的蜻蜓点水却没有一滴水溅到桌上，体现了成都独特的茶文化魅力。

到现在为止，成都市里有着大大小小各种茶馆3000余家，其中有现代豪华型的，也有老式传统型的。蜿蜒小河边，幽静的竹林，一把椅子、一碗清茶、一阵清风、一缕清香，置身事中，足以感受到成都人的闲情逸致，在成都喝茶包含着一股市井气、江湖气以及平和与笃定。

5. 戏曲文化资源

川剧和民间演艺，是成都文化中不可缺少的部分。川剧也是中国戏曲宝库中独特的一颗明珠，拥有着非常悠久的历史。今天的川剧仍然保留了许多精彩的传统曲目，并继承了许多丰富的古典音乐和熟练的表演艺术。在唐代，川剧有"蜀戏冠天下"的美誉。川剧有很多剧目，一直有"唐诗三千首，宋词八百首，数不清的戏曲数"的说法，这些有名的戏曲当中为人熟知的就有《彩楼记》《白蛇传》《玉簪记》《柳荫记》等。川剧中的表演技能也多式多样，如托举、变脸、喷火、藏刀、开慧眼等，有些传统技艺到现在来看也是令人啧啧称奇。现今流传下来的很多川剧，其剧情大都是风趣幽默，表演人员能够随着节奏变换表情，伴奏风格也很独特。

自古以来，成都就有着非常浓郁的休闲氛围，休闲生活是成都人的基本诉求。可以说，成都作为传统意义上的休闲之都是一种自然生成的状态，成都"休闲之都"的称号在民间有着较高的认可度。近年来，随着人们生活水平的提高，休闲成为一种生活时尚。在这种大背景下，成都依托浑厚的历史文化底蕴和丰富的文化旅游资源，大力发展休闲文化产业，打造"休闲文化"品牌，并取得了显著成效，形成了锦里古街、武侯祠、宽窄巷子等著名的休闲旅游区。这些景区将旅游、休闲完美结合,全面拉动了成都休闲经济的繁荣发展。

资料来源 张佑林.文化资源开发与成都文化休闲产业发展模式研究[J].社会科学家,2020(1):90-98.

三、休闲与旅游的关系

(一)休闲与旅游的区别与联系

在全部的休闲产业群中,旅游业应是其中最大的休闲消费产业。休闲与旅游是相互交织的,两者的出发点具有高度的一致性,在具体构成上也有很多重合。

休闲是最普遍的、也是最容易进入的艺术化生活方式。从社会历史发展的角度来看,人们的休闲活动起源于日常生活。劳动与休闲自古就是人们生活的组成部分,休闲也因此成为人们社会生活的一个重要支点。休闲从休息演绎而来,休息的产生是持续劳动的需要。人们经过一段时间的劳动后,心理与体力都会出现疲惫状态,需要暂停劳动以恢复体力。在生产力极其低下的社会,休息活动具有一定的被动性,是劳动工作的需要。现代意义的休闲是指在工作、学习之余享受的轻松、悠闲的生活。现代人对于闲暇、休闲的理解更趋向于有自由和安逸的空间,人们可以在其中休息和消遣,自由地发挥创造力。从这一点来看,休闲是人们自我发展和自我完善的载体。而旅游只能是作为一种休闲方式,而不能像休闲一样成为一种生活方式。旅游只是脱离实际生活的短暂的生活状态,最终还是要回到现实生活中来。现代社会中由于休闲与工作的融合,工作已不再是休闲的对立面,这使得休闲真正成为人们的一种生活方式和生存状态。

旅游是非定居者的旅行和暂时居留而引起的现象和关系的总和。人类自诞生后发生的迁徙、游牧、商旅、征讨、移民等运动都不是旅游,但它们和旅游有一点是相通的,那就是人类生存空间的转换。人们外出旅游不是为了物质财富,很少存在追逐物质利益的功利目的。从旅游者踏上行程开始,生活就显示出与居家生活的截然不同。从某种程度上看,旅游活动是一种仪式过程,一种与日常生活隔离、回归的过程,身心得到了愉悦,体验到完全的放松感和自由感,这是平日世俗的生活所不能给予的心理体验。旅游活动只有贯穿积极向上的审美观念,才能成为真正健康的、充满意义与生机的活动。生命对美感的追求是天然合理的,审美活动存在一种推进人类不断发展的意义,旅游审美是将转换生活空间合理地推进为转换生活空间的行为,以及回归一种自然、和谐的状态。

综上所述,休闲与旅游两者是相辅相成,辩证统一的。休闲是旅游的前提,旅游是休闲的目的之一,也可以说旅游是休闲的一种重要形式。相应地,休闲产业与旅游产业之间是继承与发展的关系。传统的旅游业要发展,要顺应时代的潮流,就必须拓展它的外延和丰富它的内涵,在此过程中,休闲产业自然而然地发挥着拓展旅游业的作用。许峰(2001)认为,旅游和休闲在内在本质上是相互联系的,休闲是指人类在自由支配时间内主体自由选择的活动方式,用于满足基本生活需求之外的发展需求,在空间上并不仅仅局限于居住地范围以内;旅游是人们在异地进行短暂访问旅行等活动形式的总称,异地性、短暂性是其基本特征,离开定居地、非工作性质的旅行属于休闲的范围;异地行为是休闲与旅游的内在联结。旅游除去商务、会议等工作性质的旅行活动之外的行为与休闲相符合。休闲与旅游类型的结构划分见图3-2。

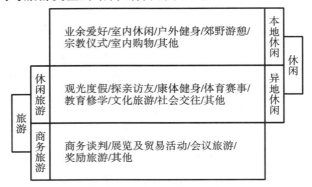

图3-2 休闲与旅游类型的结构划分

(资料来源:许峰.休闲产业发展初步探析[J].中国软科学,2001(6):112-115.)

(二)休闲旅游的概念

休闲旅游就是在开发旅游资源的基础上,以休闲为主要目的,以旅游设施为条件,以特定的文化景观和服务项目为内容,给前来游玩的游客提供游览、娱乐、观光和休息的旅游产品的一种旅游形式。由于经济的发展,劳动时间的缩短,休闲时间也逐渐增多,因而休闲活动在不断地增加,休闲内容也在不断地丰富。由于休闲和旅游都发生于闲暇时间之内,在其中人们都能获得心理轻松、愉快、自由自在的感觉,并且都可以增长知识,有利于身心健康,实现自我完善。两者必然出现一定的交叉,一些突出快乐、悠闲的旅游活动便可成为休闲旅游,即是以休闲为目的的旅游。休闲旅游更注重旅游者的精神享受,更强调人在某一时段内所处的文化创造、文化欣赏、文化建构的状态。它通过人的共有的行为、思想、感情创造文化氛围、传递文化信息、构筑文化意境,从而达到个体身心和意志的全面和完整发展。人们通过放松身心、参与竞技活动、欣赏艺术、满足好奇心和接触大自然等方式,为丰富生活提供更多的可能性。建立在旅游基础之上的行为情趣,无论是休息、娱乐、学习、交往或欣赏自然景观,都获得一种愉悦的心理体验和精神满足,产生美好感,以实现人们学习知识、增进友情、促进沟通、保健娱乐、追求猎奇、丰富个性等多方面的需求。休闲旅游还特别强调人与大自然的和谐一致,增强爱护、保护自然的意识。因此,休闲旅游不同于一般意义的旅游,它对传统的旅游概念从内涵到外延都进行了新的延伸。休闲型旅游与传统的观光旅游等类型的旅游活动存在明显区别。

一是休闲型旅游的目的主要是放松,而这一目的性远远强于传统旅游形式中的娱乐性、消遣性。特别是在当代快节奏的生活状态下,人们都在有意识地追求放松身心。悠闲、自在的旅游价值取向使休闲型旅游成为一个独立的旅游亚类型。

二是休闲旅游地的特殊性。休闲旅游目的地一般不是传统的名胜观光区,其特点是环境优美、适于人居,多数具有疗养康体条件,如海滨、湖边、山林、温泉等特定的自然条件优越的地方。城市中的一些特色区域,如大学区、酒吧等也是重要的休闲区域。目前,比较具有代表性的还有"主题式"休闲旅游园,如亲子主题、文化综合主题、养生主题、仿古主题、研学主题、宗教主题、体育主题,等等。也有很多自建景区,是根据受众游客的需求,有针对性地进行各个模块的打造而建成的。

三是旅游形式不同。休闲型旅游一般日程安排松散,在一个旅游地停留的时间较长,其主要目的是娱乐和消遣,游览退居其次;而观光旅游通常是长途旅行,常出现一天之内游览几个景点的情况,注重满足视觉审美而忽视内心体验和感受(这种旅游活动常使旅游者感到异常疲惫)。这是其他传统型的旅游形式与休闲旅游最本质的区别。

知识活页

卡塔尔明珠

卡塔尔明珠(The Pearl Qatar)(见图 3-3)是位于多哈西湾海岸的一座人工岛,总面积达到 400 万平方米,工程总投资 90 亿美元,由大大小小众多岛屿组成 13 个区域,从空中俯瞰全景宛如一颗贝壳中的明珠,故而得名。以其时尚小资的建筑风格和丰富的户外活动而闻名,享有"阿拉伯的里维埃拉"之称。拥有地中海风情的游艇码头,享誉全球的酒店,高档别墅群以及顶级品牌的专卖店和展室。岛上随处可见成片的高级住宅、酒店和奢侈品购物中心,呈现出极尽华丽的风格,很多本地人在岛上安家或度假。这里也是卡塔尔唯一一处允许外国人购买房产的土地,吸引了很多外国人投资。卡塔尔明珠分为 Porto Arabia,Viva Bakhria,Medina Centrale,Abraj Quartier 以及 Qanat Quartier 五个区域。Abraham Quartier 属于小岛入口,以写字楼和公寓建筑为主。大部分有名的咖啡馆、商店、理发店,以及健身房集中于 Porto Arabia。Porto Arabia 共有 31 栋楼,整个地区是圆形的,可以在这里的港口欣赏到各类华丽的私人游艇。Qatar Quartier 被称为"小威尼斯",这里有私人海滩和特色小咖啡馆。各类餐饮场所林立海滨大道两侧,既有清爽消暑的冰淇淋,亦不乏上等食肆,游客可以放松地坐在户外的座椅上观赏美景。

图 3-3 卡塔尔明珠

资料来源 旅游休闲网 http://www.travelleisure.org.cn/index/

第二节　闲暇时间、休闲时间与旅游时间

时间与空间是认识事物的两个维度,旅游活动的基本内涵是人实现了时间和空间的转换。一般意义上而言,在时间上,旅游活动是在工作和劳动时间之外发生的时间节奏变化;在空间上,旅游活动需要人们离开惯常居住地而实现生活空间的转变。美国学者史密斯(Smith)在《东道主与游客——旅游人类学》的前言中提出,要对"旅游"一词下定义是困难的,因为商业旅游者与会议旅游者可以把会议与旅游活动结合在一起。但一般来说,一名游客指的是一个暂时休闲的人,他(她)自愿离开家,到某一处地方去参观、访问,目的是经历一种变化。不同的人有不同的旅游动机,但有三个基本要素,它们形成了一个等式,即:旅游=休闲时间+可供自由支配的收入+积极的地方认可(对旅游目的地的认可)。因此,休闲时间实际是旅游活动的必然条件之一。人们在实现生活空间转换的同时,使人们体会到时间的转换,具体表现为工作时间与休闲时间的转换以及对异文化时间的体验,而现代交通工具的使用对旅游实现时空转换有着十分重要的影响。

一、时间的社会性

古罗马哲学家奥古斯丁(Augustine)在《忏悔录》中说道:"时间究竟是什么？谁能轻易概况地说明它？谁对此有明确的概念,能用言语表达出来？可是在谈话之中,有什么比时间更常见,更熟悉呢？我们谈到时间,当然了解,听到别人谈到时间,我们也能领会。那么时间究竟是什么？没人问我,我倒清楚,有人问我,我想说明,便茫然不解了。"吴国盛(2006)提出对于时间的研究和思考有两种完全不同的方式:一种是科学的研究,另一种是哲学的思考。实际上,时间本质的问题具有特殊的多面性,"时间"在不同的领域有它独特的含义,物理学、数学、哲学、心理学等范畴内的时间不是完全等同的,这一问题也具有跨学科的性质。

英国当代社会学家吉登斯(Giddens)在《社会的构成》等著作中强烈批评西方社会理论中对时空问题的忽视。他认为,大多数社会分析学者仅仅将时间和空间看作行动的环境,并不假思索地把时间看作一种可以测量的钟表的时间观念。他认为,社会系统的时空延伸方面的构成方式才能建构合理的社会思想,才能把握社会学从一开始就致力研究的"秩序问题"。

实际上,早在18世纪末19世纪初,法国涂尔干学派就提出了"社会时间"的概念,以休伯特(Hubert)、莫斯(Mauss)、涂尔干(Durkheim)为代表的社会学家和人类学家在时间的哲学框架中厘分出了社会学问题,揭示了涂尔干所倡导的解释性社会学所固有的循环特征,即时间的集体表征并非由于被动的集成,而是作为有知觉的人类所理解的一种现象而创造时间的可能性。涂尔干认为,时间的概念或范畴,不仅仅是对人们过去生活部分或全部的纪念,还是抽象的和非个人的框架,它不仅包含着我们的个体实存,也包含着整个人类的实存。

知识链接

涂尔干学派,又称"社会学年鉴"(L'Année Sociologique)学派,是由涂尔干创立,围绕《社会学年鉴》组成的学术共同体。第一次世界大战前,在涂尔干(Emile Durkheim)的计划和指导下,围绕《社会学年鉴》形成了以莫斯(Marcel Mauss)、亨利·休伯特(Henri Hubert)、布格勒(Célestin Bouglé)、保罗·福孔奈(Paul Fauconnet)、莫里斯·哈布瓦赫(Maurice Halbwachs)、弗朗索瓦·西米昂(Franois Simiand)、赫兹(Robert Hertz)和乔治·戴维(George Davy)为代表的当时最具影响力的社会学学术团体。第一次世界大战后,涂尔干的外甥莫斯,秉承涂尔干的未竟事业,继续领导该学派,于1925年重启《社会学年鉴》的编辑工作,《社会学年鉴》的复刊标志着涂尔干学派进入了第二代发展时期。在原有成员的基础上,《社会学年鉴》又吸纳了一批优秀的学者,其中包括葛兰言(Marcel Granet)和乔治·古尔维奇(Georges Gurvitch)雷蒙·阿隆(Raymond Aron)等人。

法国社会学家布迪厄(Bourdieu)在《实践理论大纲》中认为,当时的西方人类学已经陷入了客观论与主观论二元对立的困境,而他从马克思那里引入的"实践"这个概念则能提供一种超越上述困境的可能。更为重要的是,布迪厄强调,实践与时间性是同构的。由此,时间或人类实践的时间性不仅作为构造实践论的一个手段,也作为实践论所要阐释的对象,再次成为布迪厄的重要论题之一。布迪厄认为,实践作为一连串不可逆的行动嵌于时间的流动中,后者持续塑造着实践的意义,因此,对人类行为的理论呈现必须将时间及其节奏、取向和不可逆性纳入考虑。他认为,以涂尔干学派为代表的客观论是一种"去时间性"(事后分析,它没有呈现出行动的时间性,从而抹杀了实践的不可逆性、策略性与多重可能性)。

英国结构学派文化人类学家利奇(Leach)在《时间和误觉》一文里说,一般神圣和世俗的有规律的发生并标志社会生活的主要阶段或事件,它甚至是对时间本身流逝的一种测量,每年是以度节假日(如圣诞节)来标志的,如果没有这样的事发生,很可能就会出错,人们似乎被时间欺骗了。"时间是一种重复对比事件的打断"这一概念大概是看待时间的最基本的方法。一年的度过是由一系列的节假日标志出来的,因为每一个节日代表了一种从正常的世俗转变到非正常的神圣的状态,然后又恢复过来。这整个的时间流动形成了一种模式,见图3-4。

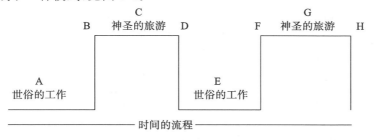

图3-4 时间流动的模式

(资料来源:E Leach. Rethinking anthropology[M]. London:Athlone Press,1961.)

每一个有意义的事件都标志着某一段时间,因此也标志着生活本身。每一段世俗或神圣的阶段,就是一段微观的生活,有着良好的开始、过程和结局,这些"生活"的开始和结尾都以仪式作为标志,这些仪式都贯穿在人的生命历程里。图3-4中的A阶段和C阶段是生命中的两个部分,但有不同的精神内涵。A代表着世俗的阶段,被认为是一种日常生活,是一种普通和不可避免的生活。C阶段代表着另一种生活,这种生活非同寻常。度假和旅游被描述为"我这才是真正地在生活,活得很愉快……我从未感到如此地快活"。两种生活(神圣的、非一般的、旅游的生活和世俗的、日常的待在家里的生活)对于普通人来说一般是交替性的,往往以仪式作为标记,标志着生命的开始和结束。B阶段作为A与C的临界点,会有一种明显的时间区别,如预示着工作即将结束的星期五。经历E阶段时,已经不同于A阶段。G阶段也不同于C阶段,但这个阶段会不断延续,人在其中会不断改变。

二、中国传统对时间的理解

清华大学科学史专家吴国盛(2006)认为,由于中国人对待生命和宇宙有着与西方人完全不同的看法,没有很纯粹的测度时间概念,中国人的时间观活跃在本源性的标度时间经验中,对"时""机""运""命""气数"的领悟,构成了中国传统时间观的主体。关于时间的测度,实际上在《管子·宙合》篇中已经可以看到:"天地,万物之橐也;宙合有橐天地。天地苴万物,故曰万物之橐。宙合之意,上通于天之上,下泉于地之下,外出于四海之外,合络天地以为一裹。散之至于无间,不可名而山,是大之无外,小之无内,故曰有橐天地,其义不传。"文中意为天地装着万物,而时空又装着天地。《墨经》:"久,弥异时也。""久,合古今旦莫(暮)。""异时"指过去、现在、早晨、黄昏等不同的时候,而"久"则是遍历它们的总和,是由过去、现在和将来组成的自在的时间实体。

许慎《说文解字》解释"时"字:"时,四时也。从日,寺声。告,古文时,从之、日。"而"间"字较"时"晚后出现,首先作为会意字。古写作"闲","间"是后起字。金文,"闲"字从门,从月。段玉裁《说文解字注》"开门月入,门有缝而月光可入"。"闲"的本义是"缝",而后发展为间隔、离间等。"时间"的概念在中国古代多是人类认识、归纳、描述自然的结果。随着认识的不断深入,时间的概念涵盖了一切有形与无形的运动,《孟子·篇叙》注:"谓时曰支干五行相孤虚之属也。"可见"时"是用来描述一切运动过程的统一属性的,这就是"时"的内涵。由于中国古代人们研究的问题基本都是宏观的、粗犷的、慢节奏的,所以只重视了"时"的问题。后来因为研究快速的、瞬时性的对象需要,补充进了"间"的概念。于是,时间便涵盖了运动过程的连续状态和瞬时状态,其内涵得到了最后的丰富和完善,"时间"一词也就最后定型了。

"时"的第一方面的含义,是指天象、气象和物候等自然环境构成的情境、形势。《吕氏春秋·十二纪》中有"春言生,夏言长,秋言收,冬言藏",表明所测定、所标记的时日,渗透着特定含义。中国古代正式用干支纪年是东汉元和二年(公元85年)颁布四分历,十个天干和十二个地支相组合得到六十对干支,它的不断循环构成了一个标度体系。十个天干显示的是生命生、长、盛、衰,死而又生的变化过程,十二地支被对应于一年十二个月的物候变化,也是描述生命的一般生长收藏序列。天人相通,顺天应时成为生活原则，达到天人合一的境界，乃人生的至高理想。《易传·文言传》："夫大人者，与天地合其德，与日月合其明，与四时合其序，与鬼神合其吉凶，先天而天弗违，后天而奉天时。"适时者受益，背时者受损。时令、时节、农时等概念，反映了中国人对顺天应时的自觉性。

时令则是按月、按季节安排政治活动，在《礼记·月令》中详细记载了天子顺天应时，举行相应仪式和活动。《礼记·月令》对于"时"的重视，不仅限于规定该做什么，而且规定不该做什么。

"时"的第二方面的含义是指机会、条件，即"时机""时运"。在此基础上，形成了"天时"的意涵，象征的"时"的概念的支配性，如王勃《滕王阁序》中有"时运不济，命途多舛"，《史记·项羽本纪》中有"时不利兮骓不逝"的语句。因此，中国古代中"时"可以是事情发生发展的原因和重要条件。

三、闲暇、休闲、旅游时间的关系

著名的经济学家和社会活动家成思危先生指出，在农耕时代，人类只有10%的时间用于休闲；当工匠和手工业者们出现时，则省下了17%的时间用于休闲；到了蒸汽机时代，由于生产力水平的提高，人类将休闲时间增加到23%；而到了20世纪90年代，电子化的动力机器提高了每一件工作的速度，因而使得人们能将生活中41%的时间用于追求娱乐休闲；如今，人类有50%的时间用于休闲。中国自从1995年5月起实行周五日工作制，从1999年起又开始实施春节、"五一""十一"三个长假，这不仅从制度上保证了人的自由时间，而且对人的实际生活、价值观念也产生了极其深刻的影响。休闲已成为中国居民一种新的追求，一种崭新的生活方式。如果说，在农耕时代，休闲只是贵族们的特权，审美对于农民来讲还只是一种精神上的奢侈；在蒸汽机时代，休闲只是上层"有闲阶级"的专利，审美对于工人来讲还远远无法融入日常的生活。那么，到了电子化、信息化时代，休闲对于平民已不再是一种遥不可及的奢侈，审美通过休闲进入生活已是生活的普遍现象与必要需求；而到了21世纪，"全民有闲"使休闲在公民的个人生活中占据着越来越突出的地位。

休闲活动涵盖了游憩活动和旅游活动两个部分。其中，游憩活动包括基于家庭的游憩活动和日常外出游憩活动。家庭内看电视、聚会，外出看电影、体育锻炼、参加社交活动等都属于游憩活动。游憩活动中，人们一般并不出行或移动距离较近，涉及的地理范围主要是家庭或者当地。旅游活动包括当日游和离开常居地、工作地的旅游活动。当日游出行范围通常为本地区或是周边城市，如郊游、野炊等，游客不作投宿，当日返回。离开常居地、工作地的旅游活动总体来讲出行距离更远，涉及的地理范围分为国内或者国际，以观光、度假等为目的的旅游都属于这一类型。不难发现，旅游活动发生在人们可自由支配的闲暇时间之内，其发生动机总体上以愉悦为目的的特征非常明显。因此，旅游活动也被称为愉悦旅游。愉悦旅游和商务旅游共同构成了广义旅游活动。

(一)闲暇、休闲与旅游时间

从人的时间构成来看，在现代社会中，人的时间由以下四个部分组成：一是工作时间，二是用于满足生理需要的生活时间，三是必需的社会活动时间，四是闲暇时间。根据上述时间构成,可以把人类的全部时间划分为两大类:工作时间和非工作时间。把人在不同时间内的活动加以区分,可以分为必须限制性活动和自由活动两大类。实际上,闲暇时间是指除了工作和生活生存必需的活动之外的时间。闲暇时间的存在是休闲的前提,在闲暇时间中用于休闲活动的时间即是休闲时间。旅游活动属于重要的一种休闲活动,因此,旅游时间也包括于休闲时间之中。郭鲁芳(2009)提出,休闲消费是物品和时间结合产生效用的过程,休闲状况取决于个人配置多少时间和物质产品以一种有效的方式用于休闲的生产。对休闲品的需求,并不完全在于物品本身,还在于物品与时间结合过程中提供的特殊服务。物品和时间是休闲消费过程中两种对称的要素,缺一不可。闲暇时间、休闲时间、旅游时间的包含关系见图3-5。

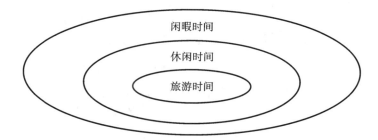

图 3-5　闲暇时间、休闲时间、旅游时间的包含关系

在休闲与旅游的影响因素中,闲暇时间占有十分重要的地位。收入越高,闲暇时间越长,人们的旅游意愿越强。旅游是典型的休闲活动,旅游决策受到个体闲暇时间的制约。实际上,休闲时间和旅游时间都属于闲暇时间。在闲暇时间中,大部分时间是休闲时间,休闲可以利用小块、零散的时间;休闲既可以是一种态度或自由的感觉,也可以是一种社会活动,同时也可以将其理解为一个特定的时间片段。它打破了日常生活的机械的时间模式,突破了仅把时间作为一种矢量的观点,时间成为意想的空间概念,生活节奏因而发生了变化。休闲时间分配受到社会经济文化、收入多种因素的影响。闲暇时间并非可以全部用于旅游。相比之下,旅游摆脱久居的环境,是切断日常居家生活过程中形成的一条牢固的事物链条的新感受。这两种人类活动的表征因闲暇时间的多寡及频率高低而产生本质上的差异。

旅游者在旅游目的地的消费行为本身就是处于休闲目的(商务旅游除外),旅游者与当地居民共同开展游憩活动,享用服务设施也就成为旅游城市经济发展不可忽视的特征,这种共同性的表现之一就是旅游者消费示范行为效应。因此,旅游城市在协调地区经济发展时必须统筹考虑旅游者与当地居民的休闲需求。在这种前提下,休闲成为人类在自由支配时间内主体自由选择的普遍活动方式,用于满足基本生活需求之外的发展需求,在空间上并不仅仅局限于居住地范围以内。

(二)旅游时间的意义

1. 旅游时间的含义

一是旅游实现从工作时间到休闲时间的转换。随着现代社会工作和生活节奏的加快,人们仿佛生活在"工作时间/休闲时间"两种时间制度中。"工作时间"是人们维持生存和谋求利益的时间段,而"休闲时间"则是人们追求放松、追求美的时间段。现代旅游是人们实现从工作时间到休闲时间转换的重要方式,也就是使人从精神紧张的状态向精神放松的状态转换的重要方式,旅游时间实际上是日常生活链断开的状态下体会自由的时间状态。

现代社会的自由时间总量持续增长,就中国而言,法定假日增加、每周的工作日由六天减为五天、每天八小时工作制等。但是,由于竞争的激烈、生活节奏的加快,人们在自由时间增长的同时感到生活更加匆忙。其原因在于日常的居家生活至少要面临三个问题:其一,日常生活所从事的生产,其目的是获得物质财富;其二,日常生活中人们的社会关系是以物质关系为最终的根本关系;其三,以财富的增加为目的的物质关系,将生产、生活中的一切事务,从不同层次展开到不同领域表现的事务可串联起来,构成了一条环环相扣的链条。旅游是现代人从日常生活中转换节奏,实现日常生活链的断开的重要方式。旅游文化的功能之一是使人真正实现从工作时间到休闲时间的转换,从而获得身心的放松。

从休闲时间的利用方式来看,旅游是使人从时间的消磨转换到积极地追求某个目标的方式之一。纳什对人们休闲时间的利用状况分类,他认为最低层次的休闲方式是反社会的行动,其次是放纵行为为主的伤害自我的行为;中间层次的行为包括以解闷为目的的娱乐、寻求刺激、摆脱单调、消磨时间等行为;较高层次的休闲方式包括作为欣赏者投入感情地参与某项活动,作为追随者积极参与某项活动;最高层次是以发明家、画家、作曲家等为主的创造性地参与某项活动。旅游属于中间及较高层次的休闲时间利用方式,因为旅游这个行为本身,就是从消极地度过休闲时间向积极地利用休闲时间的转换。

二是旅游是对异文化的时间体验。旅游文化是一种对"异文化"的时间体验和实践的文化,旅游活动实际上就是体验目的地社会的"他者时间"。旅游对异文化的时间体验也是从纵横两维进行的,旅游者纵向体验异文化时,势必会关注当地文化的历史事件,也就是过去的故事,这些故事不仅是与现在相关系的连接纽带,而且还与未来相维系。因此,"他者的时间"会转化成为旅游者自身的"现代理解"和"未来影响"。比如,当其他国家游客游览世界文化遗产秦始皇兵马俑时,会根据眼前的景象去想象发生在两千多年以前的场景,并且会对其用当前的知识和态度去理解这段"过去的故事"。而当他们被这种场景震撼的同时,会对中国古代文化进行重新思考。旅游者横向体验异文化是指到异地体会时间感的差异。这种差异主要体现在两个方面。一方面是时间的节奏感不同,不同地域不同生计方式下生活的节奏具有较大差异,比较普遍是乡村与城市生活节奏的差异。因此,城市游客来到风景宜人的偏远之地,也会在相对宁静的氛围中体验更加悠闲的生活,会感到时间的节奏明显放慢了。另一方面是不同空间体现出不同的时代特征,如保留完整的历史风貌街区,人们置身其中会感到仿佛过去的时代,而当人们参观科技博物馆时,各种先进的设备和超前的思想又会使人感受到未来的魅力。这种时代感同样会表现在城市与农村之间、城市与城市之间或国家与国家之间不同的时间维度。

2. 现代生活对旅游实现时间转换的影响

一是交通工具对旅游时间转换的作用。现代社会的交通工具大大方便了游客的出行，不同历史时期的旅游活动的重要差异在于"时间"的概念和"时间"安排上的变化，这主要来自交通工具的改变。现代快捷的交通工具从某种意义上说是在"创造"或"赚取"时间，增加了空间的快速跨越和转换。但是，在某些情况下，交通工具的快捷所表现出的时间紧张感，却又使人失去了"优哉游哉"的优游之乐。因为在这种紧张感受、快速感受中，人们的旅游时间、方式和工具却无法与自然节律保持一致的状态。

二是现代旅游行为对旅游时间转换的影响。旅游本是人们从工作时间逃离出去，积极地利用闲暇时间的重要方式，但是现代工业社会人们的生活方式、思维方式也影响了人们的旅游行为，这些行为往往又妨碍了时间转换的真正实现。如现代社会发达的通信工具，一方面方便了人与人的交流，增加了信息的传播渠道；另一方面却又使人难以摆脱外界的打扰，这就使旅游者很难在旅游时真正实现"工作时间/休闲时间"的转换。生活时间组成及闲暇的结构见图3-6。

图 3-6 生活时间组成及闲暇的结构

（资料来源：李广仲.休闲学[M].北京：中国旅游出版社，2011：66.）

文化景观带再生产：浙江古道休闲文化旅游研究

古道旅游是一种正在兴起的休闲方式，它与当代城市生活者的工作和生活方式的变化密切相关，如公共假日制度、经济收入的增加和修身养性的价值取向等。浙江古道的行者多数来自浙江省内古道所在地的市县以及与浙江接壤的福建、江西、安徽、江苏、上海等省市在城市工作和生活的民众。据随机访谈可以发现，这些游客选择走古道的动机是：亲近自然、锻炼身体、放松心情、追求新的休闲方式、增进亲情和社会关系，以及从众、满足好奇心等。

徽杭古道的商业化：成功还是失败？

徽杭古道西起安徽省绩溪县伏岭镇，东至浙江省临安区马啸乡，位于清凉峰国家级自然生态保护区北侧，北靠黄山，南依天目山，全长15千米。鱼川村是古道的入口，入口处有徽杭古道的售票点，进入之后可以看到徽杭古道的宣传牌，景区内的游步道用水泥砌成,路的对面可以看到被称为"泗州神"的天然石像,因山崖的断层处形似人脸而命名。检票口上面的木牌题刻"径通江浙",此处可以看到中国当代诗人汪国真的题字。检票口旁墙上绘有曾走过徽杭古道的名人,其中就有号称"绩溪三胡"的胡宗宪、胡适、胡雪岩。古道起初的路段是较为平整的石块路,路上有磨盘石和将军石,所谓"将军石"是因为山谷对面断层形似立人而取名,古道右侧是小型的逍遥水库,再往前行,出现岔路,岔路右边为逍遥栈道,在河道右侧,岔路左边为石板路,一直向上,河道被称"逍遥谷"。拾级而上,到达"江南第一关",这是清凉峰第一个休息点。离开"江南第一关"所在平台时,可以看到"二程庙"。往前可以看到"佛掌峰"(对面山峰的形状类似一掌五指)。路上矗立一段碑文,为宋宝祐年间题刻,石碑上刻有"祝三路会"碑文,镌刻于民国七年(1918年)。"祝三路会"在晚清后期渐成雏形,它是当地祝三村村民自发组织的互助慈善的护路组织。行至"施茶亭",可以看到一个小型的祠堂建筑,内有灵牌,上书"佛祖灵山"。走过施茶亭,古道开始崎岖不平,大多是简单平整的泥土路,路的台阶是用木头和泥土筑成(一根长木做主干,两根短木在两旁支撑)。泥路的尽头是"下雪堂",这里的墙上挂有或写有很多组织、"驴友团"、旅行团等留下的标识、横幅或文字。"下雪堂"往下,道路变为单调的上山台阶,走完台阶及一段较为缓和的碎石路,来到顶峰"蓝天凹"。蓝天凹风景较为开阔,之后为下坡路,路上看到茶园,古道最后的一个休息点被命名为"入胜长廊"。最后到达古道终点——永来村。此处设有售票处及地图标识,表明是古道的另一个入口。

在浙江省的古道中,徽杭古道的旅游开发是最为成熟的。某旅游公司的现场经理王先生却不以为然。他说:"我们公司投入很大,但产出没有达到预期的效果。我们从旅游规划、市场营销到古道维护、景点设计等,花费巨大,但现在除了门票收入,其他的像餐饮、纪念品、住宿等产业,几乎没有收入,还被当地的老百姓抢了'市场',他们就在自家的门口开小店,办农家乐,我们什么也没有得到。"为什么"公司投入,村民得利"呢?王经理认为:主要原因是古道景观分散,无法聚集游客;游客只顾匆匆赶路,对文化景观不感兴趣;古道游客都是"有备而来",不需要景区提供的"吃、住、行、游、购、娱"等旅游服务,以及地方政府对跨界古道管理的权属问题,导致旅游公司不得不付出较大的管理成本等。

当今的古道既是古人留下的足迹,也是今人沿着"古人的路"再走出来的,而古道休闲衍生出来的古道文化则是基于古道的自然景观和文化景观的再生产的结果。已如前述,古道文化的再生产经由三种方式而形成。第一,自然景观的文化解释。古道沿途的古树、奇石、溪流、花草、山川等自然景观无不被赋予了"文化的意义",如徽杭古道上山崖断层处,因形似人脸而命名的"泗州神"的天然石像、因形似立人而取名的"将军石",形似一掌五指的"佛掌峰",乃至于涓涓小溪而为"逍遥谷"等,还有随处可见的"古杉树王""美女峰""龟寿石"等,这些是当下中国旅游文化中普遍存在的自然景观的"文化解释"现象。第二,历史文化要素的"资源化"。徽杭古道上的"江南第一关""二程庙""施茶亭""祝三路会碑",以及苍岭古道上的"龙王庙";月山古道上月山村形似"月型"和隐含传统风水观念的格局,古村里的廊桥、宗祠和宗教建筑,苍岭古道上的"龙王庙",徽杭古道上的"绩溪三胡"等,这些历史文化遗迹和文化名人,原本与古道没有直接的关联,但为了古道旅游文化的打造,把它们资源化。第三,再生产/

构拟新的文化景观。譬如古道上的施茶亭、凉亭等已经再造为现代风格的景观建筑；构拟没有任何历史文献记载的杭徽古道上"三胡走古道"的文化想象；把徽杭古道上原本属于祠堂建筑的文化特征视为"佛祖灵山"等。

  西方自然旅游崇尚野径的"原始性""自然性"和"环境主义"的价值观，为什么浙江古道的休闲旅游却热衷于对自然景观和人文环境的再生产呢？显然，古道休闲旅游的开发者试图以此唤起古道行者的历史记忆和文化认同，从而达到开发以游客和市场导向为基础的商业市场。其实，实地调查过程中也可以发现，古道行者对古道历史文化的认同度较高，但相关的人文知识知之甚少；对古道上人文景观的满意度较低，对自然景观的"文化解释"认同度更低。可见，当下古道自然景观和人文景观再生产的方法、内容和呈现方式等均无法满足他们的文化需求，更重要的是，文化景观的再生产与地方社区的民众及其文化价值观密切相关。亚太地区的民众传统以来就认为自然和文化是不可分割的，"自然"不但被视为人的"文化信仰及其文化实践"的一部分，就连人本身也是"自然"的一部分。因此，文化景观中融合了人、社会结构以及自然环境有关的生态景观，是一种融合"自然与文化，物质和非物质，生物和文化多样性"为一体的实体，亦即中国文化语境里的"天人合一"宇宙观。

资料来源 刘朝晖.文化景观带再生产：浙江古道休闲文化旅游研究[J].广西民族大学学报：哲学社会科学版，2018，40(3)：50-56.

【案例提示】
1. 古道休闲文化旅游兴起的原因是什么？
2. 浙江古道作为文化旅游资源的意义是什么？

  本章主要理解旅游时间与休闲文化，第一节主要梳理了中西方早期的"休闲"的观念，以及现代对"休闲"的理解，理解休闲关键在于是生存和生活必要时间之外的闲暇时间，并且具体表现是人类区别于劳动和工作的生活方式的动态或过程；更重要的是人类对自身生命价值的理解。因此，需要理解休闲文化的特征和休闲文化的意义以及休闲与旅游的关系。第二节主要理解旅游时间与休闲时间。时间和空间是理解人类文化的两个重要维度，时间是具有社会性的，旅游是实现休闲的重要方式之一。实际上，旅游时间属于休闲时间。应了解旅游时间的意义，以及现代生活与对旅游实现时间转换的影响等。

重要概念

  休闲文化：是指人在完成社会必要劳动时间后，为不断满足人的多方面需要而创造文化、欣赏文化、建构文化的生命状态和行为方式。从广义上来看，休闲文化是指与休闲相关的一切人类活动及其表现，它包括休闲的内容与方式、休闲的功能、休闲的历史走向和休闲的民族特色等,其核心是休闲这一社会现象所蕴含的文化意义。

　　社会时间:以亨利·休伯特、莫斯、涂尔干为代表在时间的哲学框架中厘分出了社会学问题,揭示了涂尔干所倡导的解释性社会学所固有的循环特征,即时间的集体表征并非由于被动的集成,而是作为有知觉的人类所理解的一种现象而创造时间的可能性。涂尔干认为,时间的概念或范畴,不仅仅是对人们过去生活部分或全部的纪念,还是抽象的和非个人的框架,它不仅包含着我们的个体实存,也包含着整个人类的实存。

第四章 旅游空间文化系统

知识目标
(1)掌握旅游空间的基本内涵和特征。
(2)掌握空间生产、空间景观、文化景观、旅游文化空间、文化生态系统的概念。
(3)了解中国历史文化名城、名镇、名村与中国传统村落双轨保护制度。

能力目标
(1)构建系统性分析问题的能力。
(2)培养对旅游文化现象的分析能力。

素养目标
(1)加深对生态文明的认识。
(2)理解乡村振兴与乡村文化发展的关系。

思维导图

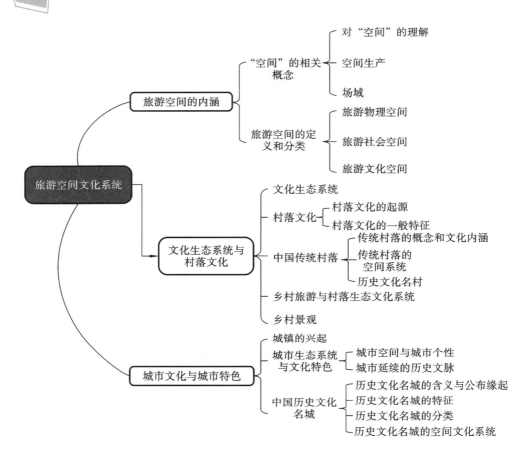

导入案例

2009年5月,人民网举办了"中国最美油菜花海"评比活动,这一活动旨在通过网友互动活动推介各地"油菜花海"旅游资源,促进油菜生态旅游资源的开发和利用,带动相关旅游经济的发展与提升,评选前十名的地区是:陕西汉中、江苏兴化、湖北荆门、云南罗平、重庆潼南、青海门源、浙江瑞安、上海奉贤、江西婺源、贵州贵定。

在这十大地区中最早将油菜花作为乡村旅游景观进行市场化的是云南省罗平县,位于云南省东部曲靖市的罗平县地处滇、桂、黔三省结合部,域内聚居生活着布依族、彝族、苗族、汉族等民族。罗平地处滇东原乌蒙山系南麓,位于滇东高原向黔西高原过渡的斜坡上,罗平最早形成油菜花的旅游景观有其得天独厚的自然条件,这里属北亚热带季风气候,温和的气候使之成为中国主要油菜籽生产基地之一,罗平油菜籽榨出的油,质优价廉闻名于世。早年油菜的种植在当地是出于农业生产的需要,成片的种植使油菜在花季呈现出一片金黄的景观,喀斯特地貌使油菜的种植形成了螺旋式的聚合，罗平县利用县内的喀斯特峰丛景观金鸡峰，向游客开放，提供更好的观景体验。金鸡峰在罗平县城东北方向，占地面积近百平方公里，各个山峰，高的百余米，低的十几米，千姿百态，其形各异，峰群与花海互补互依，使罗平的油菜花田具有独特的景观吸引力。旅游产业属于云南省的支柱产业之一。

  罗平春季的油菜花具有其独特的吸引物象。在工业革命后，城市现代化的压力，使田园成为人们在现代社会压力下的心灵向往，凸显了人们对健康与自然的追求。在旅游业的发展带动下，开始是村民自主发展农家乐，游客自发春季到罗平观花，后来形成了具有规模性的政府主导，村民和游客参与的模式，罗平的油菜花形成了"农田—油菜花—田园风光"的乡村景观。自1999年开始，罗平把每年初春定为"油菜花节"，罗平已持续举办油菜花节相关旅游活动20年，之后，罗平县把油菜作为打造旅游产业、增加农民收入的特色产业来培育。由于罗平的油菜花期较早，每年1月下旬起会陆续开放，被誉为"中国最早的油菜花"，其总占地为5.33万平方千米，被称为"世界最大自然天成花园"，获得"全国农业旅游示范点"等称号，油菜花成了本地"乡村游"的品牌，油菜籽榨油收入也亩产达千元。2019年，罗平栽种油菜100万亩，举办了油菜花旅游节、文化进万家、摇滚马拉松等大型活动，更强的体验性、旅游形式的不受限制性、景点游玩的随意性，使春季的观花旅游日渐成为自驾游的首选方式之一。仅1月至2月，就接待游客205.36万人次，旅游综合收入17.17亿元。

资料来源　根据人民网，云视网，罗平县人民政府门户网站。

  思考：俞孔坚在《回到土地》一书中说道："田园是真善美的生存艺术。其真，在于反映了真实的人地关系；其善在于它的丰产、它的功用，它使人远离饥寒，给人以希望；其美在于其宜人的尺度。"罗平以油菜的种植和油菜花的景观营造形成了"世界最大自然天成花园"。那么，它形成了什么样的旅游空间文化形态？形成的原因是什么？

第一节　旅游空间的内涵

  人类与生俱来就有不断转换生活空间的要求，这是人类存在和发展的本质，旅游是转换生活空间和生活方式的表达。人类旅游的最初源头存在于人类诞生之初，旅游文化的重要功能之一就是实现生活时空的转换。原始初民为生存而进行迁徙、劳动，这样的迁徙、狩猎、游牧、漂泊等为生存和发展的历史奠定了人类转换生活空间和开拓生活领域的基础。在全球化和现代化急遽发展的现代，出现了迁居、商贸等各种跨文化的互访交流旅游形式。由现代旅游形成的空间转换与其他的空间转换之间最大的差别在于，旅游者并不是以谋求利益，而是为了在异时空中获得与惯常生活环境不同的体验而进行的空间转换。现代旅游作为一种新的以时间换取空间的文化社会体验形态，旅游行为从自然空间和社会空间两个维度实现了旅游文化的拓展，实质上都属于旅游空间文化的不同类型。在不同类别的旅游活动中，人们对空间层次的要求和空间的具体感受是不同的。空间的转换除了表现在相对静态的生活空间与相对动态的旅游空间的关系转换以外,还表现在旅游形成了一个交流的空间。旅游的交流活动呈现出旅游空间的生产、旅游资源的空间展开以及东道主、游客和旅游相关行业从业人员之间的社会关系。

一、"空间"的相关概念

(一)对"空间"的理解

"空间"历来是社会科学的主要议题。中国古代从对方位的理解转向对空间的定义是在春秋战国时期。《管子·宙合》云"天地,万物之宙合,有(通又)橐天地",此处"合"指四方上下,即自然空间的含义。《文子·自然》云"往古来今谓之宙,四方上下谓之宇",在此,"宙"代表了时间,"宇"代表了空间。

20世纪之前,西方对于空间概念的主流解释以哲学和物理学为代表。在古希腊哲学中,空间始终处于"存在"与"非存在""有限"与"无限""相对"与"绝对"的悖论中。古希腊哲学家在讨论空间时使用了虚空、位置、距离、空间等不同的语言表述。其中,最为主要的理论是亚里士多德的"真实空间"、牛顿的"力学绝对空间"和康德的"纯直观形式空间"。

亚里士多德用"地点"概念来表示空间,认为空间是真实存在的,是哲学世界观的重要内容和有机组成部分。每一个物体有自己的地位。亚里士多德以六个维度论述真实空间。维度一:长、宽、高,一切物体因此三度而被界限。空间不能是一个物体。不然,同一空间必有两物。维度二:假设物体有一地位或空间,显然也必有一表面,以及其他物体之限制。维度三:无论是具体的或是不具体的,它可以有大小,但却并没有物体,可触之物的元素却仍是物体。维度四:既不是存在的物质因,也不是形式因、目的因,更不是机动因。维度五:空间是一物存在,则空间也将有一空间,空间又复有一空间,依此类推,以至无穷。维度六:每一物体在空间中,同样,每一空间也有一物体于其中即空间是被事物填充满的,是一种有限空间。

牛顿进一步定义了"绝对运动"和"绝对静止"的概念,认为"绝对空间"和"绝对时间"之间是毫无关系的独立存在;物质的运动可以仅仅与时间有关,或仅仅与空间有关。牛顿在《自然哲学的数学原理》一书中表述为:绝对的、真正的时间自身在流逝,通过运动来进行的量度,我们通常就用诸如小时、月、年等这种量度以代替真正的时间。绝对的空间,就其本性而言,与外界任何事物无关,是不动的。牛顿的"绝对时空观"在其后的两百年间备受质疑。特别是到19世纪末,奥地利物理学家恩马赫(Mach)在他的《力学史评》中对牛顿的绝对时空观进行了尖锐的批判。

康德在《纯粹理性批判》中指出,空间乃必然的存在于外的现象根底中之先天的表象,是一种非经验的纯粹直观。他还在《自然地理学》中将地理学定义为专门的空间科学,认为空间是地理学的研究范畴,时间是历史学的研究范畴。康德从认识论的角度,认为空间作为一个对象所包含的比只是直观的形式更多。对于如何保证感性知识的可靠性,康德假设了必须存在一种不同于经验知识的纯粹知识,纯粹知识是离开一切经验而独立存在的。空间不是由外部经验引起的概念。空间是外部直观根源中必然的先天表象，我们只能想象空间里没有东西，而不能想象没有空间。空间是纯粹直观，而不是事物关系的论证或普遍概念，只能表现唯一的空间。

 知识链接

> 伊曼努尔·康德(Immanuel Kant,1724—1804)著名哲学家，德国古典哲学创始人，其学说深深影响了近代西方哲学，并开启了德国唯心主义和康德主义等诸多流派。康德是启蒙运动时期最后一位主要哲学家，是德国思想界的代表人物。他调和了勒内·笛卡儿(Rene Descartes)的理性主义与弗兰西斯·培根(Francis Bacon)的经验主义，被认为是继苏格拉底、柏拉图和亚里士多德后，西方最具影响力的思想家之一。

随着社会理论的发展，学者们对空间有了本体论的认知，马克思将空间视为一个物理的情景。一方面，在资本的生产过程中，空间体现为劳动时间在生产的物理环境中横向并列和扩张的可能性；另一方面，空间体现为在资本主义生产方式中需要加以征服的国家乃至全球的市场和距离。涂尔干在《宗教生活的基本形式》中认为，空间不只是物理环境中的空间，而是一个注入社会情感的空间，是一个特定社会组织形式的投射。他提出了"社会空间"的概念，指出异质的空间必然是被划分和区分的，并在其早期著作《社会分工论》中就提出空间本没有左右、上下、南北之分，所有这些区分源于各个地区具有不同的情感价值。他认为，既然单一文明中的所有人都以同样的方式来表现空间，那么显而易见的是，这种划分形式及其所依据的情感价值也必然是同样普遍的，区分的情感价值起源于社会。

美国学者戈夫曼(Goffman)把社会看作是一直在演出的戏剧舞台，每一个人都是社会生活舞台上的演员，自我是社会情境的产物。他在《日常生活中的自我呈现》中以舞台的类比探讨了日常生活中自我呈现的区域化问题，并使用"前台"(Front)、"后台"(Backstage)和"局外区域"(Outside region)等概念探讨了空间区域的制度化特征，这一概念对旅游现象的研究也产生了巨大影响。现象学思潮也对空间转向研究提供了重要的思想，视角从客观空间转向主观空间。德国学者海德格尔(Heidegger)在《存在与时间》中认为，"我"就是"在"，"在"就是"我"，即"我"的"在"就是世界，人类通过世界的存在而存在。空间并不是一个物理存在，而是以主体存在为中心组建的"人—物"之间的关系状态。

(二)空间生产

20世纪60年代，在西方社会理论和社会学的领域中，开启了一场影响深远的思想变革，空间的社会本体论和空间概念进入社会学研究的核心。在这场空间转向中，法国哲学家列斐伏尔(Lefebvre)是最具影响力的先驱。他认为空间的组织在支配性的社会关系的再生产中发挥着主导作用，空间不是空洞的，"空间是社会的产物"，蕴含着某种意义，要从关心"空间中的生产"转为"空间本身的生产"。其理论核心是"(社会)空间是(社会的)产物"。

其中，空间生产包含了"空间实践""空间表征""表征空间"三个层次。

1. 空间实践(Spatial practice)

属于社会空间的被感知的(Representational spaces)维度，担负着社会构成物的生产和再生产职能，是那些得以隐匿某个特定的、能引发和促进物质表述（Material expression）和社会再生产的社会空间之行动（Actions）。空间实践是有特定印痕或铭文的常规活动，这些活动的表述与地方性(Locality)概念拥有诸多相似性。

2. 空间表征(Representations of space)

空间表征属于社会空间的被构想的(Conceived)维度，是生产关系及其秩序的层面，与维护统治者各种利益的知识、意识形态和权力关系联系在一起。例如，开发商、各类规划者及学术专家所期盼，将空间理解为现象或体验的，往往通过符号、规划、蓝图或符码等表达出来。

3. 表征空间(Space of representations)

表征空间属于一种直接经历的(Lived)空间，与现象和感知空间清晰关联。表征空间指向使用者在日常意义和地方知识中生产和占用，是居民和使用者的空间，处于被支配和消极的主体地位。

实际上，空间被看作生产力和生产资料，是一种巨大的社会资源。空间生产不是指在空间内部的物质生产，而是指空间本身的生产，本质上是一种政治行为和社会过程，只有当社会关系在空间中得以表述时，这些关系才能够存在。把自身投射到空间中并在空间中固化，在此过程中也就生产出空间本身。社会空间既是"生产方式"，也是"被使用和消费的社会产品"，它包含四个原则：第一，物质空间正在消失，但并不意味着其重要性在减弱；第二，任何社会、任何生产方式，都会生产出自身的空间，结果是主导性空间可能支配其周边的附属空间；第三，理论复制了生产过程，空间实践、空间表征、表征空间三者根据自身不同条件在不同程度上作用于空间的生产；第四，从一种生产方式过渡到另一种生产方式，既具有极高理论价值，又会伴随新空间的生产。

根据列斐伏尔的空间生产理论，郭文(2015)认为旅游空间生产（Production of Tourism Space，PTS）是指资本、权力和利益等政治经济要素和力量对旅游空间重新塑造，并以其作为底板、介质或产物，形成空间的社会化结构和社会的空间性关系过程。

（三）场域

"场域"理论重要的代表学者是法国社会学家布迪厄(Bourdieu)和福柯(Foucault)。布迪厄主张社会结构与行动、社会物理学与社会现象的二元对立，并于20世纪60年代提出了"场域"概念。布迪厄认为，高度分化的社会是由具有相对自主性(某种程度的独立性)的"社会小世界"构成，这些"小世界"就是具有自身逻辑和必然性的"社会关系网络"。每个人都生活在关系构成的现实社会空间中，这个场域存在着"客观社会结构"（客观性）、"主观行动结构"（主观性）以及"符号体系结构"（表征性）三个不同面向的层次结构。社会由经济的、政治的、文化等不同场域构成，每个场域在不同历史和社会条件下，有特定的运行逻辑和资本，具有某种惯习的主体在场域中因占有不同位置或地位而占有了资源，社会主体不断为这些资源而竞争和冲突，以此推动场域的不断发展，动力就是行动者个人和群体之间的权力关系。现代社会会因为不同阶层之间力量对比的变化而进行演变或者重构。

布迪厄的场域理论的三个核心概念是"场域""资本""惯习"。这三个核心框架是指一个场域由附着某种权利形式的各种位置空间的关系所构成,惯习则由"积淀"于个人身体的关系所构成,其形式是知觉、评判和行动的各种身心图式。

福柯认为,现代社会形成了各种各样的机制,"真理"(知识、习俗,以及具体环境中被当作真理的事物)是运用权力的结果,而单个的"人"只是使用权力的工具。福柯认为,空间的命运取决于权力,空间是"权力的逞能场所"。布迪厄和福柯的论述,将场域视为在社会中各种位置之间存在的客观关系的网络。

知识链接

> 布迪厄(Pierre Bourdieu,1930—2002),法国当代著名的社会学家,与英国的吉登斯(Anthony Giddens)、德国的哈贝马斯(Jurgen Harbermas)被认为是当代欧洲社会学界的"三杰"。布迪厄横跨众多领域,打破了学科界限,从跨学科的角度入手,对人类学、社会学、教育学、语言学、哲学、政治学、史学、美学、文学等都有研究,提出了一系列独到的思想范畴。主要著作有:《实践理论大纲》(1977)、《教育、社会和文化的再生产》(1990)、《语言与符号权利》(1991)、《实践与反思:反思社会学导引》(1992)。
>
> 米歇尔·福柯(Michel Foucault,1926—1984),法国哲学家、社会思想家。福柯主要从历史发展的维度,关注知识与权力的关系及权力怎样通过话语权表现出来,并配合各种规训的手段将权力渗透到社会的各个细节中去,如监狱制度、性问题等。福柯的思想对当代社会学发展产生了巨大影响。主要著作有:《古典时代疯狂史》(1961)、《词与物》(1966)、《知识考古学》(1969)、《规训与惩罚》(1975)、《性史》(1976—1984)等。

二、旅游空间的定义和分类

旅游是一种综合性的人类活动,包括空间移动、异地暂居、目的地游憩等多方面内容。这些活动都与空间密不可分。旅游空间实际上也具有综合性。王欣(2011)认为旅游空间是旅游活动的空间载体,包括吸引物、各种服务、设施和其他相关条件。汪忠满(2011)侧重于空间结构形态,将旅游空间从微观到宏观定义为点、片、面三个层次,并提出在旅游活动中,提升空间结构有赖于"连点成片,连片成面"。赵建彤(2015)认为,旅游空间是旅游活动的存在形式。旅游空间以物理环境为基础,反映了其中游客进行旅游活动的现象,并记录了旅游活动中事件的经过。同时,旅游空间还承载了社会交往和经济关系的内涵。

从宏观上看,单独的客源地、旅行通道、旅游目的地或者环境都不能独立构成旅游空间。旅游空间所承载的是这些空间要素的相互作用关系。旅游空间的形成具有整体性、动态性和开放性等特征。首先,旅游空间是由旅游的主体、客体和媒介三方面要素相互作用、共同形成的,既需要游客的需求和旅游资源的供给,也离不开旅游产品的串联。其次,旅游空间的范畴是动态的、发展变化的。例如,因为游客需求的变化,会引发旅游产品对于既有旅游资源的调整和更新;反之,新型旅游资源经过发掘产生出新的旅游产品,同样会引发新的游客市场,相应的旅游空间也随之发生改变。再次,旅游空间的范围是开放的,旅游空间的内容不是一成不变的,它始终和外界存在着双向交流。随着经济、社会、环境等多种因素的变化,新的空间内容可以被纳入旅游空间的范畴中来;反之,既有的旅游空间也会因吸引力下降、游客数量减少而逐渐被旅游活动所淘汰。旅游空间承载了旅游活动一系列关系的总和,既包括游客与物理环境的空间关系,也包括游客在异地的社会交往关系,还包括游客旅游消费的经济关系。因此,广义上,旅游空间的内容应当既包括旅游物理空间(涵盖自然空间),也包括旅游社会空间和旅游文化空间。旅游场域中多维空间生产图式见图4-1。

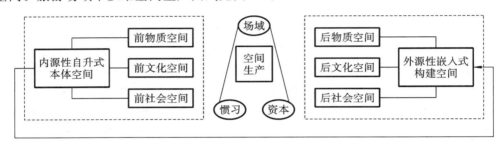

图 4-1　　旅游场域中多维空间生产图式

(资料来源:郭文.旅游空间生产:理论探索与古镇实践[M].北京:科学出版社,2015:133.)

(一)旅游物理空间

旅游活动涉及社会物质和精神活动中个人之间、团体之间、共同体之间、民族之间的物质、能量、信息之间的交流过程,这个过程首先是通过物理空间的转换产生。旅游物理空间是旅游活动的客观存在载体。旅游物理空间涵盖了旅游自然资源及物化的人文资源。这些资源的价值对于旅游吸引力的建构具有核心作用。

旅游物理空间的拓展是指旅游者在旅游的过程中,从一个地理空间移动到另一个地理空间的一系列连续的空间移动。比如,从居住地广西到旅游目的地南太平洋上波利尼西亚群岛中最大的岛屿大溪地,在这个过程中需要经历多国家多区域的空间位移,也实现了山地到海岛的自然空间的转换。在观光、欣赏、审美及对自然的观察等旅游活动中,旅游者的空间感受主要在现场感的体验上。比如,到世界自然遗产地去旅游,游客主要是通过对世界著名自然遗产的现场性之"在场"去体验和欣赏自然奇观。在这种情况下,游客通常并不被要求,甚至还会被限制与这些自然遗产进行进一步的亲密接触,以便对自然遗产实施保护。比如,人们对自然保护区进行了绝对保护区、一般保护区和游览区的划分,这就是人们对自然旅游资源的空间距离的不同要求的表现。

在旅游审美活动中,空间距离的层次性十分重要,旅游者选取不同的空间距离会体会到不同的美感,针对不同的自然旅游资源应选择不同的距离才能获得最佳的美感享受。比如,以自然旅游资源为主的旅游活动,主要呈现出观光、欣赏、审美及对自然的观察,其形式涵盖了冒险旅行、生态观察旅行或体育旅行等,主要呈现了人与自然以及自然物种所建立的空间关系。这种空间关系特征在于其互动性相对较大,如野外探险、漂流、登山等活动,这种旅游活动显然建立在人与自然的近距离接触,旅游者需要通过自己的积极和努力才能完成与旅游自然空间的体验。在以建筑、园林、雕塑、绘画等人文景观为欣赏对象的旅游活动中,空间的层次转换体验是旅游审美的重要内容。例如:中国古典园林往往善于在有限的物理空间中通过隔景、障景、框景、借景、漏景等各种方法分隔出不同的空间层次,以此体现无限的意境。因此,以自然景观和人文景观为主要旅游活动对象的旅游空间,是现代各种旅游方式存在的基本空间。在旅游物理空间中,涵盖了旅游景观。在此,应注意区别旅游景观和文化景观不同的意涵。

1. 旅游景观

不同的学科,不同的研究领域,对景观的理解有所不同,有不同的诠释。《现代汉语词典》解释"景观"是"泛指可供观赏的景物"。实际上"景观"(Landscape)一词最早出现在欧洲,原义是指一片或一块乡村的土地。希伯来文本的《圣经》旧约全书中,它被用来描写梭罗门皇城耶路撒冷的瑰丽景色。从16世纪开始,"景观"成为绘画艺术的术语,主要指陆地上的自然景色。17世纪以后,"景观"被用于园林设计中建筑与自然构成的整体。自然科学中的景观,泛指一定区域及地段内的气候、水文、植被、土壤、岩石、地貌和动物界的总和,反映一定自然地理环境内的综合特征。狭义的景观则是指自然区划工作中的最低级单位。广义的景观具有宏观性、综合性和地域性,能够充分反映这一地区各种自然地理要素的组合特征与人为影响。从地理学的角度,景观指的是人们从某个地点所能观看到的地球的某部分表面。从生态学上的意义来讲,景观是由不同数量和质量特征的要素在特定空间上的镶嵌体。《欧洲景观公约》中定义的"景观",是指被当地居民和参观者所感知的一个区域,其外在特征由自然与人文因素所构成。从景观的这些定义,我们可以知道,景观是人类对自然的认知,是人类与自然互构的存在,目的在于强调情感与景观的联系以及景观的象征意义。人与环境本来就是世界的共同组成部分,景观的意义在于人对于环境的感知。

 知识链接

2000年3月1日,《欧洲景观公约》(*European Landscape Convention*, ELC)在法国的斯特拉斯堡通过了由欧洲理事会第718次会议审议,标志着首个专门用于风景的国际条约即"欧盟景观政策"的形成。

归纳来看,旅游景观是指能吸引旅游者并可提供旅游业开发利用的可视物像的总称。旅游景观是客观存在于一定空间的事物、景物、景象的综合,具有旅游价值、蕴藏旅游功能,能够吸引游客开展旅游活动或开发旅游产业的自然要素、人文要素、环境要素的综合实体。因此,从广义上而言,旅游景观是一定的物理空间内特有的景观类型(或自然景观,或人文景观,或自然、人文景观兼有)作为旅游资源客体,包括区域的一定旅游接待设施基础,能为旅游者提供旅游活动内容的区域综合体。李辉(2005)认为,旅游景观一般将区域中具有一定景色、景象和形态结构,可供观赏的景致、建筑和可供享受的娱乐场所等客观实体,以及能让旅游者感受、体验的文化精神现象,甚至于该区域存在的优美的环境条件以及旅游接待服务等内容泛指为旅游景观。但强等(2005)认为,旅游景观是指对旅游者具有吸引力的，并能促使其进行旅游活动和产生愉悦体验的景观。杨世瑜（2009）认为，旅游景观是客观存在于一定时间空间的事物、景物、景象的综合，具有旅游价值、蕴藏旅游功能，能够吸引游客开展旅游活动或开发旅游产业的自然要素、人文要素、环境要素的综合实体。旅游景观通常是在特定时间、特定地域空间、特定物质形态存在的人类能够感知的一种形式。

自然界和人类社会中，能对旅游者产生吸引力，可为旅游活动利用，并能产生旅游效益的各种自然资源和社会资源称为旅游资源。旅游景观其主要内容首先是具有激发旅游者旅游动机的吸引力，能作为旅游目的地、旅游观光或体验目标的景观性旅游资源。自然景观和人文景观的形成有一个过程，在一定阶段景观特征与景观要素是稳定的、客观的。但是，景观的旅游价值，随着人们对旅游对象的需求变更，人们对景观价值认识的可变性，旅游景观的概念，特别是旅游景观价值的评定是可变的。所以，旅游景观受产出环境、形成条件及形成机理的制约，受存在的环境条件的影响，从而具有"发展"的观念，如变化发展中的山川景观、雪山冰川，以及建设中的旅游景区、发展中的城市。

旅游景观是客观存在的，是自然或人类发展的历史遗存。但是，随着人类活动、特别是旅游策划者的创作，也可以形成新的旅游景观。如人类为满足旅游需要，有的通过移置、模仿创建了某些知名的旅游景观，如某些知名旅游景观微型缩影的主题公园，成为具有专门旅游功能的旅游景观。随着旅游业的发展，旅游活动不断开拓新的内容，一些原来并非认定为旅游景观的景观成了旅游者的观赏对象，转变为有旅游价值的旅游景观类型。例如：工业设施可以成为工业旅游景观，乡村原野成为乡村旅游景观，农业种植业园地成为农业旅游景观，果园、庭院成为园林旅游景观。旅游景观的范畴在随旅游活动对象的扩张而在延伸和拓展。

旅游景观有一定的地域空间，是一定局限地域中特定的物质及景象组合的综合体。因地域的物质条件、地质地理环境的特定性，而呈现与周围/地域差异的地域特征。这种能吸引旅游活动且具有旅游价值的地域景观特色构成旅游景观的地域性。景观特色的地域独特性是旅游景观价值的主导因素。

2. 文化景观

美国学者索尔（Sauer）提出，地面上有了人类，就有了文化，因而地面上就产生了文化景观，如房屋、道路、耕田、聚落和城市，这是人类劳动在地面上留下的痕迹，在其演化过程中，文化是动因，自然条件是中介，文化景观是结果。大地不单是人类活动的舞台，也是人类塑造的对象。

中国现代人文地理学奠基者李旭旦教授在20世纪80年代提出，文化景观是地球表面文化现象的复合体，它反映了一个地区的地理特征。1995年，在菲律宾举行的"亚洲稻梯田文化景观专题研究"国际会议上，中国代表作了题为《中国的文化景观及其保护》的发言，提出文化景观的概念应是"在一定的范围内有一定规模，可反映某一地域、某一民族、某种自然地理环境、某种历史延续的集自然与人文景观为一体并有具体的物化内容和抽象的文化氛围的群体"。

知识链接

> 美国学者索尔（C. O. Sauer）(1889—1975)在20世纪20年代提出文化景观论，把文化景观定义为"附加在自然景观上的人类活动形态"。他受到德国学者C. O. 施吕特尔（C. O. schulüter）和S. 帕萨格（S. Passarge）的影响，强调通过实际观察地面景观来研究区域地理特征。他认为，地理学研究地球表面按区域联系的各种事物，其中包括自然事物和人文事物以及它们在各个区域的差异，主张人地关系研究以解释文化景观作为核心。代表著作有：《景观的形态》《文化地理的新近发展》等。

对于"文化景观"的理解，现在大多公认世界遗产委员会在《保护世界文化和自然遗产公约》中提出的定义。1992年，世界遗产委员会第16届大会将"文化景观"列入遗产范畴，这类遗产地由IUCN和ICOMOS两个国际机构共同审议，至此，《保护世界文化和自然遗产公约》等系列法规将世界遗产分为世界自然遗产、世界文化遗产、世界自然与文化双遗产、文化景观四种类型。

文化景观代表《保护世界文化和自然遗产公约》第一条所表述的"自然与人类的共同作品"。一般来说，文化景观有以下类型。一是由人类有意设计和建筑的景观，包括出于美学原因建造的园林和公园景观，它们经常（但并不总是）与宗教或其他纪念性建筑物或建筑群有联系。二是有机进化的景观。它产生于最初始的一种社会、经济、行政以及宗教需要，并通过与周围自然环境的相联系或相适应而发展到目前的形式。有机进化的景观又包括两个类别：第一，残遗物（或化石）景观，代表一种过去某段时间已经完结的进化过程，无论是突发的还是渐进的，之所以具有突出、普遍的价值，还在于其显著特点依然体现在实物上；第二，持续性景观，它在当今与传统生活方式相联系的社会中，保持一种积极的社会作用，而且其自身演变过程仍在进行中，同时又展示了历史上其演变发展的物证。

《实施保护世界文化与自然遗产公约的操作指南》中界定："文化景观属于文化遗产，正如本协定第一条描述的，它们是'人类与大自然的共同杰作'，见证了人类社会和居住地在自然限制和自然环境的影响下随着时间的推移而产生的进化，它们也见证了外部社会和内部社会、经济和文化的发展力量。"选择它们的依据包括它们突出的普遍价值和它们在特定地理文化区域中的代表性，还包括它们体现这些地区一般和特殊文化元素的能力。

实际上，《保护世界文化和自然遗产公约》《实施保护世界文化与自然遗产公约的操作指南》界定文化景观应具备突出的普遍价值、能够代表一个清晰定义的文化地理区域，并因此具备解释该区域的本质的、独特的文化要素的能力特征的一种物质实体。文化景观可分为由人类有意设计和建筑的景观、有机进化的景观、关联性文化景观等类型。包括文化景观在内的世界遗产申请有退出的约束机制。因此，"文化景观"应该包含了人类与其所在的自然环境之间的多种互动表现。文化景观通常能够反映持续性使用土地的特殊技术，反映其所处自然环境的局限性和特点以及与大自然特定的精神关系。保护文化景观有利于将可持续性土地使用技术现代化或增加景观的自然价值。持续性的传统土地使用形式的存在保持了世界大多数地区的生物多样性,因此,加大对传统文化景观的保护对于保持生物多样性同样有效。

(二)旅游社会空间

"社会空间"由涂尔干提出,他从理论范畴的属性讨论了社会空间概念。他关注到了空间的社会性,认为空间是社会集体的产物,空间的区分也是以群体情感为基础的,即要对空间做出区分,则必须就一定的参照模型来进行。

1. 旅游社会空间的实践性

旅游空间的结构综合且抽象,既包括游客与物理环境的空间关系,也包括游客在异地的社会交往关系,还包括游客旅游消费的经济关系。作为旅游的主体、客体和媒介,游客、旅游资源和旅游产品这三项基本要素的关系反映了旅游社会空间的结构构成。其中,游客是旅游社会空间的行为主体,旅游社会空间的存在是围绕游客展开的;旅游资源是旅游社会空间的行为客体,是目的地对异地人群产生吸引力的根本;旅游产品是旅游社会空间的行为媒介,通过对于旅游资源和游客的链接,形成了旅游社会空间的结构关系。因此,旅游社会空间拓展是指游客在旅游目的地体验的深度。这里的空间不仅指具体的地理上的范围,还涉及为游客、东道主、旅游媒介所形成的社会关系。在以旅游目的地社会文化为欣赏对象的旅游活动中,空间体验更加复杂。目的地社会还存在着"内与外"两分的空间关系。在现实的旅游活动中,展现在游客面前的只是一个特定社会所呈现出来的一部分社会现象。如果游客在旅游目的地社会的实践空间大,了解到的事情多,与地方民众接触深,那么,就表明其所进行的旅游程度相对的深入,反之亦然。这意味着旅游目的地的社会具有多种意义的空间概念和空间实践的分类和差异。从这个意义上说,旅游实际上是一种"空间的实践"。

从旅游地社会而言,以发展旅游的乡村社区为例,在原生空间中社区的社会活动属于"家庭人"社会,在新的旅游空间中则属于"社会人"社会。在新的旅游空间结构中,以业缘、协议等为纽带的"属地运行"模式取代了原生空间中以血缘、地缘为纽带的"差序运行"模式。旅游空间生产同时需要将旅游活动与旅游目的地社会生活辩证地统一起来,多维空间被置换的同时,需要建构更加符合"人"(原住民)的需要的发展空间,树立"不能忽视原住民"的旅游社会空间。

2. 旅游社会空间的流动性

空间,无论作为何种形态存在,都具有使用价值,是能够满足人们需求的客体;空间又具有价值,可以成为交换交织的凝结物。在现代旅游社会空间生产中,呈现了在旅游资本循环及其构成的网络化塑造的旅游社会空间体系。旅游活动中,不仅仅是"流动"的游客和东道主基于旅游物理空间建构的社会动态关系,还存在大规模的"物流""信息流""资金流"和"技术流"等,这些要素均是围绕旅游而运动起来并持续存在,推动了旅游社会空间组织要素的变化,同时支配旅游社会空间经济、政治和生活空间的形成。"流动"是旅游空间形成的重要步骤。

旅游的市场增值性同样存在于旅游社会空间运动过程当中,基于游客的旅游目的可以增加旅游空间作为消费性产品的附加值。"流动"的集聚使旅游的各类社会活动在旅游物理空间中得以完成,构成各种旅游经济交换和各种旅游社会要素置交织的网络。

资本、权力等要素介入旅游目的地的旅游空间生产,使目的地的原生空间变为具有流动特性的建构空间,经济活动、旅游空间消费、旅游空间交换等行为已经全面卷入旅游市场化网络之中。在现代性及旅游背景下,人员、资本、信息、组织性互动的流动,不仅成为目的地社区组织的要素,而且成为社区变迁的支配形式,旅游改变了空间结构变化,使地方空间转变为流动的网络空间。

(三)旅游文化空间

文化空间也称为"文化场所",在联合国教科文组织颁布的《人类口头及非物质文化遗产代表作宣言》中,"文化空间"主要用来指人类口头和非物质遗产代表作的形态和样式。1998年,联合国教科文组织明确将人类口头和非物质文化遗产划分为两大类:一是认为这是一种表现于有规可循的文化形式,如传统习俗和各类节庆仪式;另一种是可确定为民间或传统文化活动的集中地域,是文化在具体时间和实体空间的存在。作为非物质文化遗产的一种类型,中国在2005年颁布的《国家级非物质文化遗产代表作申报评定暂行办法》中界定"文化空间是定期举办传统文化活动或集中展现传统文化表现形式的场所、兼具空间性和时间性"。

近年来,中国学者也发展了"文化空间"理论的研究,并对旅游文化空间进行了探讨。陈虹(2006)提出文化空间"兼具空间性,时间性,文化性",强调"文化空间"的时空一体性。李玉臻(2008)提出"文化空间"应有被文化共同体成员所认同的核心象征、核心价值观、符号、集体和历史记忆以及主体等,认为"空间文化"概念冲击了以往非物质文化遗产保护的碎片化,更有利于整体性保护理念的运用。向云驹(2008)认为,人类学意义上的"文化空间"包括三种空间:一是文化的物理空间或自然空间;二是文化场;三是人类行为、身体或时间观念的在场。他认为文化空间既是一种理念、一种文化形式或类别,也是一种保护实践。王德刚(2014)提出,通过文化空间再造,可以以空间展示、静态展示、活态展示三种方式将文化呈现给游客。由亚男、巩俐(2015)以文化空间理论为基础,结合文化真实性评价体系,将文化空间理论运用到社区参与的旅游中,探索进行文化空间再造下的社区参与的旅游发展机制模型的构建。张晓萍(2016)等对具体的"旅游化"生存路径展开了探索,认为发展非物质文化遗产景观旅游是文化空间旅游化生存的另一种表现形式。谭华、郑巧(2018)提出,在全域旅游的新时代,民俗文化空间可以通过自然空间、文化空间的重构实现文化空间的再现。

 知识链接

> 20世纪90年代以来,西方哲学、社会学领域研究出现了空间转向,以列斐伏尔(Lefebvre)的"空间"理论为代表。他在《空间的生产》一书中,把空间分为绝对空间、抽象空间、社会空间、精神空间、工作空间、休闲空间和生活空间,并提及了文化空间。对"文化空间"的明确界定是联合国教科文组织执行局第155届会议《教科文组织宣布人类口头和非物质代表作条例》(附件Ⅳ)中的表述:"'文化空间'(文化场所)的人类学概念被确定为一个集中了民间和传统文化活动的地点,但也被确定为一般以某一周期(季节、日程表)或是某一事件为特点的一段时间(或'时空'),这段时间和空间的存在应取决于按传统方式进行的文化活动本身的存在。"

实际上,文化空间是一种社会现象的组合,是人们长期创造形成的产物;同时也是一种历史现象,是社会历史的积淀物。它包括民族的历史、地理、风土人情、传统习俗、生活方式、文学艺术、行为规范、思维方式、价值观念等。从不同视角划分,人们可以将其分为不同领域。实际上,文化空间是文化的生存环境,其主要概念体系包括文化内空间、次级空间、文化系统空间和文化土壤。文化环境概念体系见表4-1。

表4-1 文化环境概念体系

名称	分类	内涵	范畴	特质
文化空间	文化内空间	指相互交往的文化群体凭以从事文化创造、文化传播及其他文化活动的背景和条件	人化的自然环境、经济环境、社会环境	
	次级空间	指环境的人为部分,即人类从事文化活动的一些基础文化、条件	科学技术、社会组织、政治条件	生产生活、文化、制度文化
	文化系统空间	指文化系统产生与活动的背景	确定文化系统界线后,在系统之外与之关联的各种自然条件与文化条件,都属于环境的范围	精神文化
文化环境	文化土壤	指培育民族文化及其性格的特殊文化环境	区域地理环境、在区域地理环境中产生的物质生产方式、构建在前述两个层次上的社会组织形式	

(资料来源:郭文.旅游空间生产理论探索与古镇实践[M].北京:科学出版社,2015.)

旅游文化空间主要表现为原生的空间和再生的空间,原生空间即各种旅游资源存在的自然物质载体以及所关联的主体构成的物理场所,它们是旅游文化的物质和存在形式。这些空间往往具有原生核心存在物(标志)及其环境等存在要素。这些要素保持着原生文化空间所有的文化元素和文化资源的真实属性。再现的空间是指以原生态文化空间要素或场景为标准,经过迁移的、复制的原生态文化空间,其被认为是文化空间的再现。此类空间在很多地方都有设计开发,开发的目的大多数从效益出发,成为新型的旅游空间。

知识活页

武夷山茶文化空间

有着悠久茶事历史的武夷山(见图4-2),留下了丰富的茶文化空间遗址,这些文化空间包括:创办于元大德年间的皇家焙茶局——御茶园及其相关遗址,如通仙井、喊山台、"庞公吃茶处"摩崖石刻群等;星罗棋布的原始茶园景观;大红袍和大红袍制作工艺祖庭遗址;传承人脉络及其手工碳焙作坊;遇林亭黑釉建窑遗址;等等。这些在场的空间是大红袍传统制作工艺原真的空间要素,以"原真性"保护为优先的原则。政府前期的规划、政策扶持（传承人保护计划等）都起到保护和拯救的作用，这是不容忽视的。此类空间都是原生态文化空间的产物，有独特的时空特征，承载着该非物质文化遗产的核心文化元素和文化记忆，具有不可迁移、不可复制的时空独特性。它们都是原生态文化空间中主体生活空间的一部分，与外来者（旅游者）之间保持着某种静态的互动关系，如作为被游览的景观吸引物，作为朝圣对象的空间存在，可供观赏的制作工艺过程等。此类文化空间，虽然不可迁移和不可复制，与游客之间呈现静态的互动关系，但由于它们所承载的核心文化元素和空间独特性，所以在旅游发展中也成为重要的旅游文化空间，如武夷山大红袍遗址及其环境是武夷山风景区的著名旅游空间之一，这与其本身所具有的独特价值分不开。武夷山御茶园遗址和作为大红袍祖庭的天心永乐禅寺都保留着重要的原真的文化空间，已经是旅游空间的一部分。星罗棋布的茶园景观和具有重要地理标志的"三坑两涧"正在成为旅游者审美、朝圣和慢游体验的新宠。而有些地方之所以出现"伪文化"等庸俗化倾向，是因为在这个层次上破坏了遗产本身作为文化空间的独特性和"原真"的价值特性。

武夷山香江茗苑、茶博园、茶博会、建盏博览会等都在某种程度上体现了传统的文化空间要素，其中，武夷山仙店村的香江茗苑是此类再现空间的典型。武夷山香江茗苑占地面积170亩，建筑面积6万余平方米，分为观光体验区、教育宣传区、娱乐休闲区、商业购物区四大功能区，内有武夷茶文化博览馆、体验传统手工作坊、茶叶全自动加工生产流水线、品尝香江茶宴等八大游览空间，集茶叶研发、种植、深加工、茶文化交流、茶艺培训、农业观光旅游为一体的大型国际茶文化体验式休闲旅游区。2015年，武夷山香江茗苑获福建省首批"观光工厂"称号，2016年通过了国家4A旅游景区认证。香江茗苑以武夷山大红袍传统制作工艺文化空间为核心，将这些空间的文化要素通过空间再造的形式发掘出来，形成了一个新的旅游空间。可见，再现空间是经过设计的空间，其主体是地方政府或企业。这些空间往往脱离了原生态文化空间的物理属性，是一次以盈利为目的的文化旅游空间构建。因此，效益是此类空间追求的直接目标，并直接与游客发生关联，使游客在不同的空间体验到非物质文化遗产的核心价值和不同要素。由于关联效益，使得此类文化空间的建构容易走向畸形，偏离原生态文化空间的基本价值，从而最终失去其作为旅游吸引物存在的基本要素。此类文化空间的建构，仍要坚持正确的价值导向，坚持原有文化空间的核心价值。一般而言，它与游客之间也呈现静态的互动关系，通过观光、展览等行为方式表现出来，并成为区域旅游的组成部分。始于2007年的海峡两岸茶叶博览会，在武夷山举办了9届，已成为武夷山旅游空间的一部分，使得传统大红袍制作工艺及其产品广为传播。

图 4-2 武夷山玉女峰

(图片资料来源:武夷山市人民政府网 http://www.wys.gov.cn/)

资料来源 黄丽娟.基于文化空间视域的非物质文化遗产旅游空间的建构——以武夷山大红袍传统工艺为例[J].湖北文理学院学报,2018,39(11):55-60.

第二节 文化生态系统与村落文化

一、文化生态系统

美国人类学家斯图尔德(Steward)在1955年出版的《文化变迁理论》中最早提出了文化生态学的概念,通过"适应"使一定规模人口的生存所需与其生活环境的供应潜力之间得以建立起一种动态的平衡关系。他认为,一方面文化是在进化和向上发展的,另一方面这种进化的路径与当地的生态环境密不可分,它们相互影响、相互作用、互为因果。相似的生态环境可能会造就不一样的文化形貌,而不同的生态环境也可能诱致类似的文化形态,正因为如此,才形成了世界各地文化类型的多样性、丰富性和复杂性。

一个文化内部总会有一组较其他文化特征具有更重要功能的文化特征,它们是该文化系统或文化类型的决定因素,每个文化系统中有"文化核心"和"次级特征"。"文化核心"是指和生计活动及经济安排有密切联系的部分,这一核心包括了对经济活动有决定性意义的社会、政治和宗教等文化模式。而与文化核心联系不太紧密的其他许多次级文化特征则源于文化核心的各种文化体现,在外观上它们各具特色。斯图尔德将文化类型分为有代表性的三个层次:家庭、群落和国家。斯图尔德认为,文化在其发展过程中类型会变得越来越复杂,但是家庭或群落所代表的简单的文化类型并不会因为复杂类型的出现而完全消失,它们只会作为特殊的、依赖性的群体的一部分而逐步改变。因此,文化生态系统指由文化群落及其所在的地理环境(含自然环境与社会环境)构成的有机统一体。

 知识链接

"生态"一词源于希腊文,原意为居住。这一术语最早是由生物学家海克尔(Haeckel)于1870年使用,当时是用来指生物的聚集。生态学主要关注生物与环境之间的相互关系,其最终目的是运用"整体观"的方法来研究一个有生命体的系统在一定的环境条件下如何表现生命的形态与功能。20世纪50年代以后,人类学家开始对从生态学的角度研究文化和社会感兴趣。这种趋向的增强一方面与当时把人类学中的文化价值与模式以结构主义来解释存在缺陷而收到普遍质疑与反思有关,另一方面与环境污染威胁到人类生存以及人类生态问题日益突出关系密切。部分学者认为,人类因文化之存在而殊异于一般生物系统,他们认为除了利用生态学的生态系统、区位、生态人口、适应等概念之外,还需要加入适用于研究人群组织的概念和方法,这一理论代表就是美国人类学家斯图尔德(Julian Steward,1902—1972),他通过对美国西部印第安部落派尤特人、肖肖尼人等狩猎采集民族的研究,总结并揭示了自然环境、地理状况与文化以及社会结构之间的一般关系。其代表作有:《美洲印第安人的仪式性丑角》(1931年)、《西南社会的生态观》(1937年)、《高原盆地土著的社会政治群体》(1938年)、《(大盆地)山区的土著文化》(1940年)、《南美印第安人手册》(1946年)、《地区研究:理论与实践》(1950年)、《水利文明》(1955年)、《波多黎各人》(1956年)、《种植园的前景》(1957年)、《传统社会的现代变迁》(1967年)、《阿尔弗雷德·克罗伯》(1973年)等。斯图尔德的《文化变迁的理论》,以及在他过世后由妻子和学生罗伯特·墨菲(Robert F. Murphy)为他编辑的《进化与生态学》(1977年)论文集阐述了他的主要理论见解。

二、村落文化

斯图尔德对文化类型的三种分类中,认为群落或村落社区是人们的活动需求超出家庭这一社会组织时所形成的,是一种基于放牧或农耕而形成的新模式,是连接家庭和国家功能的重要社会分支,因此,村落是文化生态系统中极为重要的部分。大约在公元前200万年至公元前1万年,人类以采猎为生。从公元前1万年起,全球气候逐渐变暖，人类社会由旧石器时代向新石器时代过渡，农耕经济开始出现。与农耕经济形式相适应的人类的聚居形式是村落。村落文化正是人类由游牧、采集、狩猎生活走向定居生活所产生的一种文化形态。村落文化的产生、发展，不仅体现了人类生活空间的变化，同时，具有不同地域特征和形成了不同的历史文化遗产，这也成为旅游空间文化系统中的重要部分。

（一）村落文化的起源

农业曾是人类古老的物质生产部门和早期的经济活动。村落聚居地是从人类旧石器时代、母系氏族家族集合住所演变而来。恩格斯曾说，蒙昧时代是以采集现成的天然产物为主的时期；人类的制造品主要是用作这种采集的辅助工具。野蛮时代是学会经营畜牧业和农业的时期，是学会靠人类的活动来增加天然产物生产的方法的时期。根据恩格斯的论断，可以说村落文化的出现和形成应该是人类从蒙昧时代的高级阶段到野蛮时代所发生的事情，即是从中石器时代到新石器时代所发生的原始农耕和畜牧业革命开始。人类历史上的三次社会大分工成为村落发展的核心动力。

在农业与畜牧业的分工中，农业被分离出来，在耕地附近便产生了以农业为主的固定村落。如在公元前6000年左右，散住在波罗的海沿岸至英法海岸的马格尔莫斯居民，他们用建筑房屋、制造独木舟、弓箭，一方面从湖泊、沼泽、森林中获得食物，另一方面又以独木舟、鱼叉、鱼钩、渔网为工具，捕鱼捉蟹。同时，他们还不同程度地饲养家畜、种植谷物。因此，沿海滨建立了许多这样的居住地，虽然住处范围不大，但三五错落成群，被称为马格尔莫斯文化。随着野蛮时代的到来，人类先后在美洲、欧洲、西亚、东亚等地区，以动物的驯养、繁殖和农作物的种植为标志，开始了一次畜牧业和农业的革命，村落文化的形成正是这次革命的结果。中国6000年以前的西安半坡村氏族公社就是大型固定的农业村落，村落由居住区、制陶场和墓葬区三部分构成。

村落文化的形成经历了由季度性定居向永久性定居的过程。这个过程正反映了人类从游牧狩猎生活到畜牧、农业生活的转变。实际的生产和生活需要把一些氏族团体或部落集团在一定季节里聚拢到一个共同的生活环境中，形成一系列的营地。人类对定居地的选择同时也是人类对农业社会居住地的要求。这些选择的依据和条件表明，自然环境符合农耕文明的生产和生活的要求。按照文化生态学的理论，人类本身在一定的自然环境中生存，自然环境从物质和精神两方面影响着人类，并且在适应环境的过程中形成了不同的村落文化。例如，在阿拉斯加，爱斯基摩人的圆顶小屋能有效地保存热量并能抗狂风等自然力；干旱地区游牧民族的帐篷，北欧寒冷多雪地区的哥特式建筑，美国龙卷风地带的半穴居房屋，适合热带雨林气候的干栏式建筑，中东地区的居民为克服高温将顶板都建得很高的住房，南太平洋住家的设计充分利用常有的微风，等等，都是因地制宜，为适应环境、气候特点而建造的。人类在不同的自然环境中所创造的文化具有不同的特质，自然环境对村落建设的影响十分显著。因各地降水量的大小影响到房屋的建筑形式。一般情况，降雨多的地区，屋顶坡度大，以利泄水。在干旱地区，采用小坡度屋顶建筑，并利用屋顶曝晒粮食。再如建筑材料的选择也完全与各地区的自然环境直接相关。山区建筑往往依山就势，傍山而筑，高矮参差，错落有致，形成立体建筑景观。房屋多就地取材，用石料砌墙，建筑门楼，甚至用板岩铺设屋顶。植被同样影响到村落建筑材料的选取,北方黄土高原地区多建窑洞。草原地区主要用草(小叶樟)做房屋顶铺盖材料。林区多用树木捆扎,建造叫作"马架子"的建筑。云南西双版纳地区的居民多用竹木作为建筑材料,傣家竹楼成为云南旅游空间中特殊的景观,等等。这些房屋都是利用不同自然资源建成的,显示出了不同的文化特质。

在村落文化的形成过程中,自然环境并不是唯一的决定性因素,同时村落文化的发展过程中也展现了人类对自然环境的改变和支配。为了利于生存,人口的分布主要聚集在肥沃的江河流域的河谷、平原、三角洲,或群山环抱的盆地,或沿海岸的海湾地带。虽然,这种定居的选择仍然体现着人与自然的亲和力,但它较之人类最初的巢居洞宿,表现出了人类对于自然环境的支配。人类利用自然规律,通过劳动以及由此产生的整个村落文化,获得了一代又一代人延续和发展所需的物质资料。人类不再仅仅是适应自然环境去生存,而是利用自然条件创造自己的文化环境。

在选定了可耕种的土地之后,人们就会在所耕种的土地附近寻找居住地。从住家到耕种的土地之间距离称为耕作半径,耕作半径决定着农民居住地的选择与其耕种的土地之间的关系。在以传统耕作方式生产的农业社会里,耕作半径越小,就越是有利于增加劳动强度和劳动时间。除土地以外的其他自然环境条件,如水源、能源、地形、气候等自然要素也是村落形成的重要因素。

(二)村落文化的一般特征

村落聚集地的规模大小与人口数量和密度、发展历史、交通等有关。每个村落人数从几十人到几千人不等,大多数村落的功能比较简单,其最突出和最重要的功能就是居住。历史发展过程中,较大的村落会出现集市贸易。伴随着市场发展的是出现手工业,以后则是出现行政管理中心、文化中心。随着村落发展规模越大,功能则越多,内部逐渐出现地域功能区的划分。村落分布总体上看比较分散,不同的自然环境和区域的经营特征,还决定着不同地区村落的不同功能与特色,如农业村落以从事农耕作业为主,兼营动植物饲养和其他农副业。这样的村落多分布于平原与河谷、三角洲地带。牧业村落原包括固定的、半固定的、流动的三种村落类型。随着生产力水平的提高,牧业村落转变为以固定村落为主。与农业村落相比较,牧业村落活动半径较大,规模小而分散。渔业村落包括内河、湖和沿海渔业村落两种类型。现在的渔业村落以淡水养殖和沿海滩涂养殖为主,渔村的居民点布局包括水上和陆地两部分,但以陆地居民点为主。以林果业生产为主的村落以生产各种水果、经济林为主要经济活动。这类村庄多位于海拔相对较低的山地和丘陵地带,村落布局受自然环境严格限制而呈现村落布局景观。

总体而言,村落文化是以农耕经济的出现为主要特征的。农耕经济以农作物的种植为基本特征。农耕经济不仅给人类带来了丰富的食物,而且它较之渔猎生活更加有规律。农耕是原始劳动力与土地结合的中介,即人与自然的契合的中间变量。农作物的种植给村落文化发展奠定了基础,如村落中的邻里关系、家族制度、社会组织等都是在农业基础上形成的。人类的定居生活给血缘家族关系的维持创造了条件。随着社会生产的发展,村落的社会组织形式及生产劳动制度愈来愈复杂,愈来愈多样。村落一般要素结构见图4-3。

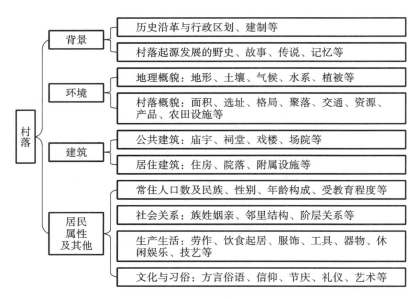

图 4-3　村落一般要素结构

（资料来源：孙玉芳.中国传统村落普查审定文化行为解读[J].天津大学学报：社会科学版，2014，16(3)：271-274.）

村落中人们的风俗、道德、宗教等观念文化，主要受农耕经济的影响而产生并保存。在古代原始村落中，人们基本上是按"日出而作，日落而息"的生产方式形成自己的生活习惯，各种季节性风俗活动，大多和农业生产有着密切联系。由于当时的农业生产对于自然环境中的土地，河流，雨量，气候有着很大的依赖性，出现了对自然的崇拜和信仰。此外，山林水泽的利用、家畜的饲养、手工业的发展等，都是村落文化生态不可缺少的相关变量。这些生态因素交互作用、交互影响，构成村落文化完整的系统。各地的村落文化除农业文明带来的共性外，均有自己独特地理位置与历史发展所造就的特殊个性。

现代旅游进入后，村落文化形成了村落景观，建构了旅游空间，部分发展旅游的村落具有了新的功能。村落文化成为旅游吸引物，旅游者通过不同区域里的村落可体验到农耕文明共性中各自地理、民族、历史的个性风貌。

三、中国传统村落

（一）传统村落的概念和文化内涵

村落文化可以是物质文化形态，如传统建筑、民居、街巷、祠堂等，也可以是非物质文化形态，如民间风俗礼仪、节庆习俗等。中国传统的村落文化是在中国几千年农耕文化基础上形成的，是扎根于广大农村，以血缘与宗族关系为核心建立起来的村落文化形态。它蕴含着丰富的中国传统文化，具有固定乡村生活范围的地域特征，并在时代变迁中不断丰富充实，成为中国传统文化体系中的重要组成部分。

通常情况下，人们习惯于把历史遗留下来的村庄叫作古村落。因为这些村落始建年代久远，数量浩瀚，虽然经过历朝历代更迭兴替，它们的形态演变和文脉传承仍旧积淀着丰富厚重的历史信息。古村落的称呼广泛用在社会活动和学术研究中，得到了普遍认同。2002年,在新颁布的《中华人民共和国文物保护法》中明确提出了"历史文化村镇"的概念,即"保存文物特别丰富并且有重大历史价值或者革命纪念意义的城镇、村庄"。2009年,《中国古村镇保护与发展宣言》中对中国古村镇有如下描述:"朴实、生动、鲜活、极富文化内涵的古村镇,是中国传统建筑精髓的重要组成部分,真实地反映了农业文明时代的乡村经济和极富人情味的社会生活;凝聚了劳动人民的智慧,沉淀了民族的优秀文化,传承了丰富的历史信息,具有重要的历史、科学、文化、艺术、教育、旅游等价值,是中华民族宝贵的历史文化遗产。"这里的"古村镇"是指"古村落"和"古镇"。2012年,由住房和城乡建设部、文化部(现为文化和旅游部)、国家文物局、财政部四部委联合成立的传统落保护和发展专家委员会,将习惯称谓的"古村落"改为"传统村落",并在开展传统村落调查的通知中明确提出:"传统村落是指村落形成较早,拥有较丰富的传统资源,具有一定历史、文化、科学、艺术、社会、经济价值,应予以保护的村落。"冯骥才(2013)提出,传统村落是指拥有物质形态和非物质形态文化遗产,具有较高的历史、文化、科学、艺术、社会、经济价值的村落,同时是活态的村落。胡燕(2014)认为,"传统"一词最鲜明的特征在于强调文化和文脉从古至今的延续性,诠释了一个长期的动态变化过程。因此,传统村落概念是对有特殊保护意义的古村落所作的界定,更有利于体现古村落的历史价值和文化内涵。

知识链接

> 2012年4月16日,国家住房和城乡建设部、文化部、国家文物局、财政部四部委联合下发了关于开展传统村落调查的通知;5月10日,四部委召开了传统村落调查电视电话会议正式启动调查工作;8月22日,四部委联合印发《传统村落评价认定指标体系(试行)》;8月27日,传统村落保护和发展专家委员会成立,并于9月25日召开第一次全体会议;12月12日,颁布《住房城乡建设部、文化部(现为文化和旅游部)、财政部关于加强传统村落保护发展工作的指导意见》。截至2019年底,列入中国传统村落名录的村落数量达到8332个。其中,2012年第一批共计收录646个,2013年第二批共计收录915个,2014年第三批共计收录994个,2016年有1602个,2019年有2666个,2023年有1336个村落被列入第六批中国传统村落名录。

传统村落是中国农耕文明遗产,是中国几千年农业社会的典型代表,是传统农村生产、生活、文化活动的缩影。传统村落由于其形成时间较早,历史悠久,乡村传统文化积淀丰厚,作为中国村落文化的典型代表。传统村落作为人类发展的重要历史文化载体,体现出祖辈先民的重要的生存智慧,反映了人与自然的和谐相处,是一种典型的文化生态型聚落,是中国乡土文化活的载体。

中国传统村落文化有四种形态。一是"原生形态",指远古先民最初的生存环境,被称为"聚落",是人类群居最初脱离洞穴时期的形态,它具有最基本的家庭和社会生存功能,因为其处在人类文明发展的初期,更偏重生存与实用功能。二是"自然形态",它是古村落已经发育成型,具备家庭及社会群体活动绝大部分功能,并具有相当成熟的地域特征。其最大特点是与地域和自然条件相融合，并与居民的生活习惯相融合，保存了独特的地域色彩和社会风貌。三是"文化形态"，指某些经过上千年发展，在选址、规划、布局、建筑、装饰等方面承载了相当深厚的传统文化的古村落。四是"审美形态"，指古代士人和文人的一种居住理想，这种理想扎根于中国传统文化土壤，表现出古代士人和文人在出世与入世之间一种超脱心态。审美形态具有如下三个特点：一是适合农耕和居住的优美自然条件；二是与尘嚣隔绝且有着天人合一的健康生态环境；三是有诗画一般优美的意境。因此，中国传统古村落是具有地域特色的活体文明，是传统哲学的物质载体。

传统村落的意义主要有四个方面。一是传统村落在中国历史文化传承方面具有重要意义。在中国几千年的农耕文明发展历史中形成的传统村落，蕴含着中国传统文化厚重的积淀，所包含的朴素社会价值观念、传统民俗文化以及社会结构体系是中华民族繁衍生息的重要养分，是中国历史文化传承的重要内容。二是对于当代农村社会发展具有借鉴意义。传统村落中所包含的人与自然和谐相处的生态文明，体现着先人们天人合一的生态发展观，丰富多彩的建筑技艺与建筑艺术更是古代人们的重要智慧结晶，对于当代农村社会生态文明发展以及新型城镇化建设具有重要的借鉴意义。三是传统村落是中国人民的重要精神寄托，可以增强民族凝聚力。在中国历史发展过程中形成的以家族为纽带的社会体系中，传统村落成为连接家族血脉、传承族群文化的重要载体，是广大人民精神依托以及对故乡的记忆。四是传统村落的文化认同可以激发村民的自豪感与自信心。近年来，在二元对立的城乡差异中，乡村文化认同遭遇危机。无论村落如何发展、变迁，有关村落的自然与文化记忆永远都是村落发展的灵魂，并融入村民的血液之中，依然是广大农村社会发展的精神力量，可以激发村民为建设农村经济而奋发向上的精神。

（二）传统村落的空间系统

传统村落沉淀了特殊的地方知识和民间智慧，是一种特殊的文化表达类型和范式。传统村落由特殊的空间系统构成，包括空间结构和空间形态。两者都受传统村落所处的社会阶段、社会秩序、生产方式、产品结构、经济水平、传统文化和民族、地域元素的深刻影响。传统村落空间系统具有地域性和民族性双重结构，即不同地域的自然资源禀赋直接决定了适宜人居的聚落空间态势和多样性规划形制，从区域社会和民族文化心理结构上，也会折射出不同人文精神与审美趣味。概括来说，"聚族而居、血脉传承、融于自然、自主衍生"是中国传统村落空间结构和空间形态最显著的特征。传统村落的空间有多种复杂要素，包括现存的村落格局、河道水系、民居聚落、礼制建筑、道观寺庙、传统起居形态、历史风貌、自然景观和环境，等等。这些要素之间存在着密切的内在联系，构成一个关联度极强的有机整体。

为了生存安全和生息繁衍的需要，中国传统村落大都聚族而居，虽有单姓村、主姓村、杂姓村之分，但是都以血缘关系为纽带，把众多家庭、家族、宗族连接为若干血缘族群，形成无形的社会内聚力和层级秩序。同时还融入了传统的伦理道德和建筑风水理念。这样产生的村落空间结构在用地功能分区上不是很明显，甚至没有明确的功能布局界线，往往是通过不同血缘族群，组成几个相对集中的组团式空间单元，安排居住建筑群和宗祠、厅堂等公共建筑,以及水井、池塘、晒场、磨坊等生产生活设施,再以大街小巷联系沟通乡亲邻里。在族群聚落组团之间,常常会另辟开放式公共活动空间和各种生产、文化设施。整个传统村落的空间结构有序展开,自大至小,有主有次,脉络清晰,层次分明。这也和按功能分区,以及礼制规范进行规划布局的城镇空间结构有很大区别。传统村落空间形态体现出鲜明的地域乡土特色和建筑文化的多样性。这些村落建房修路都和地形地貌紧密结合,因地制宜,顺应自然。

> **知识活页**
>
> ## 西 递 村
>
> 西递村是众多皖南山岳中一个典型的古村落,黄山旅游线上的一颗璀璨明珠。位于安徽省南部,黟县城东九千米,北枕黄山,南眺白岳,东邻国家历史名城古歙,西通九华山、太平湖。相距黄山大门38千米,离遗产地宏村、迷宫式村落南屏、舒绣文故里屏山仅十几千米,交通十分便利。始建于公元11世纪的宋朝元祐(宋哲宗)年间,发展于明朝景泰中叶,鼎盛于清朝初期,至今已近960年历史,被誉为"中国传统文化的缩影""中国明清民居博物馆"。由于河水向西流经这个村庄,原名"西川",因在村西古有驿站,称"铺递所",故而得名"西递",素有"桃花源里人家"之称。
>
> 西递村古朴典雅,底蕴深厚,处于黄山黟县古徽州深处,四面环山中的一个小盆地,两流溪流从村北、村东经过,在村南会源桥汇聚成潭(见图4-4)。整个村子东西长700米,南北宽300米,在群山的包围中呈船形,进入山坳的路口有茂密的森林,入村和出村的路径只有村里人最懂,外人往往容易迷路,村中逐水而建的古民居建筑群像一间间船舱远离大海,连绵起伏的山峦如大海的波涛,而村落则是一艘不沉的历史航船。村落以一条纵向的街道和两条沿溪的道路为主要骨架,构成东向为主、向南北延伸的村落街巷系统,所有街巷均以黟县青石铺地,古建筑为木结构、砖墙围护,木雕、石雕、砖雕丰富多彩,巷道、溪流、建筑布局相宜,空间变化韵味有致,建筑色调朴素淡雅是中国徽派建筑艺术的典型代表,也体现了古村人居环境营造方面的杰出才能和成就,具有很高的历史、艺术、科学价值。这里远离城市的喧嚣,山里人自制的食品穿街走巷,传统的售卖方式一直在延续。
>
> 漫步村中,随处可见粉墙黛瓦,鳞次栉比,青石铺路,巷贯街连,镶嵌漏窗,镂空门罩和那层层叠叠的飞檐翘角,错落有致的马头墙。民宅厅堂雕梁画栋,描金飞彩,拦板斗拱、窗扇、菱花门全是精美细作的木雕佳品。天花板上饰有绚丽的彩绘,厢房板壁配有典雅的书画。厅堂挂有内涵丰富、寓意深刻的古楹联,不仅予人以美学之享受且晓人以处世哲理。至今村内尚保存完好的明清古民居有近200幢,目前已开发的有凌云阁、刺史牌楼、瑞玉庭、桃李园、东园、西园、大夫第、敬爱堂、履福堂、青云轩、膺福堂、应天齐艺术馆等20余处。村前矗立着明万历六年(1578年)胡文光

刺史牌楼，通体采用本地黑色"黟县青"大理石建成，雕琢精绝，巍峨高耸，是中国石坊建筑中之瑰宝。东园包括凉厅、正厅、前厅三进。正厅为厚光堂，用于接见贵宾之用；前厅为接待亲眷内宾；凉厅为书厅，既是主人修身养性的书屋又是主人办私塾的场所。凉厅左边厢房房门为六边形，右边却是圆形，突破了原传统式的对称建筑结构，而取得了不对称中之对称美的效果。西园庭院建筑则以漏窗借景传情，这种"移步换景，借景园外"的建筑格局在乡间村居中并不多见。进入园内，右侧是三幢楼房一字摆开，它们由一个长方的庭院连为整体，中间用大的砖雕漏窗以及形态各异的门洞隔开，分为前园、中园、后园，园中栽种花卉，没有假山、鱼池；透过前院的漏窗，隐约可见中院、后院的景物；整个庭院处于"界与未界，隔与未隔"之间，庭院深深，层层相连，这种不让人一览无余的设计，使得整个狭长的庭院显得幽深雅静。建于清朝同治年间的青云轩是西递村整体民居的一书厅，又称便厅，整个结构类似四合院，便厅居中，二楼结构，两侧平房，环绕一小庭院，院门临巷设有门亭；长方形的庭院中石条花台、假山盆景错落有致；厅内菱花隔扇，彩绘天花，格调优雅；厅堂正中地面上有一个圆洞，上面放着石盖，冬天掀开暖气上升，夏天掀开凉风送爽，圆洞与地下洞道相通，梅雨季节洗刷地面的水可以进洞流入阴沟，如此设计真是巧妙绝伦。

"满园春色关不住，一枝红杏出墙来。"拥有着悠久文明的古老历史、独具一格的民居特色、秀美壮丽的山水风光、敦厚朴实的乡土民情的西递村在2000年11月被联合国教科文组织列入《世界文化遗产名录》。

图4-4　西递村

（图片资料来源：中国世界遗产网 https://www.sinowh.org.cn/）

资料来源　晓然.中国传统古村落之西递村[J].中国工会财会，2018(7)：56.

(三)历史文化名村

1.历史文化名村与传统村落双轨保护制度

《中华人民共和国文物保护法》第十四条规定:"历史文化保存文物特别丰富并且具有重大历史价值或者革命纪念意义的城镇、街道、村庄,由省、自治区、直辖市人民政府核定公布为历史文化街区、村镇,并报国务院备案。"明确提出了区别于自然村镇属性的"历史文化村镇"概念,并以法律条文确定了其在中国文化遗产保护体系中的地位。2003年,住房和城乡建设部和国家文物局公布了中国历史文化名村、名镇评选方法,随后产生中国第一批历史文化名村、名镇名单,主要着眼于保存文物特别丰富、具有重大历史价值或纪念意义的,能较完整地反映一些历史时期传统风貌和地方、民族特色的村镇。这也标志着"历史文化名村""历史文化名镇"两个概念及其内涵、评选标准和保护制度正式建立。2008年,国务院第524号令公布《历史文化名城名镇名村保护条例》,规定"历史文化名城、名镇、名村的申报、批准、规划、保护适用本条例",显示了保护监督管理工作日趋规范化。2012年12月,住房和城乡建设部、文化部(现为文化和旅游部)、财政部联合发出《关于加强传统村落保护发展工作的指导意见》,由此形成了中国历史文化名村与传统村落名录并存的双轨保护机制。2014年4月,住房和城乡建设部、文化部(现为文化和旅游部)、国家文物局、财政部联合发出《关于切实加强中国传统村落保护的指导意见》,将保护的对象扩展到"传统村落"的定义范畴,强调了对"传统村落"保护的具体要求和相应必须采取的措施。2020年9月,发布国家标准(GB/T 39049—2020)《历史文化名村保护与修复技术指南》明确:"历史文化名村是经国家有关部门或省、自治区、直辖市人民政府公布的,保存文物和历史建筑特别丰富并且具有重大历史价值或纪念意义,能较完整地反映一定历史时期的传统风貌和地方民族特色的村落。"

2.历史文化名村系统要素及保护原则

中国于2003年、2005年、2007年、2008年和2010年、2014年、2019年陆续公布了七批历史文化名村名录312个。历史文化名村保护内容可包括古建、民居、园林、自然与人文景观、历史环境与风貌、宗教文献等。根据保护内容可以将历史文化名村系统要素划分为一级要素和二级要素,见表4-2。

表 4-2 历史文化名村系统要素

分 类	一级要素	二级要素
历史文化	历史沿革	建制沿革、聚落变迁、重大历史事件等
	传统格局和历史风貌	与历史形态紧密关联的地形地貌、河湖水系、田园植被、空间格局、街巷、重要公共建筑及公共空间的布局等
	文物保护单位和传统风貌建筑	文物保护单位、历史建筑、其他文物古迹、传统风貌建筑等
	历史环境要素	反映历史风貌的桥涵、古塔、古井、牌坊、戏台、围墙、石阶、铺地、驳岸、古树名木等
	传统文化及非物质文化遗产	方言、民间文学和传说、表演艺术、建造(制作)技艺、体育游艺、节庆礼仪等传统民俗文化

续表

分类	一级要素	二级要素
社会经济及保护发展	村落基本信息	人口、耕地、产业、就业、用地性质等
	基础设施和公共服务设施	基础设施、公共安全设施和公共服务设施现状
	保护与发展利用工作现状	管理机构、规章制度、保护与利用实施情况等
	保护与发展利用价值	历史、文化、科学、社会价值等

（资料来源：根据《历史文化名城名镇名村保护条例》《历史文化名村保护与修复技术指南》等整理。）

"中国历史文化名村"的保护原则可以归纳为如下三个方面：整体性原则、多样性原则和展示性原则。

整体性原则："历史文化名村"本身意味着一个整体环境的观念，它代表的是整个村落，而非单体的民居建筑。虽然一个历史文化名村形象的组成，离不开每幢古建筑和古民居，但历史文化名村的形象更注重于某种综合性的特质，它是古建民居、自然环境、历史氛围的多元统一，构成某种具有乡土特色的地域景观。比如，在某个村庄，有一棵世代相传的古老大树，树边有座小土地庙，富有起伏动感的民居山墙和青石板小路，加之小桥、流水等景观，便是这个村庄的整体意象。其价值难以用数量化的概念来表述。正是这种超数量化的隐性文化价值的存在，才使当地的居民的精神得到陶冶，具有地方特色的乡土文化也以此为基础培植起来，从而成为居民团结和凝聚的象征。"历史文化名村"的保护，除了做好单个文物建筑的保护之外，更重要的是要加强整体环境的保护，这就是"中国历史文化名村"保护时应遵循的整体性原则。

多样性原则：主要是指历史文化名村的保护类型要尽可能地多样化。由于中国地域辽阔，各地古村落因自然环境、人文习俗、文化背景、民族信仰等影响因素的不同而表现为多种多样。多样性原则又可视具体情况分解为地域的多样性、文化的多样性和民族的多样性等三个方面。地域多样性是指古村落特点的区域性特征，主要取决于自然环境的地域差异。如黄土高原一带因气候较干旱，多为窑洞村落；云南、海南等地因气候湿热，多为干栏式建筑组成的村落；东北地区因气候寒冷，多为紧凑、低矮民房组成的村落。文化多样性是指古村落所受不同文化因素的影响，主要取决于地方乡土文化的影响力。如徽州古村落因受新安文化的影响，追求诗画境界，故营造出大批的水口园林；闽粤赣毗邻区的客家古村落，因较多地保留了中原文化的传统，因而多数建筑明显继承了中原建筑的风格；浙江永嘉古村落，因崇尚耕读文化，故在村落布局上明显体现出"文房四宝"等耕读文化特点。此外，陕西韩城地区的党家村、江西乐安县的流坑村、浙江浦江县被称为"江南第一家"的郑氏义门等，均以其独具特色的文化形象而著称。民族多样性是指不同民族常会有不同的古村落形式。如宁夏回族村落以清真寺为中心展开布局；广西、湖南、贵州等地的侗族村落，多沿等高线布置在有溪流经过的山间谷地；云南傣族村落，形成以佛寺为中心的格局；白族村落、中心的大榕树和广场成为村民精神生活的中心。总之，中国历史文化名村的确认和保护应体现不同地域、不同文化、不同民族的多样性保护原则。

展示性原则:对历史文化村落积极意义上的保护应该从现代价值观出发,使历史文物古迹的历史价值、艺术价值、科学价值、文化价值、教育价值等不断得到新的升华,从而发挥更大的社会效益。要求保护与改造、更新、利用相结合,可称之为"展示性原则",即保护与开发相结合,保存与展现相结合的原则。

四、乡村旅游与村落生态文化系统

乡村旅游已经发展成为现代旅游的重要组成部分,在我国旅游业态中占有举足轻重的地位。远离城市紧张的工作与生活,追求日出而作、日落而息的田园生活,以舒缓身心,释放压力,这种休闲、消遣式的乡村旅游方式恰恰适应了当代城市居民的旅游需求,成为当代旅游的重要形式之一。乡村旅游的发展可以促进我国城市与乡村之间的经济、文化交流。通过乡村旅游的消费活动可以促使城市经济资源流入农村,促进农村经济的发展,也可以借助城乡之间的文化交流,缓解城乡社会的二元对立,有利于我国社会的融洽、和谐。2020年中国扶贫工作获得胜利,其中旅游扶贫是乡村贫困工作的重要抓手。发展乡村旅游,充分发挥旅游产业的综合带动能力,能很好地带动贫困农村地区经济发展,带动贫困群众脱贫致富,推动国家的新农村建设,以实现全面建成小康社会的目标。

任何一种文化形态,都有其自身发展规律,都会在历史发展进程中变迁。乡村文化是在中国农耕社会时期形成并发展起来的,具有鲜明的农业文明特征,与传统农业生产与生活息息相关。现代农业的生产方式虽然发生了重大变化,但并未改变其农业经济的本质,乡村文化延续、传承与发展的基础依然存在。利用现代城镇化所带来的便利,提高农村的城镇化功能,实现农村生活的现代化。实际上,乡村旅游不是让游客完全脱离城市化生活,完全回归传统农村,而是让他们能够在惬意的、自己已经习惯了的城市化生活方式中,体验虚拟的农村传统生产、生活过程,追寻传统的乡村文化记忆。

乡村旅游是实现乡村文化复兴的重要契机。乡村旅游的吸引要素主要有两点:一是优美的田园风光和悠闲的农家生活;二是中国人独有的乡土精神与乡土情怀。乡村旅游的发展,带动中国乡土文化的复苏,促进传统村落保护与乡村文化传承。传统村落保护是农村社会的整体性建构,必须让附着在传统村落之上的乡村文化共生,完善乡土文化赖以生存的文化生态环境,培育传统乡土文化生存与发展的土壤,使之具有不断发展与创新,这是一个文化生态系统工程,旅游产业具有这样的造血功能。旅游活动的开展有利于增强农村居民的文化自豪感与身份认同感,这为传统村落与乡村文化的保护提供了重要内源性动力,可以增加农村居民对传统村落与乡村文化保护的热情。旅游活动为当地居民提供了传统村落保护的经济动力,为乡村文化的传承提供了精神动力,使农村居民的乡村文化认同得以重建。旅游业的发展使文化从实用、自娱向着审美跃迁,不仅可以对乡村文化进行保护传承,甚至可以通过文化传播将其发扬光大。

五、乡村景观

景观一直是反映区域文化景观差异的显著标志,传统聚落景观反映出"天人合一"

的哲学思想。对于乡村旅游学而言，乡村景观是一个完整的空间结构体系，包括乡村聚落空间、经济空间、社会空间和文化空间。它们既相互联系、相互渗透，又相互区别，表现出不同的旅游价值。乡村景观是具有特定景观行为、形态和内涵的景观类型，是聚落形态由分散的农舍到提供生产和生活服务功能的集镇所代表的地区，是土地利用以粗放为特征、人口密度较小、具有明显田园特征的地区。依据景观科学、景观环境规划学、景观地理学和景观生态学的观点，乡村景观一方面反映了现阶段人类对环境的干扰，另一方面则成为乡村景观遗产，成为景观中最有历史价值的内容。从地域范围来看，乡村景观是泛指城市景观以外的具有人类聚居及其相关行为的景观空间；从构成上来看，乡村景观是由乡村聚落景观、经济景观、文化景观和自然环境景观构成的景观环境综合体；从特征上来看，乡村景观是人文景观与自然景观的复合体，人类的干扰强度较低，景观的自然属性较强，自然环境占主体。乡村景观具有深远性和宽广性。乡村景观区别于其他景观的关键在于乡村以农业为主的生产景观和粗放的土地利用景观以及乡村特有的田园文化和田园生活。

第三节　城市文化与城市特色

在人类历史上，在村落聚居地形成之时，人口更大量集中的聚居地也慢慢地发展起来。从考古中发现，埃及新石器时代的巴达里文化层中已有居民聚集而住的"城市"中心。到公元前 3500 年左右铜器出现的涅伽达文化时代，定居在尼罗河两岸的居民出于治理水利灌溉工程的需要，已经形成了几个公社结合体的城邦，涅伽达城可能是埃及最早的城市。在爱琴海，新石器时代就有了城堡或城邦；青铜器时代，荷马史诗《伊利亚特》里记载克里特有百城之称。这种居民聚居地（如城邦、城堡等社会组织形式）与村落不同，主要由不同血缘关系的人聚居在一起形成。

一、城镇的兴起

从社会发展上说，市镇的出现是社会分工发展的结果，人类一共经历了三次社会大分工。第一次是农业与畜牧业分工，出现了以从事种植业为主的农业村落文化。第二次是手工业从农业中分离出来，出现了专门从事手工业制作和生产的人群。手工业开始作为独立的部门出现后，商品交换的范围扩大，财富也迅速增加起来。专门依赖手工业生产和交换而生活的人群，脱离了农业生产。有人开始凭借对生产资料的占有获得财富，不用去从事任何生产劳作，他们对生活开始有特殊的要求，如住比较华贵的房屋、行走方便的道路等。当这些从事手工业劳作和不从事劳作的人聚集在一起时，市镇或城市的雏形开始出现。

在人类文明发展的早期，社会第三次大分工，商业作为独立的经济因素从农业和手工业中分离出来，经商成为社会中一部分人的生活、生存方式，商业是成长于农业与手工业社会后的一种新的经济因素。随着经商活动的发展，在一些人口相对集中的村落，出现了规模大小不等、以产品交换为中心的场所——集市。集市的特点是有固定的交换地点和交换时间,但没有形成固定的店铺、货栈及服务设施。各种集市在我国北方称"集",在南方称"墟""场""会""集"等。还有一年一次或几次的庙会、香会、骡马大会等大型集市。集市的发展促进了市镇的形成。在位置适中、交通方便、规模较大的集市上,人们为交易方便,开设了酒馆、客栈等服务设施。商人逐渐在集市内外定居经营,集市逐渐演变为具有一定人口规模的居民点——集镇。集镇的出现标志着乡村经济出现了商品经济的萌芽,为城镇的形成奠定了基础。在经常进行商品交易的市场周围,逐渐有了一些固定的居民点,这个市场也就成了一个镇或城市的中心。

《辞源》对"城市"一词的解释是:人口密集、工商业发达的地方。英国朗文出版社出版的《当代高级英语辞典》对"城市"的解释是:一个由大群房屋和建筑物组成的供人们居住和工作的地方,通常还有一个娱乐和商业活动的中心,其规模和重要性都要大于一个集镇;在英国通常还要有一个大教堂。可以看到,国内外对"城市"一词的解释都含有商业活动与市场的意思。《周易·系辞》记载"日中为市,召天下之民,聚今天下货物,各易而退,各得其所",说明市场对集聚有着关键的作用。尽管市场并不是所有早期城市发展的唯一功能和原因,但商品的交易和市场是超出村落聚居地的最突出和最鲜明的一个功能。由此,镇和城市从文化创造的角度看,以市场交易为核心的商业文化是镇和城市不同于村落文化最突出和最鲜明的文化特色。因此可以说,城市是人类文明时代的产物,是伴随着社会分工、阶级分化而出现的。

中国古代城市的发展达到了一个相当的高度,古时把城市类型的聚居地称为"邑""邦""郡""都""镇"等。古代在边关险要之地设"镇",以驻兵戍守。《新唐书·兵志》:"唐初,兵之戍守者,大曰军,小曰守捉,曰城,曰镇。"宋初,为了加强中央集权,罢镇使、镇将,将其权归于知县。宋代以后,镇是指县以下的小商业城市,"镇"的机制逐渐由"经济性"替代了"军事性",由于人口不断聚集,生产持续发展以及集市交易的兴隆,"镇"的职能增加了税收、管理等方面的内容。"民聚不成县而有税课者,则为'镇',或以官监之",这个概念一直沿袭至今。

二、城市生态系统与文化特色

在乡村、市镇和城市三种聚居地中,人口最集中、文化创造最丰富、积累最雄厚、信息最密集、功能最齐全的是城市。当前和未来,城市是人类聚居地发展的方向。城市化正是中国和世界其他许多国家持续不息的社会发展趋势。城市作为一个群落中心,首先是人口的发展。众多人口赖以存在和发展的生产、居住、消费三个要素。为此,城市发展就要处理好人与自然、人与人、人与社会三方面的关系。这些关系交错发展往往形成一个城市的文化生态系统。城市生态系统的中心是人口集居最密集的城区,集中了市政、商业、金融、贸易以及文化、教育、卫生等功能区域,围绕中心形成副食品供应地、食品供给地以及城市所在的自然环境的生态系统。古代由于交通不够发达,以步行为主的交通时代,城市的范围半径一般不超过 5 千米。如晋朝陆机在《洛阳记》中说广洛阳城周公所制,东西十里浦北十三里。城市规模只有到了现代化的交通、运输工具出现以后才迅速扩大,同时与现代工业、商业的发展密不可分。

城市的个性与文化特色是城市坐落方位、地理环境、历史沿革、人口结构、文化背景等多种要素的综合。不同的城市有不同的个性,不同城市的人也有不同生活方式和文化性格。

(一)城市空间与城市个性

城市空间,从广义上说是指由城市内部的建筑物、构筑物、道路、绿地等组合而成的所有空间,包括室内与室外、地上和地下相结合的整体。从狭义上说,是指由各种界面所围合的、为居民户外生活服务的各种公共空间,它们是构成城市生活的重要场所。城市空间的物质构成要素包括建筑物、构筑物、道路、广场绿地以及水面等。

城市的空间是由众多的空间单元组合而成的系统,序列的构成体现了空间的连续性和贯通性。现代城市文化生态系统的结构较之古代城市更为复杂。从时空二维观察,一般城市都有旧城和新城之分。旧城都比较小,房屋陈旧、道路狭窄,没有现代化设施。但历史建筑等多集中在旧城。随着现代工业的发展及人口的增加,许多大城市都在旧城市郊建立起了商业区、文化区,并在远郊建立起了卫星城市。

城市个性是城市的生命表现和城市形象的灵魂。从直观的外部特征来说,一个城市的外部特征从多方面体现出来,从城市特有的环境空间个性看,其所处的地理位置,自然条件不同,就构成了不同城市的环境空间特征。比如重庆,地处长江与嘉陵江交汇处,房屋依山而建,建筑形式以吊脚楼为主形成气势宏伟的山城;苏州市城中河道交错,房屋沿河修建,形成白墙青瓦、小桥流水人家式的建筑特征。其次是城市的内在特征,这主要由当地的实体形态构成,包括政治、经济、文化、科技、军事等需要联想和数字、文字等综合表述才能明了的特征。社会经济活动是城市最核心的活动内容,也是反映一个城市社会发展的个性。城市的发展过程本身承载着时代的烙印,如当今高新技术及其产业的发展,就能反应时代特征和成为城市个性的要素,这些内容在城市的建筑、商业、生活、风貌等一系列外部特征中有所反映。

(二)城市延续的历史文脉

城市是历史延续的产物,不同时代的文化遗产在一个城市内共生共存,在特定的时期内,城市个性就是从历史的步伐中逐步凸显也逐步更新。一个旅游者要了解一个城市的个性,首先要把握它的历史文脉延续的特征。城市历史反映了城市的个性、特征以及它所具有的独特的艺术魅力。除了参观、游览有形的文物古迹外,更重要的是要对那些无形的、心传口授的、融化于市民日常生活中的传统把握,这是城市的文化内涵。

在漫长的历史发展中,人类根据不同的地域特征塑造出不同的地域文化。这是人类对自然环境适应、改造和利用的结果。地域文化在城市的形成与发展过程中起到了决定性作用,它们在城市规划布局、建筑形象、城市景观和社会风气等方面得到了充分的展示。城市历史文化、民族传统、宗教影响等反映出的城市个性。从旅游资源的视角来划分,我国大致可划分为东北的林海雪原、中原的古都文化、华东的山水园林、华中的名山峡谷、华南的热带风光、西南的奇山异水和风土人情、西北的丝路大漠、内蒙古的草原风情、青藏高原的雪域冰峰和台港澳热带亚热带风情等区域,每个区域都相对有自己的区域特色或民族特色。

三、中国历史文化名城

(一)历史文化名城的含义与公布缘起

城市是人类文明的象征,反映了某个时代和地域在政治、经济、文化上的最高成就,是一批长期积累起来的历史文化遗产。历史文化名城概念的提出,即源于对城市这一特殊历史文化遗产保护的需要。实际上,历史文化名城是一个特定的概念,是经过一定的程序,由国务院核准并公布的。1982年颁布的《中华人民共和国文物保护法》第二章第八条规定:"保存文物特别丰富、具有重大历史价值和革命意义的城市,由国家文化行政管理部门会同城乡建设环境保护部门报国务院核定公布为历史文化名城。"2002年10月28日,第九届全国人民代表大会常务委员会第三十次会议通过了修订后的《中华人民共和国文物保护法》,其中第二章第十四条规定"保存文物特别丰富并且具有重大历史价值或者革命纪念意义的城市,由国务院核定公布为历史文化名城"。贾鸿雁(2007)据此提出历史文化名城的定义为"保存文物特别丰富、具有重大历史价值和革命意义的城市"。2018年11月1日发布的《历史文化名城保护规划标准》(GB/T 50357—2018)中定义历史文化名城是指:"经国务院、省级人民政府批准公布的保存文物特别丰富并且具有重大历史价值或者革命纪念意义的城市。"

我国把一个城市作为历史文化遗产提出来进行保护,始于1949年3月,由清华大学与私立中国营造学社合设之建筑研究所编制的《全国重要建筑文化简目》一书。

 知识链接

> 《全国重要建筑文化简目》(以下简称《简目》)是为提供中国人民解放军在作战及接管时保护文物所用,共收入22个省、市的重要古建筑、石窟和雕塑等文物465处,并标注了文物建筑的详细所在地、性质种类、创建或重修年代及特殊意义和价值等内容。为了对特殊重要的文物建筑加强保护,《简目》将文物建筑分为4级,以圆圈为标志,用圆圈多少表示其重要程度。《简目》的第一项,就是把北平古都作为一个完整的历史文化遗产来保护,并加上了最重要的4个圆圈的标志。

第二次世界大战结束后,欧洲和亚洲的许多国家对被战争破坏了的历史古城、历史文化遗产进行了大量的修复和重建工作,以此作为重建民族精神的重要手段,在发扬民族文化、振兴民族经济中起到了明显效果。在1949年10月颁布的《苏联部长会议建筑委员会第327号命令》中,苏联首次由国家正式公布历史名城名单。该命令第一条规定:"批准苏联境内保存着大量纪念物城市的名单,置于建筑纪念物保管总局的管理之下,作为具有全苏联意义的城市。"还在附件中列举了7个联邦共和国的历史名城共20座。苏联的这个文件,对我国保护历史文化名城的决策有直接的参考作用。

英国在1967年颁布的《城市文明法》中,首次将"保护区"的概念引入立法范围,该法令要求地方政府提出行政辖区内的保护区,同时国家有权超越地方政府,直接把任何有历史、文化、艺术价值的建筑群列为保护区。保护区指"其特点或外观值得保护或予以强调的、具有特别的建筑和历史意义的地区",可以是城镇中的某个地段,也可以是整个城镇。保护区中巴斯(Bath)、契切斯特(Chichester)、切斯特(Chester)、约克(York)4座城市因古建筑众多且集中成片,又是风景优美的旅游城市,被指定为国家重点保护的历史古城。

日本于1966年颁布了《古都保存法》,以"保护位于古都内的历史风土作为固有的文化资产,国民在同等享受它的恩泽的同时应完好地传承到后代"。其中"历史风土"的概念指"在历史上有意义的建筑物、遗迹等与周围的自然环境已成为一体,具体体现并构成了古都传统和文化的土地状况","古都"则是指"作为国家过去的政治、文化等中心,在历史上有重要地位的京都市、奈良市、镰仓市以及由政令指定的其他市町村"。

早在中华人民共和国成立之初,著名建筑师梁思成等提出了对北京和中国其他历史城市进行整体保护的思想,但在当时的历史条件下并没能得到贯彻实施。到20世纪70年代末和80年代初,随着改革开放政策的施行和城市经济的迅猛发展,城市建设和城市传统风貌之间的矛盾日益突出,在国家基本建设委员会、国家文物事业管理局、国家城市建设总局向国务院提交的《关于保护我国历史文化名城的请示》中这样描述:"随着经济建设的发展,城市规模一再扩大,在城市规划和建设过程中又不注意保护历史文化古迹,致使一些古建筑、遗址、墓葬、碑碣、名胜遭到了不同程度的破坏。近几年来,在基本建设和发展旅游事业的过程中,又出现了一些新情况和新问题。有的城市,新建了一些与城市原有格局很不协调的建筑,特别是大工厂和高楼大厦,使城市和文物古迹的环境风貌进一步受到损害。如听任这种状况继续发展下去,这些城市长期积累起来的宝贵的历史文化遗产,不久就会被断送,其后果是不堪设想的。"在这样的背景下,一些专家提出对古城单独保护一个古迹很难奏效,应当从城市整体上采取保护措施,于是,历史文化名城保护的概念应运而生。

1981年底国家拟订了第一批20个历史文化名城的名单,后又增加为24个,在1982年2月由国务院正式公布,1983年2月30日,发布《关于加强历史文化名城规划工作的几点意见》。1986年12月8日公布第二批38个国家历史文化名城名单。1993年6月10日公布第三批37个国家历史文化名城名单。至此,我国历史文化名城共有99个。2001年8月、2001年12月、2004年10月、2005年5月各增补1个,2007年3至5月增补5个,2009年1月增补1个,2010年11月增补1个,2011年1至11月增补6个,2012年3月与6月增补2个,2013年2月至11月增补4个,2014年7月与8月增补2个。2015年6月与8月增补2个。2016年增补3座,2017年增补2座,2018年增补1座。截至2019年,国务院公布了134座国家历史文化名城,全国划定历史文化街区875片,确定历史建筑2.47万处。

 知识链接

> 欧洲人们对历史性城镇特征的界定为"规模较小,完整地保留着某一时期的历史风貌,或在中心地区保存有完整的历史地区"。中国历史文化名城保护专家委员

会专家阮仪三等(1998)认为,"历史城镇不同于一般城镇,拥有物质、精神和制度文化等深厚的历史积淀,是人类的历史见证和文明结晶,主要用于生产精神产品,丰富人类精神文化生活"。联合国教科文组织认为我国江南古镇的是"一种介于城市与乡村之间的人类集聚地,并在一定的地域形成完善的、以水为中心的网络体系。"南京农业大学人文与社会发展学院副教授郭文(2015)认为,"古镇"是介于城乡之间,作为一定区域经济、政治、文化和生活服务中心,完整地保留历史特色的古建筑群、古民居、传统习俗和生活方式的区域集合体和人类聚居地。历史文化古镇的景物风貌、民居建筑、民俗文化等都是社会历史发展变化的反映和见证。历史文化古镇以其丰富的自然景观、历史遗址、地方特色民居和与之不可分割的民风民俗等历史文化资源,成为当代旅游业发展中不可替代的一个重要组成部分,之所以具有旅游价值,主要在于它具有不同于当代的历史信息及其文化特质。2003年10月8日,中华人民共和国住房和城乡建设部和国家文化局联合发布《关于公布中国历史文化名镇(村)(第一批)的通知》,明确为更好地保护、继承和发展我国优秀建筑历史文化遗产,弘扬民族传统和地方特色,住房和城乡建设部、国家文物局决定从即年起在全国选择一些保存文物信息特别丰富并且具有重大历史价值或革命纪念意义,能较完整地反映一些历史时期的传统风貌和地方民族特色的镇(村),分期分批公布为中国历史文化名镇和中国历史文化名村。第一批公布了的10个名镇和12个名村列入名单。2005年9月,公布了34个镇和24个村列入名单。2007年,第三批公布了41个镇和36个村列入名单。2008年10月,公布了第四批58个镇和36个村列入名单。2010年7月,第五批公布了38个镇和61个村列入名单。2014年2月,第六批公布了71个镇和107个村列入名单。2019年1月,公布了60个镇和211个村列入名单。

2008年4月2日,国务院第三次常务会议通过《历史文化名城名镇名村保护条例》,并规定了申报历史文化名城、名镇、名村的条件:"保存文物特别丰富;历史建筑集中成片;保留着传统格局和历史风貌;历史上曾经作为政治、经济、文化、交通中心或军事要地,或者发生过重要历史事件,或者其传统产业、历史上建设的重大工程对本地区的发展产生过重要影响,或者能够集中反映本地区建筑的文化特色,民族特色。申报历史文化名城的,在所申报的历史文化名城范围内还应当有2个以上的历史文化街区。"条例中还规定:"历史建筑,是指经城市、县人民政府确定公布的具有一定保护价值,能够反映历史风貌和地方特色,未公布为文物保护单位,也未登记为不可移动文物的建筑物、构筑物。历史文化街区,是指经省、自治区、直辖市人民政府核定公布的保存文物特别丰富、历史建筑集中成片、能够较完整和真实地体现传统格局和历史风貌,并具有一定规模的区域。"

(二)历史文化名城的特征

我国现有的134座国家历史文化名城,地域分布广泛,规模大、中、小皆有,直辖市、省辖市、县各级城市齐全,涉及现代城市分类中的所有类别。工业城市、交通港口城市

(铁路枢纽、海港城市、内河港埠)、省、地区中心城市、县镇、特殊职能城市等,由于其有各自的历史及文化生态,形态各异,但总的来说具有如下特征,见表4-3。

表4-3 中国历史文化名城特征

特 征	成 因	代表城市
历史悠久	中国的城市起源很早,其发展过程具有相当的连续性。自殷周以来,都城和各级中心城市在不同时期常常保持着国家或地区政治、经济、文化中心的地位,这就使得中国的历史文化名城大多具有久远的历史,长达千年者不在少数	绍兴、开封、江陵、长沙、广州、成都、南京、镇江
丰富的文物史迹	城市长期的历史发展,遗留下众多的古遗址、古墓葬、古建筑等文物史迹。远至史前文化遗址,以及奴隶社会、封建社会各个历史时期的烙印,近至近现代历史文物、革命文物等	北京、西安、洛阳、泉州、南昌、天津、平遥、上海
多彩的景观	由于政治控制、军事攻守、经济发展的实际需要,中国历史文化名城的地理位置大多比较重要,由于中国地大物博,民族文化交相辉映。因而,名城大都具有类型多样、多姿多彩的自然景观及人文景观	桂林、敦煌、昆明、银川、哈尔滨、韩城、镇远
深厚的文化艺术、民俗名产、名人名篇等	名城有许多历代相承的文化艺术内容,如诗词歌赋、传说故事、书画雕塑、音乐舞蹈、戏曲曲艺以及岁时风俗、衣冠服饰、土特名产等。名城孕育和荟萃了许多为祖国文化做出卓越贡献的思想家、文学家、艺术家、科学家和民族英雄豪杰。他们或对名城建设做出直接的贡献,或以自身才学风骨对名城的民风、民俗产生影响;或有著名的诗词歌赋绘画为名城谕扬	曲阜、杭州、扬州、苏州、岳阳、成都、绍兴、邹城、大理、开封、景德镇

(三)历史文化名城的分类

中国的历史文化名城为数众多,城市之间无论是在等级、规模、城市性质、物质构成、文化构成、历史沿革、现状格局有较大差异。罗哲文(2003)将我国第一批24座名城分为八类:一是中国历史上大统一时期的帝都,如西安、洛阳、南京、北京;二是诸侯国家或封藩封王的首府,如曲阜、江陵、苏州、长沙、绍兴;三是边疆省区早期地方政权的首府,如昆明、大理、拉萨、日喀则、喀什;四是军事重镇,如大同、银川、榆林、武威、张掖;五是海外交通的港埠,如广州、泉州、福州、宁波、上海、天津;六是风景游览城市,如桂林、苏州、杭州、承德、昆明;七是革命历史名城,如遵义、延安;八是其他具有特殊意义的城市,如景德镇(瓷都)、自贡(盐都)、扬州、武汉、重庆(江河流域的重要水运商业城市)。

王景慧等(1999)将三批共99座历史文化名城划分为七种类型,并引证实例及列表说明这种分类的结果也使有些城市兼具几种类型的特点,因此划分时只能按其主次来确定,见表4-4。

表 4-4　中国历史文化名城类型表

城市类型	特征	主要城市	次要城市
古都类	以都城时代的历史遗存物、古都的风貌或风景名胜为特点的城市	北京、西安、洛阳、开封、南京、杭州、安阳	咸阳、邯郸、福州、重庆、大同
传统建筑风貌类	具有完整地保留了某时期或几个时期积淀下来的完整建筑群体的城市	平遥、韩城、榆林、镇远、阆中、荆州、商丘、祁县	大理、丽江、苏州
风景名胜类	自然环境对城市的特色起了决定性的作用,由于建筑与山水环境的叠加而显示出其鲜明的个性的城市	承德、桂林、扬州、苏州、绍兴、镇江、常熟、敦煌、曲阜、都江堰、乐山、天水、邹城、昆明	杭州、西安、北京、南京、大理、青岛
民族及地方特色类	同一民族由于地域差异、历史变迁而显示出的地方特色或不同民族的独特个性,而成为城市风貌的主体的城市	拉萨、日喀则、大理、丽江、喀什、江孜、银川、呼和浩特、建水、潮州、福州、巍山、同仁	
近代史迹类	以反映历史的某一时间或某个阶段的建筑物或建筑群为其显著特色的城市	上海、天津、武汉、延安、遵义、重庆、哈尔滨、青岛、长沙、南昌	广州
特殊职能类	城市中的某些职能在历史上占有极突出的地位,并且在某种程度上成为这些城市的特征	泉州、广州、宁波(海外交通)、景德镇(瓷都)、自贡(井盐)、寿县(水防)、亳州(药都)、大同、武威、张掖(边防)	榆林、阆中(边防)、佛山(冶炼和陶瓷)
一般古迹类	以分散在全城各处的文物古迹作为历史体现的主要方式的城市	徐州、济南、长沙、成都、吉林、沈阳、郑州、淮安、保定、襄樊、宜宾、正定、肇庆、漳州、临淄、邯郸、衢州、赣州、聊城、泸州、南阳、咸阳、钟祥、岳阳、雷州、新绛、代县、汉中、佛山、临海、浚县、随州、柳州、琼山、集安、梅州	

(四)历史文化名城的空间文化系统

空间是兼具物质表象和文化表征的综合系统。我国历史文化名城的保护发展历史实际上经历了"实体保护—综合开发—文化发展"的辩证过程,既包括了对文化名城的相关文物实体及其空间布局的保护,也包括对其衍生出的文化象征体系的关注,形成具有记忆储存、开发实践和知识生产传播等功能的公共空间。根据历史文化名城的审定原则和保护规划标准,历史文化名城由物质要素和非物质要素共同组成。在保护发展历史中,形成部分文物古迹保护到整体片区性保护,从人工要素保护到自然、人工要素整体保护以及物质、非物质文化空间保护体系。物质要素包括:一是城址环境及与之相互依存的山川形胜;二是历史城区的传统格局与历史风貌;三是历史文化街区和其他历史地段;四是需要保护的建筑,包括文物保护单位、历史建筑、已登记尚未核定公布为文物保护单位的不可移动文物、传统风貌建筑等;五是历史环境要素。非物质要素指非物质文化遗产以及优秀传统文化。国家历史文化名城的物质和非物质文化的内容建构了历史文化名城的空间文化系统。历史文化名城要素见表4-5。

表 4-5 历史文化名城要素

类别	名称	内容
物质文化要素	历史城区	城镇中能体现其历史发展过程或某一发展时期风貌的地区,涵盖一般通称的古城区和老城区
	历史地段	能够真实地反映一定历史时期传统风貌和民族、地方特色的地区
	历史文化街区	经省、自治区、直辖市人民政府核定公布的保存文物特别丰富、历史建筑集中成片、能够较完整和真实地体现传统格局和历史风貌,并具有一定规模的历史地段
	文物古迹	人类在历史上创造的具有价值的不可移动的实物遗存,包括地面、地下与水下的古遗址、古建筑、古墓葬、石窟寺、石刻、近现代史迹及纪念建筑等
	文物保护单位	经县级及以上人民政府核定公布应予重点保护的文物古迹
	地下文物埋藏区	地下文物集中分布的地区,由城市人民政府或行政主管部门公布为地下文物埋藏区。地下文物包括埋藏在城市地面之下的古文化遗址、古墓葬、古建筑等
	风貌	反映城镇历史文化特征的自然环境与人工环境的整体面貌和景观
	历史建筑	经城市、县人民政府确定公布的具有一定保护价值,能够反映历史风貌和地方特色的建筑物、构筑物
	传统风貌建筑	除文物保护单位、历史建筑外,具有一定建成历史,对历史地段整体风貌特征形成具有价值和意义的建筑物、构筑物
	历史环境要素	反映历史风貌的古井、围墙、石阶、铺地、驳岸、古树名木等

续表

类 别	名 称	内 容
非物质文化要素	非物质文化遗产	各族人民世代相传并视为其文化遗产组成部分的各种传统文化表现形式,以及与传统文化表现形式相关的实物和场所。包括:传统口头文学以及作为其载体的语言;传统美术、书法、音乐、舞蹈、戏剧、曲艺和杂技;传统技艺、医药和历法;传统礼仪、节庆等民俗;传统体育和游艺;其他非物质文化遗产
	中华优秀传统文化	一是核心思想理念,包括人们在修齐治平、尊时守位、知常达变、开物成务、建功立业过程中培育和形成的基本思想理念,如革故鼎新、与时俱进的思想,脚踏实地、实事求是的思想,惠民利民、安民富民的思想,道法自然、天人合一的思想等 二是中华传统美德,包括中华优秀传统文化蕴含着丰富的道德理念和规范,如天下兴亡、匹夫有责的担当意识,精忠报国、振兴中华的爱国情怀,崇德向善、见贤思齐的社会风尚,孝悌忠信、礼义廉耻的荣辱观念 三是中华人文精神,包括中华优秀传统文化积淀着多样、珍贵的精神财富,如求同存异、和而不同的处世方法,文以载道、以文化人的教化思想,形神兼备、情景交融的美学追求,俭约自守、中和泰和的生活理念等,是中国人民思想观念、风俗习惯、生活方式、情感样式的集中表达

(资料来源:根据《历史文化名城保护规划标准》(GB/T 50357—2018)、《中华人民共和国非物质文化遗产法》《关于实施中华优秀传统文化传承发展工程的意见》(2017〔6〕号)整理。)

1.国家历史文化名城的物质文化空间

(1)城址环境及与之相互依存的山川形胜。

城市所在地的山川、气候等自然地理环境是形成城市文化景观的基础,有特色的地貌和自然景观经人类的利用、改造成为城市文化景观的重要组成部分,体现出历史文化名城的个性色彩,如古都西安,八水环绕南北山峰对峙,南边秦岭横亘,太白山、终南山作为城市附近的山脉,是城市不可分割的一部分。秦始皇就曾在终南山的峰巅上立木,作为秦都的门阙,由终南山上下来便直达阿房宫前殿。在唐代诗人的笔下,终南山与城市建筑也常常相提并论。如杜牧《长安秋望》:"楼倚霜树外,镜天无一毫。南山与秋色,气势两相高。"祖咏《终南望余雪》:"终南阴岭秀,积雪浮云端。林表明霁色,城中增暮寒。"李白《望终南山赠紫阁隐者》:"出门见南山,引领意无限。秀色难为名,苍翠日在眼。"重峦叠嶂的终南山与格局规整的西安古城构成和谐的韵律。

河北承德因"康乾盛世"的历史文化遗存"避暑山庄"和"外八庙"而成为中国北方为数不多的著名风景游览城市之一。避暑山庄的选址除考虑到地处京师通向漠北交通干线"襟喉"的优越位置外,还考虑了这一地区的气候和山川因素。承德的东北是阴山余脉、大兴安岭余脉和七老图山的交汇处,塞罕坝(阴山在木兰围场境内的一段)和七老图山像一个"八"字形的天然屏障,削弱了来自西伯利亚的寒流,同时又将顺滦河、潮河流域上溯的海洋性季风、暖流阻挡于坝下,因之承德一带气候温润,雨量充沛,清凉爽舒,森林茂密,草原广阔,有良好的自然生态环境。地形则高、凹、曲、深兼备,富于变化;山中流泉富集,随处可引,又有温泉,具备造园的理想条件。山庄之内,山峦异势,林原广布,云容水态;山庄之外,更有磬锤峰、蛤蟆石、僧冠峰、罗汉山、鸡冠峰、双塔山、元宝山等千奇百怪的丹霞地貌造型。围绕山庄建成的承德城山环水绕,城景相融。

浙江绍兴城始建于周敬王三十年(公元前490年),是少有的建成至今城址稳定不变的名城之一。城处在会稽山脉北部的冲积平原上,城郊既有会稽山脉的支峰,又有宽阔的河流湖泊,使它具有优美多姿的城外环境和城内景观。城内八山中藏,较高的府山、塔山、兼山三山鼎立,河道网布,桥梁繁密,是典型的江南水乡城市。

山水名城桂林境内分布着占市区面积的68%以上的岩溶地貌,以岩溶峰林为主,包括峰林平原和峰丛洼地两大类,形成山青、水秀、洞奇、石美的桂林山水。辖区内有洞穴数以千计,市区附近的峰林平原有石峰220座,市内大小湖塘100余个,总面积达82.05平方千米。桂林城在拥有众多优美山体的狭窄平原上,选择了一处最适中的地方作为城址,使城与山水结合得天衣无缝,真可谓"城在景中,景在城中"。

高原古城拉萨是世界上最具吸引力的名城之一,它磅礴的气势、神秘的色彩得益于城内外的壮丽山河。拉萨城西北部是著名的念青唐古拉山脉,由西北转向东南环绕;南部冈底斯山脉呈东西向分布。四周东有觉母丝丝,东南有明珠孜日,西南有曲加拉日,西北有岗彭吾孜等大山相连环抱。拉萨境内江河纵横,较大的有雅鲁藏布江、拉萨河、尼木河、曲水河,其中属雅鲁藏布江、水系的拉萨河流经拉萨市区,水面宽阔,是拉萨的母亲河。境内还有大小湖泊500多个,总面积6000多平方千米,主要分布于冈底斯山和念青唐古拉山脉中,多为冰川湖、泊,如颗颗明珠镶嵌于高山群峰之间。这些绵亘的众多巨大山脉,奔涌的无数湍急河流,星罗棋布的湖泊,涛声万里的林海,映衬着威严的宫殿、寺庙,使拉萨城愈显雄浑奇伟,景象万千。

(2)历史城区的传统格局与历史风貌。

历史城区的传统格局与历史风貌是人们创建的人工环境与自然环境相融合的产物,包括城市的形状、格局形态、空间构成、建筑形式、景观等。这些形态植根于城市所在的自然环境,受地理条件的影响与制约,同时与其政治、经济、军事地位和兴衰变迁有着密切的关系。

按《周礼》的要求,最理想的城市布局形状是矩形,不仅都城,包括府、州、县城都最青睐这种形状,在气候干燥、地势平坦的地区尤其如此。如北京、西安、平遥、榆林,甚至南方的苏州等名城古城区都采用矩形;大同、安阳、寿县、大理古城基本呈正方形,保定府城也接近正方形,唯西南部为便于挖掘护城河而突出。其次,还有象征天的圆形、椭圆形。为了顺应山峦起伏和河流弯曲的地形,城的空间结构也会呈不规则的形状,这在南方较为多见,如南京、常熟、景德镇、赣州、佛山等。

有些城由于历史的原因形成双重城或多重城,如呼和浩特老城是由归化、绥远二城组成的双重城;天水则由五城并联形成带形城;山海关由关城、东西罗城、南北翼城等组成防守严密的多重城;遵义由湘江两岸的老城和新城组合而成,呈极不规则的圆形和带状相结合的形态。个别的城区呈现动物的轮廓,受信仰及传统观念影响,如昆明城被认为是拟龟形而建。明洪武十五年(1382年)筑云南府城时,将北部的圆通山、翠湖围入城中,位于盘龙江西岸的东墙较平直,西墙北段和南墙东段也较平直,北墙则略呈弧形。据说南门为龟头,北门为尾,东西四门为足。同有"龟城"之称的还有成都和平遥。泉州旧城被称为"鲤城",因形如跳跃的鲤鱼而得名。

中轴对称、方格网状的道路系统是中国古代城市布局的基本思想。明清时期的北京城是这方面最杰出的代表,从永门起直到鼓楼、钟楼,贯穿着一条长达8千米的中轴线,这条中轴线是城市布局结构中的脊梁,皇城正门天安门、紫禁城正门午门、外朝三大殿、内廷后三宫、全城制高点景山万春亭以及鼓楼、钟楼都位于这条线上,其他的一些重要建筑也都沿线对称布置。内城的道路系统比较整齐,大多是正南北、正东西走向的街道,呈"棋盘式"格局,外城因为平民所居,道路多沿用旧路或在废沟渠上修筑,所以弯曲不规整,有不少斜街。矩形的城市大多采用与北京城类似的布局,一般的县城道路系统呈"十"字形,如平遥;府州城干道系统呈"井"字形,如安阳。不规则形的城市在其核心部分也往往会采取方正的格局,如泉州最早修筑的子城(传为唐天祐元年节度使王审知时筑)平面和一般古代城市一样,由方城和正对四门的十字形街道形成骨架。宁波城位于余姚江、奉化江、甬江三江汇合处,受河流地形影响,平面呈不规则形状,但内部布局仍遵从地方政治中心城市的布局模式,城市道路呈十字形,在中心布置衙门、鼓楼等公共建筑,官署居中偏北,宗教坛庙多位于南部。水网地区的城市,城市布局深受河道水系的制约和影响,如苏州城,建城2500年以来城址保持不变,水系起了决定性的作用。城的平面呈矩形,道路呈方格形,城内较大的河道东西向有三条,南北向有四条,形成"三横四直"的骨架,许多小河与街道平行,呈现水陆并行、河街相邻、前街后河的双棋盘式城市格局。城内河道纵横,桥梁星布,民居临水而建,尽显水乡韵味;道旁或尽端建有塔等高层建筑,如城北的报恩寺塔(北寺塔)、凤凰街的罗汉院双塔、虎丘的云岩寺塔、城西南隅盘门内的瑞光塔等,这些高层建筑与城市道路和河道配合良好,打破低缓的城市天际线,丰富了城市的立体轮廓。

(3)历史文化街区和其他历史地段。

历史街区是指保存有一定数量和规模的历史建(构)筑物且风貌相对完整的生活地区。其所构成的整体环境和秩序反映了某一历史时期的风貌特色。1964年,《国际古迹保护与修复宪章》(《威尼斯宪章》)谈到"历史地段"时提出:"历史古迹的概念不仅包括单个建筑物,而且包括能从中找出一种独特的文明、一种有意义的发展或一个历史事件见证的城市或乡村环境。"随即1966年日本颁布《古都保存法》后,"历史地段"的概念由"文物建筑的所在地段"向"历史街区"逐步拓展。1987年,国际古迹遗址理事会通过的《保护历史城镇与城区宪章》(《华盛顿宪章》)中提出了影响较大的历史地段和历史城区的概念:"本宪章涉及历史城区,不论大小,其中包括城市、城镇以及历史中心或居住地,也包括自然的和人造的环境。除了它们的历史文献作用外,这些地区体现着传统的城市文化的价值。"

在《国务院批转建设部、文化部〈关于请公布第二批国家历史文化名城名单报告〉的通知》中提到历史文化名城的审定原则第二条中说:"作为历史文化名城的现状格局和风貌应保留着历史特色,并具有一定的代表城市传统风貌的街区。"这是我国正式地提出将历史街区及具有历史特色的城市格局和风貌作为历史文化名城的构成部分,两者是历史文化名城与文物保护单位的本质区别所在,也是城市历史活的见证。2002年10月修订后的《中华人民共和国文物保护法》正式将历史街区列入不可移动文物范畴,具体规定为:"保存文物特别丰富并且具有重大历史价值或者革命意义的城镇、街道、村庄,并由省、自治区、直辖市人民政府核定公布为历史文化街区、村镇,并报国务院备案。"

杭州曾经是南宋的都城,中国七大古都之一,也是大运河的南端点,经济繁荣,素称"钱塘自古繁华"。古城的范围东起环城东路、城站,西至环城西路、湖滨路、南山路,北起环城北路,南到万松岭路、吴山脚下、望江路,总面积18700平方米。其历史街区有:清河坊历史街区、中山中路传统商业街保护区、小营巷旧城风貌保护区、湖边村近代典型民居保护区、北山街保护区、西兴老街保护区、思鑫坊近代民居保护区、小河直街历史街区、拱宸桥桥西历史街区、长河老街保护区。

知识链接

> 杭州清河坊自古是杭州的繁华地段,位于杭州上城区老城区,有丰富的历史人文遗产和文化底蕴。河坊街新宫桥以东,是南宋时期宋高宗寝宫——德寿宫遗址。南宋时被封为清河郡王的张俊住宅就在当时称之为御街的太平巷,因此这一带被命名为清河坊。南宋时期,清河坊商铺林立、酒楼茶肆鳞次栉比,是杭城的政治文化中心和商贾云集之地。历经元、明、清及民国时期直至解放初期,这一带仍是杭州城商业繁华地带。杭州的百年老店,如王星记、张小泉、万隆火腿栈、胡庆余堂、方回春堂、叶种德堂、保和堂、状元馆、王润兴、义源金店、景阳观、羊汤饭店等均集中在这一带。2000年,杭州市政府颁布《杭州市清河坊历史街区保护办法》,清河坊街区在杭州旧城改造过程中得以保留。2001年10月,河坊街主街建成。2004年10月,高银街美食街建成。整个街区体现旅游、购物、餐饮、娱乐、休闲功能。业态布局上除保留街区内著名的老字号外,以招租、联营等形式,引入商家经营古玩、字画、旅游纪念品、工艺品、杭州及各地名优土特产等。
>
> 杭州中山中路传统商业街保护区与清河坊十字相连,南起鼓楼,北至官巷口,东起光复路,西至现有道路的40米外。中山路在南宋时是都城临安的御街,是临安城格局南北走向的主轴线,也是一条传统的商业街。沿街商铺林立,诸行百市样样齐全,繁华一时,到了元代还有"一代繁华如昨日,御街灯火月纷纷"的诗句。至今在这条约2千米长的路段上,留下了方裕和、状元馆、高义泰、九芝斋、豫丰祥、邵芝岩、奎元馆等十数家名店老店,古商业街的风貌依然存在。沿街两侧仍保留着很多清代至民国初的商业建筑,还有不少仿西方古典式建筑,是市内近代建筑最集中的街道,保存完好的主要以近代西式建筑风格为主。

(4)文物古迹和近现代史迹。

文物古迹和近现代史遗是名城历史发展过程和文化成就的实物见证,如古文化遗址、古墓葬、古建筑、石窟寺、石刻、壁画、近代现代重要史迹和代表性建筑等不可移动文物,以及历史上各个时代的重要实物、艺术品、文献、手稿、图书资料、代表性实物等可移动文物,是构成历史文化名城的基本组成要素。

古城遗址历史文化名城中,由于自然环境变化、社会发展及城市选址的需要等,往往在一个城市周围汇聚了多段城市历史发展,形成了不同的"文化层"。文化层是考古学术语,指古代遗址中,由于古代人类活动而留下来的痕迹、遗物和有机物所形成的堆积层。每一层代表一定的时期。考古工作即是从地层上正确划出上下文化层的叠压关系。例如,历经20年考古发掘,我国考古学家发现在古都开封地下3~12米处,上下叠压着6座城池。其中包括3座国都、2座省城及1座中原重镇;淤埋在地下3米的清代开封城、地下5米的明开封城、地下6米的金汴京城、地下8米的宋汴梁城、地下10米的唐汴州城、地下12米的魏国大梁城构成了"城摞城"的奇特景观。这种遗址景观的形成有着自然环境、经济、军事和社会等诸多因素。其中,开封作为重要城市发展的原因和条件之一,是开封所在地一马平川,河湖密布,交通便利,有着极为优越的水利网络设施。有人工开凿的运河鸿沟(汴河)可与黄河、淮河沟通,还有蔡河、五丈河等诸多河流,是这些河流的中枢和向外辐射的水上交通要道。但由于历次黄河水患使开封数座古城池深深淤埋于地面之下;地上则因黄河泥沙淤积使河床不断抬高,形成了河高于城的"地上悬河"。

多数历史文化名城在其发展过程中,由于自然环境的变化、战争的破坏,以及其他人为因素的影响,城址并非一成不变,而是经过了一次或多次的迁移,那些作为遗址的旧城址成了某一段城市史的见证。著名古都洛阳有4000余年的城市史,先后有夏、商、周、东汉、魏、西晋、北魏、隋、武周、后梁、后唐、后晋等王朝在此建都,留下5座不同时期的都城遗址:夏代末期二里头遗址、商代前期尸乡沟商城遗址、东周王城遗址、东汉迄北魏历时330多年的汉魏洛阳故城遗址和隋唐东都城遗址。五大都城遗址沿洛河排列,举世罕见,被史学界誉为"五都荟洛",是洛阳这座历史最悠久的古都无可辩驳的证明。

此外,中华文明源远流长,古城遗址也见证了早期的城市建设。1935年,在浙江杭州良渚镇附近发现"良渚文化"遗址证明:在今杭州西北向的良渚、余杭等地,距今5300年至4300年前就已经开始有建城史,遗址的空间结构也反映了中华文明特殊的空间文化形态。

古墓葬:历代帝王、王公贵族、名人的墓葬,在某种层面反映了名城曾经的政治地位和文化影响,加上其本身具有的重大历史、科学和艺术价值,使陵墓成为名城重要的物质构成因素。上古帝王陵是人们缅怀先祖的场所,延安因拥有中华民族始祖轩辕黄帝的陵墓而成为中华民族的圣地,安阳二帝陵(颛顼、帝喾陵)、绍兴大禹陵也都是后人致祭的地方。后世帝王陵寝因规模宏大、墓室装饰精美、陪葬品众多而受人瞩目。"秦中自古帝王州",关中平原是古代建都朝代最多的地区,周、秦、汉、隋、唐历代帝陵和皇亲勋臣陪葬墓集中于渭水两岸,或封土高大,或因山为陵,极为壮观。西安的秦始皇陵陪葬兵马俑坑一经发掘,震惊世界,被称为"世界第八大奇迹",成了西安最负盛名的古迹。咸阳市境内分布有帝陵和陪葬墓1135座,包括著名的汉武帝茂陵、唐太宗昭陵、唐高宗与武则天合葬墓乾陵。九朝古都洛阳有东汉、西晋、北魏各朝帝陵和唐高宗太子李弘恭陵;大同有北魏方山永固陵;南京有东吴大帝孙权陵墓、南朝帝陵、南唐二陵、明太祖朱元璋孝陵;北京有金代皇陵、明十三陵和景泰陵;沈阳有努尔哈赤福陵和皇太极昭陵;银川、集安分布着被称为"东方金字塔"的西夏王陵、高句丽王陵。这些是城市建都史的证明。

历代王侯墓多分布于各诸侯国都和封国都,反映了所在城市历史上区域政治中心的地位。如河南商丘三陵台史载为西周宋国国公的三座陵墓;荆州八岭山集中了楚王墓和明藩王墓;临淄境内156座古墓大都是春秋、战国和汉代齐国的君王、公侯、卿、大夫、贵族、名士的墓葬;扬州天山汉墓是西汉中晚期广陵王家族墓葬等。

古城墙:英国著名建筑史学家帕瑞克·纽金斯(1990)在《世界建筑艺术史》中提出,几千年来,城墙实际上和"城市"是同义语。中国在春秋战国时代建筑城墙即成为城市建设的定式,并形成城郭之制。古城墙在中国建设和开发的历史十分悠久,城墙是重要的历史文物,其历史文化价值具有独特性、垄断性、稀缺性、脆弱性和不可再生性等诸多方面。中国《文物保护单位保护管理暂行办法》(1963年)、《中华人民共和国文物保护法》(1982年)、《中华人民共和国文物保护法实施条例》(2003年)等文物保护法对其给予了相应的规定。中国现存较完整的古城墙建筑有南京古城墙、西安古城墙、荆州古城墙、平遥古城墙等,成了其所在历史文化名城的重要标志。各省、市也制定了符合地方实际的法规条例,如《北京市文物保护管理条例》《北京历史文化名城保护条例》《西安历史文化名城保护条例》等。专门针对城墙保护的法规有《南京城墙保护管理办法》《山西省平遥古城保护条例》等。余浩然等(2019)认为,古城墙文化价值丰富,体现在两个方面:首先是作为城墙实体的考古和建筑工艺价值,如墙砖的选择。以南京明城墙为例,共耗费了数亿块城砖,这些城砖来自全国各地,材质的土性也呈多样性,大多数城砖都留有铭文,可以考察当时的建筑工艺。其次是基于其设计理念、空间布局体现出的象征意义和人文价值等。比如,南京城墙以城门隐喻星斗,形成的"南斗六星"与"北斗七星"的布局,与明孝陵呈北斗星布局一致,体现了"天地合一"与"皇权神授"思想。此外,围绕城墙还流传着大量的传说、成语、民俗民谚等。古城墙开发和利用是受其在当代社会生活中的影响决定的。古城墙所处位置长期是地方经济文化中心,区位优势十分明显,与城市发展和居民生活有着紧密的联系。围绕古城墙展开的许多民俗活动古已有之,如南京的"走城墙"活动,被当地人视为可以驱百病而世代相沿。这种物质性和空间性最直接的影响是塑造了古城墙的公共性,古城墙价值实现和功能发挥皆是基于此。古城墙通过一定技术手段的改造已经成为一个综合了人文和景观的复合体,在这个复合体中,"物质"部分和"非物质"部分是相对均衡的,缺一不可。南京城墙依山傍水,其建造理念体现了中国礼教制度与自然相结合,后人对其人文改造实际上是兼顾了城墙实体保护和人文价值传播两个部分。在社会转型和产业升级的过程中展现出的古城墙的多种用途,也完成了对其原有功能的转换以及象征意义的替代,将之塑造成为现代旅游符号消费的产物,以及一种涉及总体性社会事件的现代文化景观。

 知识链接

> 南京城墙建于元至正二十六年(1366年),完工于明洪武十九年(1386年),历经20年,原长37.676千米,为古代世界之最,开13门,现存尚有21千米多,有城门4座、水门1座。南京城墙一反以往都城墙方矩形的古制,因山川地势蜿蜒起伏,呈不规则形。现存中华门是明城墙13门中最大的一座,原名聚宝门,有3道瓮

城,27个藏兵洞,雄姿巍峨,恢宏壮观,世所罕见,是南京市的标志建筑之一。

西安城墙是全国古城墙中保存较完整、规模最大的一座,建于明洪武年间,在唐长安城皇城城墙的基础上扩建而成,周长13.7千米,内为夯土,外包青砖,城四角各有一座角楼,四门各有三重门楼,城外有护城河,整个城墙构成严密的防御体系。西安城墙已成为西安古城最显著的标志。

现存平遥古城墙(见图4-5)筑于明洪武三年(1370年),嘉靖、万历及清代有过补修,周长6163米。城墙上建有3000个垛口、72座敌楼,象征孔子的3000弟子、72贤人。城墙有6座城门,各有瓮城,形如龟,有"龟城"之说,寓意"固若金汤,吉祥长寿"。

图4-5　平遥古城墙

(资料来源:中国世界遗产网 https://www.sinowh.org.cn/)

宫殿、宫殿遗址、衙署:中国古代多数城市以突出政治中心为主,城市规划和建设受到城制的影响,宫殿、衙署在城市中占据突出的地位,它们也是城市曾经的政治地位的体现。"房""殿""宫""台""寝""堂"等是中国古代对各类建筑类型的不同称谓。随着社会发展和建造技艺的进步,早期的"贵贱所居"、以避寒暑的简陋宫室逐渐"尊者以为号","宫殿"成为建筑形制和级别最高的建筑类型,成为帝位居所的专用名词。"宫"是早期的一般居住建筑的统称,现在一般是将皇宫建筑的居住部分称为"宫",如后宫等。而位于建筑群落中前部,进行系列上朝理政、举行礼仪活动的区域称为"殿",建筑单体通常高大宏伟。北京是中国最后的封建王朝明、清的都城,宫殿建筑保存完好。紫禁城位于北京城的中轴线上,占地面积72万平方米,现存房舍8707间,建筑面积15万平方米,规模宏大、布局严整。从整体上看,紫禁城沿中轴线呈对称性,南面和北面分别是"前朝"部分和"后寝"部分。从局部上看紫禁城的建筑群又是由许多单体建筑沿着中轴线排列结合配置组群而成,在长达1600米的中轴线上,通过封闭的、连续的、对称的封闭的院落空间,形成逐步展开的建筑序列来烘托建筑的等级森严和宏伟壮观,其空间秩序体现出的理性美和政治性的统一。

宫殿从选址到建造通常也体现了民族的文化观念,如布达拉宫的选址建在拉萨河谷盆地中央的红山上,符合藏族堪舆风水观。自初建之时,取法自然,依山势而建,不讲究中心对称,居高临下整个拉萨平原谷地。佛教传入后,更是把红山神圣化、佛教化,取名"布达拉"（梵文，意思为普陀胜景，观音净土之意）。

在省城与府、州、县城这些地区中心城市中，体现其城市行政等级的是衙署建筑。如地处太行山东麓的保定，原为北魏设立的清苑县，宋为保塞军，后升为保州，州、县治所始迁至今保定城区。从明代到清末年间，保定府城内拥有包括直隶总督署、直隶布政使署、直隶按察使署、直隶省分巡清河道署、保定府署、通判署、清苑县署、直隶审判厅、直隶检察厅、提督学政署、淮军公所等众多衙署建筑，机构庞大，所以有人称之为"保定七十二衙署"，现存比较完整的衙署有直隶总督署和直隶审判厅等。自清代以来，不同职能的衙署发生的历史事件和直隶丰富的历史文化积淀。

 知识链接

> 清康熙八年（1669年）起，直隶巡抚由正定移驻保定，保定从此成为直隶省会。雍正二年（1722年），改直隶巡抚为直隶总督，雍正七年（1727年）将原保定府衙改建为直隶总督署，直到1911年清朝灭亡，历经8帝128年，这里始终是直隶省的军政枢纽机关。民国以后则为直隶督军、川粤湘赣经略使、直鲁豫巡阅使、保定行营、河北省政府驻地。清代直隶省是拱卫京师的要地，直隶总督是各省督抚中的津要之职，曾在总督署驻足的74位总督中，包括李卫、方观承、刘墉、曾国藩、李鸿章、袁世凯等著名人物。有"一座总督衙署，半部清史写照"之誉，是全国目前唯一保存完好的清代省衙。就其空间文化形态而言，其署址在保定城中心位置，在众多的衙署中"众星拱月"。在建筑色彩运用上，总督署体现中国古代衙署依据定制，大都采用冷色调，青砖黛瓦、暗色楹柱、梁枋彩绘、青蓝碧绿的特点；就院内设景而言，衙署建筑的景物装饰多集中布置在内宅。所有这些建筑手法的运用，都在于创造出一种严肃的气氛，以体现统治阶级的权威。整个总督署主要是包括大门、仪门、大堂、二堂、官邸、上房，并配以左右厢房、耳房等的五重院落，以及东路的东花厅、外迁押房等，均为小式硬山建筑，基本保存完好。以直隶总督署为代表的清代官式衙署建筑，是中国古代建筑的重要组成部分。

同时，不同的历史发展使不同地区的衙署具有其各自的历史文化。纳楼，原为红河流域的彝族部落。清时，纳楼为普氏土司的代名词，普氏土司是彝族三大土司之一。元朝初年，设纳楼茶甸千户所，隶阿僰万户府。至元年间，改隶善阐万户府。明洪武十五年（1382年），朝廷采取"率土归附""以原官授之"的拉拢政策。纳楼千户普少持印归附，朝廷授其世袭土司，隶临安府，开启了纳楼土司数百年的基业。此后500余年里，纳楼土司的统治相对稳定。清光绪九年（1883年），朝廷为削弱土司势力，将纳楼土司其析为太和、永乐两司，继而分解为四舍。现存的纳楼土司衙署为第四土舍（土司的属官）普应隆于光绪三十三年（1907年）所建，位于今建水县坡头乡回新村。纳楼衙署建筑既具有彝族建筑的传统特色，又兼具汉族建筑之长，是彝、汉建筑文化融合的典范。

红河地区的彝族人民多用生土材料，形成当地特色的土掌房：墙体较厚，采用土墙平顶的形式；外部封闭而具有稳重的特征。衙署的大门采用单坡形式，坡度较大，层高较高，十分高大，庄严结实，富有彝族建筑特色，四面有厚实高大的土墙围护，墙体的材料和垒筑方式与传统的土掌房相似,使衙署建筑能以一种"高"姿态,融汇于周围传统民居当中。受中原汉族建筑文化的深刻影响,衙署整体布局为汉式的三进四合院。大门两边外墙转折形成的八字大门的形制,极富汉族官衙建筑特色。衙署建筑的正堂,摒弃了传统生土夯筑的彝族建筑形式,呈现抬梁式木结构体系,内部环境已与汉式建筑相差无几。衙署后院四周的厢房均为两层,回廊环绕,也是对汉族传统跑马楼形式建筑的模仿。整体而言,纳楼衙署的建筑形制和内部空间都极具汉化倾向,但整体又具有当地"土掌房"的气息,整个衙署建筑呈现出一种地域特色的自信和文化交融的态势。

知识链接

　　纳楼土司衙署位于云南省红河哈尼族彝族自治州建水县回新村,坐西朝东,三进院,占据村内制高点。照壁是建筑的前奏,和大门间隔百余米的练兵场,两侧为辅助用房。大门为牌楼式建筑,三开间,外墙向两侧转折呈八字形。碉楼矗立两旁,上层开枪眼,作防御之用,下层设拱门,供车马通行。

　　第一院是前厅,为土司办公之所。两侧的厢房,两层三间,为收租、储藏贡物之所。屋内原设水牢,用以关押犯人。正堂位于院子西面,三开间,是土司审理公务和举行盛典之所。

　　第二院为过渡空间,以花廊连接正堂和后院。花廊两侧为厢房,三开间。西面厢房靠近正堂的位置,有个小天井。穿天井,可至厨房,厨房内设灶台和水池。

　　第三院为后院,是土司及其家眷生活起居之所。院落居中,四面屋宇环绕,为两层回廊式建筑。正房位于院子的北面,一明两暗三开间。明间是起居室,左右两边为卧房。院子两侧厢房为土司的书房。厢房两层回廊相连,外侧回廊对着细长的夹院。正房后的夹院两端各有一座碉楼。碉楼森严壁垒,由厚实的土墙砌筑。受到汉族衙署形制的影响,其空间序列遵循了中轴对称的布局,其各进地坪就着地势沿着主轴线逐进抬高。屋宇平面规整,各进之间以院落作为过渡。在正堂之后,都有一个"工"字形的院落。纳楼土司衙署效仿了中原汉族建筑的样式,以榫卯将木梁、木柱组合构成房屋骨架,再以当地的土坯墙作为围护。衙署中的木构架主要为抬梁式,如衙署后院建筑中便选用了抬梁式木构架。抬梁式结构体系的选择,使建筑内部获得了更加宽敞和灵活的空间。纳楼衙署中,柱础有圆柱和方柱两种,有圆鼓形、金瓜形、瓶形等形式。柱础面上刻有云纹、"卐"字纹等多种纹样,技艺精湛。

　　纳楼衙署的大门,为木结构牌楼式建筑,十分高大,装饰及色彩颇具彝族建筑的特色。檐下的彩画以蓝色调为主,辅以红、黄、白、黑,题材为花卉、彩凤、云龙纹等。大门上绘有门神,这些汉族传统装饰的表达,也体现了土司祈求吉祥安定的愿望。大门立四柱,三开间,中高两低,单面歇山顶。屋脊中线在外墙处,屋顶向外延伸,挑檐翘角。檐下饰有彩凤和云龙纹,色彩以蓝色调为主,辅以红、黄、白、黑等色彩。除衙署大门外,纳楼土司衙署的屋脊主要为游脊的形式。游脊样式简单,脊身由瓦片相叠累砌而成,两端微微翘起。屋面材料多为青灰色筒板瓦。由于等级的限定，建筑在屋顶样式上主要选用硬山顶的样式。级别高一些的，仅纳楼衙署的大门采用了单檐歇山的形式。卷棚顶在一般建筑上较少使用，常出现在园林建筑中，纳楼衙署第二进院的两侧厢房中却使用了卷棚顶，使屋面更富变化。

钟鼓楼：钟和鼓原来都是古代的乐器，由于它们本身的特性，也被人们用来报时。从汉朝起就有了天明击鼓催人起和入夜鸣钟催人息，即"晨鼓暮钟"的制度。唐长安采取封闭里坊制度，定时启闭，实行宵禁。在宫城正门承天门上设钟鼓，作为全城的司时中心，在各主要街道及坊门上也设鼓，随承天门鼓声而动，为启闭坊门的信号。其时州、府、县城也在衙城或衙署外门上设鼓角，称为谯楼，作为城市司时中心。明清时期，在很多州、府、县城中，司时功能也从衙署谯楼分离出来，建造了专门的钟楼和鼓楼。

城市钟鼓楼建筑通常居于城市的中心区域，建筑较为高大，高度高于城内的一般建筑，形式较为多样，而现存钟鼓楼建筑案例中，以砖石台基承托木质楼阁的形式居多，除报时作用外，还承担如观望火情、维持社会治安秩序等功能。其在城市空间中的文化意义在于起到的中轴线作用和呈现了中国封建时期的礼制威仪。国家历史文化名城中大部分城市的核心功能之一是政治权利的中心。这些城市的营建体现了当时社会制度的最高准则。注重王权思想，营造政治秩序，集中反映在城市中重大建筑的布局及城池规模上。从都城到县城，由统治中心建筑、城池规模、平面布置、钟鼓楼、文庙等共同组合形成了一个礼制体系，反映了中国古代城市规划的礼制，并构成城市空间景观的有序性：屋顶有序，开间有序，高低有序、色彩有序、方位有序等。如北京钟鼓楼始建于元至元九年（1272 年），处于元大都全城平面布局中心的位置，明永乐十八年（1420 年）重建，清乾隆十年（1745 年）再次重建钟楼。明清北京城较元大都南移，钟鼓楼是北京南北中轴的终点。北京鼓楼位于北京市中轴线上、鼓楼东大街与地安门外大街交会处。元大都和明清北京城的规划建设贯穿了皇权至上的封建礼制思想，中轴明显，整齐对称，充分体现着帝王的尊严。古代钟鼓楼承担报时、报警、城市中轴线标志等政治功能，同时钟鼓楼所处的优越的地理位置，周围一般多为店铺林立的闹市区。因此也产生了经济功能。北京钟鼓楼一带，在元、明、清以及民国初期一直都是北京城中的繁华区。

知识链接

《燕京访古录》载："燕京有四大水镇，积水潭即其中之一。在元时即为水运终点（南货北运进京的终点）码头。有很多的官船与民船，运来南方等地的商品。舳舻蔽水，盛况空前。附近的地安门、鼓楼大街，在当时就成了繁华的商业市场。"

清人震钧《天咫偶闻》载："地安门外大街，最为骈阗。北京鼓楼，二里许，每日中为市，攘来熙往，无物不有。"又《庚子纪事》载："近来后门大街，西单牌楼……被烧抢各铺户，均按原业修复，比前尤觉华丽，金碧辉煌，人腾马嘶，依然兴隆世界。"

祭祀、纪念建筑：根据考古发掘所得的材料看，至少从新石器时代中晚期（距今约6000 年）开始，中国就出现了专门的祭祀性建筑。根据祭祀对象不同，祭祀建筑可分为三类。第一类为祭祀自然神,包括天、地、日、月、风云雷雨、先农之坛以及五岳、五镇、四海、四渎之庙等。第二类为祭祀祖宗,包括帝王宗庙(太庙)和臣民家庙(祠堂、宗祠)。帝王宗庙被视为统治的象征,具有特殊的神圣性和极其崇高的地位;家庙则被视为家族的根本,是家族成员的精神支柱。第三类为祭祀圣哲先贤,包括孔庙、儒家贤哲庙、古圣王庙、贤相良将庙、清官廉吏庙、著名文学艺术家庙、忠臣义士烈女庙等。

如由皇帝亲自致祭的天地、日月、社稷、先农之坛和太庙等是都城的主要建筑,城制中不仅明确规定了"左祖右社",其他坛庙也各有方位。北京城至今较完整地保留有这些祀典建筑。在紫禁城南、天安门东侧立有太庙,是明清两代皇帝祭祀祖先的地方;天安门西侧是社稷坛,为祭祀土神和五谷神的场所。城南郊建有天坛,是明清两代皇帝敬天祈谷之地。在受祭的天地神祇中,天帝是最高的神,因此,祭天之坛被设计为三层(与社稷坛相同,而地坛为两层,日坛、月坛和先农坛只有一层,层数的多少完全依照其神格而定),天坛也是我国现存最完整、最重要和规模最为宏大的祭祀建筑群。城北部有地坛,是明清两代皇帝祭祀地祇神的场所。城东和城西分别建有日坛和月坛,分别祭祀大明神(太阳)和夜明之神(月亮)及诸星宿神祇。天坛西侧有先农坛,是明清两代皇帝祭祀先农、风云雷雨、岳镇海渎、京郊山川、都城隍等神的地方。始建于明嘉靖十年(1531年)的历代帝王庙是明清两代帝王祭祀历代帝王、功臣的场所,供奉上至三皇五帝,下至元、明历代帝王167位,东西两列配殿分列79位功臣。

祭祀圣哲先贤的建筑首推文庙和武庙,文宣武成之祀本隶属于国家宗教体系之中。对孔子的奉祀始于孔子死后的第二年(公元前478年),鲁哀公下令将孔子故居三间立为庙,以后随着孔子地位不断提升,建庙祭孔成为尊孔的重要内容。东汉桓帝元嘉三年(153年)第一次由国家在首都洛阳为孔子建庙祭祀;南朝宋孝武帝曾下诏建孔子庙与诸侯礼仪同等;唐贞观四年(630年)诏州县皆立孔子庙祭拜孔子,这是第一次以国家名义在全国建立孔庙;到唐高宗时又下令督促"诸州县孔子庙堂及学馆有破坏并先来未造者……宜令所司速事营造",孔子之庙遂遍于天下。宋代孔子被加封为"至圣文宣王",孔子嫡长孙被封为衍圣公,沿袭32代。元代成宗大德六年(1302年),在大都建孔庙,十一年(1307年)加封孔子为"大成至圣文宣王"。现今位于北京东城区国子监街的孔庙是元、明、清三代皇家祭孔之地,加号诏书碑也仍完好地树立在孔庙大成门左侧。

近现代史迹:近现代史迹包括近现代重大历史事件的发生地、近现代名人故居及纪念建筑和近现代优秀建筑是城市在近现代历史地位的体现。如武汉自20世纪以来,先后成为辛亥革命的中心、国民大革命的中心和抗战初期全国抗日救亡运动的中心,武昌起义在这里爆发,京汉铁路总工会在此组织总同盟大罢工,国民政府曾设于武汉,中国共产党八七会议在此召开,武汉三镇的庚子烈士墓(1900年自立军起义领导人唐才常、傅慈祥等七位烈士合葬墓)、三烈士亭(辛亥彭楚藩、刘复基、杨洪胜三位革命党人就义处)、鲁兹故居(辛亥革命时期掩护反清革命志士和进步人士活动的场所及抗战初期周恩来、朱德等开展革命活动的场所)、起义门、武昌起义军政府旧址、辛亥革命烈士墓、黄兴铜像、京汉铁路总工会旧址、施洋烈士墓、武汉国民政府旧址、武昌中央农民运动讲习所旧址、毛泽东旧居、中共五大开幕式暨陈潭秋革命活动旧址、中华全国总工会暨湖北省总工会旧址、八七会议会址、国民革命军第四军独立团(叶挺独立团)北伐攻城阵亡官兵诸烈士墓、向警予烈士墓、红色战士公墓、八路军武汉办事处旧址、苏联空军志愿队烈士墓等昭示着武汉在现代史上的重要政治地位。

2.国家历史文化名城的非物质文化空间

历史文化名城除有形的文物古迹、历史街区、格局形态外,还拥有无形丰富非物质文化遗产以及优秀传统文化内容,共同反映着城市的历史文化积淀,构成城市非物质文化空间,主要包括以下要素。

(1)历史事件。

名城历史上发生的重大事件反映了城市的历史地位,同时也是城市历史价值和革命意义、文化发展的体现,对其自身的发展道路和特色的形成也有重大影响。

如洛阳从夏商到北宋3000余年间,建都(包括陪都)长达2000年之久。宋人李格非说:"洛阳之盛衰,天下治乱之候也。"司马光有言:"若问古今兴废事,请君只看洛阳城。"在洛阳发生过商汤即位、平王东迁、光武中兴、党锢之祸、董卓之乱、八王之乱、永嘉之乱、魏孝文帝汉化改革、武则天称帝等政治大事。许多文化事业上的大事也发生于洛阳,如周公制礼作乐、孔子入周问礼。周公营建雒邑后,依据周原有的制度,参酌殷礼,建立各项典章制度,即所谓"礼乐之制"。道家创始人老子曾为东周的"守藏室之史",长期在洛阳管理图书典籍,所著《道德经》是道家学说的主要代表作。汉代曾以黄老之术治国。中国本土宗教道教创立后,以《道德经》作为主要经典,尊老子为教祖,洛阳是道教的主要活动中心之一。东汉永平求法,佛学首传于洛阳,国家创建的第一座佛寺诞生于洛阳。汉魏时,佛经与佛律大都在洛阳被翻译出来,最早的汉文佛经《贝叶经四十二章》和汉文佛律《僧祇戒本》都从洛阳传播至北方。北魏时由于统治者的大力推崇,洛阳的佛寺多达300余所。在洛阳城南的龙山上,还开凿了著名的龙门石窟。隋唐时期,洛阳刹庙林立,香火隆盛,继北魏之后大规模开凿龙门石窟。洛阳白马寺不仅是中国佛教的"祖庭""释源",而且影响周边诸国:约2世纪末,佛教从中国传入越南;4世纪传入朝鲜;6世纪前期传入日本;19世纪末20世纪初随着华人、日本人旅居欧美,佛教在欧美也有所流传,源流所系,均在洛阳。魏晋时期,经学式微,玄风渐炽,京都洛阳一批名士大兴清谈之风,代表人物有何晏、阮籍、向秀、郭象等。北宋洛阳程颢、程颐兄弟同受业于周敦儒,他们提出了"理"的哲学范畴,并以此阐释封建伦理道德,把三纲五常称为"天下之定理"。其学说被称为洛学。洛学以儒学为核心,并将佛、道渗透于其中,旨在从哲学上论证"天理"与"人欲"的关系,规范人的行为,维护封建秩序。"二程洛学"开理学之先河,而宋明理学是宋代之后漫长中国封建社会的理论基础和精神支柱,洛学奠定了宋明理学的根基,在中国哲学史上有重要地位。东汉、魏晋以至北宋等时期,洛阳还是硕儒云集的文化中心,许多重要的著作、发明诞生于此,如蔡伦改进造纸术,张衡制浑天仪、候风地动仪,马钧发明指南车、龙骨水车等,均在洛阳研制成功;东汉王充作《论衡》,班固、班昭著《汉书》,晋左思撰《三都赋》,陈寿撰《三国志》,北魏杨衒之著《洛阳伽蓝记》、郦道元著《水经注》,北宋欧阳修修《新唐书》《新五代史》,司马光纂《资治通鉴》等,也都基本在洛阳完成。这些文化、科技方面的重大历史事件为洛阳赢得了中国文化版图上"天下之中"的崇高地位。

(2)名人轶事。

历史文化名城人文荟萃,名家辈出。城因人而显,如孔孟之乡曲阜、邹城,史圣故里韩城,周恩来总理家乡淮安,南阳为诸葛亮躬耕之地,荆州为关羽驻防之所,长沙是屈子行吟、贾谊凭吊的"屈贾之乡",柳州是柳宗元"种柳柳江边"的故地。人为城增添光彩,杜甫寓居成都3年多,留下247首诗歌,既有"黄四娘家花满蹊,千朵万朵压枝低""晓看红湿处,花重锦官城"的蕴藉妩媚,又有"安得广厦千万间,大庇天下寒士俱欢颜"的忧民情怀;包拯任职端州(今广东肇庆),改造沥湖(今星湖),治理水患,垦荒储粮,兴文办学,清风两袖,"清心为治本,直道是身谋",是为官的楷模。名人与名城相得益彰,名人的高风亮节、遗风留韵让后人津津乐道。

如浙江绍兴古往今来,人才辈出,灿若群星。历史上,涌现出大批卓越的政治家、思想家、科学家、文学家、艺术家。春秋时期越王勾践和他的谋臣范蠡、文种,东汉唯物主义思想家王充、历史学家赵晔、袁康、吴平,东晋南朝书圣王羲之、山水诗人谢灵运,唐代政治改革家王书文、诗人贺知章,南宋爱国诗人陆游,明代哲学家王守仁、书画家徐渭、抗倭英雄姚长子、戏曲家王骥德、医学家张介宾、理学家刘宗周、文学家王思任、张岱、祁彪佳,清代文史学家章学诚、李慈铭、平步青、书画家赵之谦、任伯年,近代图书馆事业的开创者徐树兰以及教育家蔡元培、杜亚泉、许寿裳,民主革命家徐锡麟、秋瑾、陶成章,文学巨匠鲁迅、政治活动家邵力子、经济学家马寅初、科学家竺可桢、史学家范文澜、数学家陈建功、核物理学家钱三强等,都出生或生活在这里。绍兴还是历代文人墨客向往的地方,汉代司马迁、蔡邕,晋代陶渊明,唐代李白、杜甫、元稹、刘长卿、孟浩然,宋代王安石、苏轼、李清照、辛弃疾、范仲淹,明代袁宏道等都曾到过绍兴。这些名人在绍兴留下令人景仰的业绩、动人的篇章,遗物遗迹遍及全城,遗闻逸事流传百代,绍兴也因此而赢得"历史文物之邦,名人荟萃之地,山清水秀之乡"的美名。

(3)学术文化。

历史文化名城是文教发达之地,一些有影响的学术派别诞生于名城中,名城就成为学术重镇,如曲阜是儒学的诞生地。战国时代设立于齐都临淄稷门附近的稷下学宫是百家争鸣的论坛和讲台。自桓公田舞设学宫招徕文人学士讲学著书起,至齐威王(公元前356—前320年)、宣王(公元前319—前301年)时学宫鼎盛,先后有数百千人云集稷下,著名者有淳于髡、骆衍、田骈、接予、慎到、尹文、环渊、田巴、鲁仲连、荀况等。这些学派的代表人物汇聚在一起,一方面各家各派之间、一家一派内部不断展开争鸣,宣传自己的学说和主张;另一方面,又在争鸣中互相学习、吸收,使自己的学说得到发展。战国时百家争鸣的生动局面达到高峰,临淄成为当时的文化中心。学宫推动了整个中国先秦学术文化的发展,泽被后世。兼容并包、思想自由的稷下学风,对中国知识界影响深远。

扬州在清代产生了乾嘉学派的重要分支——扬州学派,影响很大,还有太谷学派。宁波号为"浙东文化渊薮",学术流派有南宋"四明学派"、明代"姚江学派"、清代"浙东学派"。四明学派也称"四明陆学",以研究、师承陆九渊的心学为主,兼综朱子理学及金华、永康诸学说而成。姚江学派为明代哲学家王阳明所创,又称"阳明学派",集中国主观唯心主义之大成。浙东学派的创始人是明末清初启蒙思想家黄宗羲,提倡学术"经世致用",经济"工商皆本",研究领域涉及哲学、史学、天文、地理、数学、文学、艺术、宗教等多方面,是清代最有影响的学派。

明清宁波的藏书文化全国驰名。明嘉靖年间,兵部右侍郎范钦建藏书楼天一阁,罗致海内奇书,藏书达7万卷以上,并订立了严格的图书保藏制度,使藏书直到近代一直得到较好的保管。清乾隆帝在修《四库全书》后,仿天一阁建造了文渊、文源、文溯、文津北方四阁和文汇、文宗、文澜南方三阁,以置放《四库全书》,遂使天一阁名闻天下。宁波还有清代藏书家黄澄亮的藏书楼五桂楼,藏书超过6万册,有"浙东第二藏书楼"之称。常熟的藏书也素负盛名,见于记载的历代常熟藏书名家有宋代祁时、钱俣,元代虞子贤、徐元震,明清钱曾、席鉴、陈揆、张海鹏、张金吾、瞿绍基、赵宗建、翁同龢等;著名藏书处有明代东湖书院、稽瑞楼、借月书房、爱日精庐、铁琴铜剑楼等。常熟藏书向以宋元精篆、孤本、善本、精秘钞本而著称,涌现出一批精于考订、校灘的出版家和版本目录学家。

　　一些区域中心名城是地方文化的发祥地和中心。如洛阳是河洛文化的发祥地,北京、邯郸分别是燕赵文化的发祥地,苏州、绍兴是吴越文化的发祥地,荆州、长沙分别是楚文化的发祥地和重镇,成都是蜀文化的发祥地,广州是岭南文化的中心等,这些名城都是地方文化的典型代表。

　　(4)文学艺术。

　　历史文化名城与文学艺术有着水乳交融、不可分割的联系。文章诗词缘山川胜迹而发,以名城为重要的题材;名城籍文章诗词而名扬四方,流光溢彩,增加文化底蕴。汉代以来就专门出现了用于讴歌城市的赋体,如扬雄《蜀都赋》、班固《西都赋》《东都赋》、张衡《西京赋》《东京赋》《南都赋》、左思《蜀都赋》《吴都赋》《魏都赋》等。还有诸多小说作品以名城为背景。如唐人传奇《李娃传》《霍小玉传》《长恨歌传》等以长安为故事发生地;宋元话本时时表现着东京、临安的繁华场景;《红楼梦》《儒林外史》则有较多文化内容来源于南京。

　　名城的经济文化发展为各种艺术形式的生长提供了土壤和源泉。戏曲曲艺、音乐歌舞、书法绘画、园林盆景等是名城绵长历史和厚重文化的体现。荆州曾是楚都和楚文化的发祥地,楚歌楚舞,绵延至今。今天的荆州民歌,上承楚国民间音乐,独具一格,流传广泛,有田歌、号子、儿歌、灯歌、宗教歌、风俗歌、小调、革命历史民歌八大类,特别是风俗歌中的座丧鼓,是哀悼亡者的挽歌,有春秋余音,被称为"古代歌曲的活化石"。泉州南戏被列入亚太地区的口述与非物质遗产,包括梨园戏、打城戏、高甲戏、木偶戏等。梨园戏以泉州声腔表演,至今已有七八百年的历史,保留着宋元南戏风貌和特有的艺术程式,被誉为宋元南戏在泉州的活文物。梨园戏的音乐与南音关系密切,曲调和道白都用泉州方言。高甲戏源于民间演唱的宋江戏,是糅合京戏、乱弹、漳州竹马戏和梨园声腔的福建一大剧种。打城戏源于僧道两教的宗教表演活动,后又吸收木偶的演出活动和京剧的武功,是一个独特的宗教剧种。泉州提线木偶源远流长,表演难度大,精彩动人,音乐以南音和梨园唱腔为主,外加民间十音吹奏,有780余个新旧剧目;掌中木偶又称布袋戏,相传起于明嘉靖年间街头的说书表演,活灵活现,神奇敏捷,妙趣横生。南音源于西晋中原文化和清商音乐,至今保留着晋唐古乐的遗响,是泉州古老的地方音乐。几百年来,南音保持着自己的声腔风貌长期不衰,有上千个衮门、曲牌和曲子,还有不少沿用汉唐的古曲牌名,使用的乐器有汉唐的曲项琵琶、古老洞箫、二弦、三弦,元代云锣等。泉州还有笼吹、车鼓、十音、踢球舞、拍胸舞、七星灯舞、火鼎舞等民间音乐舞蹈。

　　苏州昆曲距今已有700多年的历史,是中国传统戏曲中最古老的剧种之一,也是中国传统文化艺术,特别是戏曲艺术中的珍品,被称为"百戏之祖""百戏之师"。许多地方剧种都受到过昆曲艺术多方面的哺育和滋养。中国戏曲的文学、音乐、舞蹈、美术以及演出的身段、程式、伴奏乐队的编制等，都是在昆曲的发展中得到完善和成熟的。昆曲在剧本、音乐和表演三个方面表现出突出的文化价值，于2001年被联合国教科文组织列入第一批人类口述与非物质遗产代表作。同入人类口述与非物质遗产代表作的古琴艺术在扬州、常熟、南京等地得到继承，扬州广陵琴派200多年来代有传人，常熟虞山琴派以清、微、淡、远为特点，为琴史所推崇。丽江纳西古乐、建水洞经音乐、青城山道教音乐、崂山道教音乐、曲阜的箫韶乐舞、云门大卷乐舞等都有很强的地方特征。

（5）工艺特产。

名城在历史上大多有较为发达的经济，传统工艺、土特产品是名城传统经济的支柱，它们传承到今天，成为名城宝贵的历史遗产。传统工艺特产的内容极为丰富，带有鲜明的地方特色，如四川地区自古酿酒业发达，酿酒历史可上溯到先秦时期，宜宾五粮液、泸州老窖、古蔺郎酒、成都全兴大曲等都是国家名酒。宜宾两千年来名酿辈出，宜宾出土的大批汉代酿酒、取酒、饮酒器、沽酒陶俑、饮宴画像石刻，以及历代连篇累牍地对宜宾美酒的题咏等都表明了宜宾作为酒文化发祥地之一的突出地位。名城泸州现存的明代老窖池、流杯池、百子饮酒嬉戏图石刻、明代瓷酒瓶等都是酒文化的珍贵文物。

岭南名城潮州的文化带有浓郁的地方色彩，在其工艺特产上有强烈的体现。潮州陶瓷业自晋代以来已有深厚的根基，在宋代被誉为"广东陶瓷之都"，今天传统工艺美术陶瓷以玲珑、细腻、清新、素雅的艺术风格闻名遐迩；属于粤绣一大流派的潮绣有绒绣、纱绣、金银绣、珠绣四大类，以色彩浓烈、富于装饰性而著称；潮州抽纱以瑰丽多姿、技艺精巧闻名，有数十种制作工艺；金漆木雕在漆未干透时即贴上真金箔，远观近看，金碧辉煌，极具岭南风格。

案例分析

恩施土司遗址及旅游文化空间重构

土司制度在鄂西南存在将近500年，留下了大量的城址遗址、建筑遗址，以及数量众多文物与文史资料，其中保存较为完整的是恩施唐崖土司遗址和容美土司遗址。它承载着我国土司制度和湖北少数民族文化内涵，具有十分突出的遗址特征。以遗址文化空间的重构来实现恩施土司遗址的保护与开发，推进恩施乡村旅游文化产业发展是一个较为合理的途径。作为历史文物类资源，恩施土司遗址特性显著。一是规模性。从遗存形式来看，有十多种类型，如官署建筑、碑刻梅匾、土司墓群、印章文献、土司谱牒、办公用具和文房四宝、礼器兵器、服饰、生活器物、诗作、军事遗址、建筑，表演艺术、饮食和节日文化等。其景观宏伟，遗存丰富，历史信息蕴含量大。二是价值性。作为土司制度的实物见证及民族遗迹，恩施土司遗址具有重要的历史价值、珍贵的文化价值以及土家族文化传承的实用价值。三是稀缺性。遗址的布局、形制、建筑风格、自然环境以及它所蕴含的精神文化都具有自己鲜明的特色，决定了其在科学研究和艺术价值等方面具有不可替代的功能。四是不可移动性。遗址规模体量庞大，难以迁移，如果移动，就可能失去作为遗址的意义。五是残缺性。恩施土司遗址的存在已基本丧失了原有功能，更多的是作为一种已经消失的文化现象或已经过去的一段历史标志而存在。其表现首先在于形象的残缺,如残砖、断瓦与废墟,只有通过考古发现,才能显现出某一部分。在遗址的文化内涵上,民俗、节庆、商业文化等都无法直接获得,需要专业人士借助于文字、图纸资料与实地调研进行总结与整理。

恩施土司遗址在土司制度消亡后不可避免地走向衰落,但它却承载了厚重的民族文化底蕴和不可忽视的价值。一是史学价值。它既是一部凝固的土司制度兴衰史,又是一部土家族的断代史,具有较高的史学价值。作为为数不多、保存相对完整的土司皇城,唐崖土司皇城是一笔珍贵的历史文化资源,为人们研究土家族、土司制度时期的政治、文化、军事等领域提供了大量的实物依据。二是学术价值。它积淀了丰厚的历史底蕴,折射出厚重的地域色彩,在考古学上具有重要的学术价值。一些遗迹和遗物,如唐崖土司的牌坊、石人石马等遗迹建筑,文化内涵十分丰富,为研究恩施各民族文化的融合演变及地域文化的形成提供了丰富的实物资料。三是艺术价值。它是土家族建筑艺术宝库,为探索武陵山区悠久灿烂的建筑、雕刻艺术提供了实物见证。其浮雕、透雕、镂空雕等各种技法运用娴熟,文字遒劲飘逸,动物栩栩如生,人物形神兼备,造型形象逼真,显示了土司时期恩施工匠驾驭各种建筑技法的高超水平。四是旅游开发价值。保存完整、知名度高、蕴藏着丰富民族文化的唐崖土司遗址、容美土司遗址,都是品质良好的遗址类旅游资源,可以成为遗址文化旅游的主要吸引物,其非常良好的旅游开发价值在近年已凸现出来。恩施土司遗址旅游文化空间的构建应以土司遗址为核心文化符号,以恩施地理空间、土司遗址旅游开发为主要活动的当代区域经济发展为主。因此,其旅游文化空间是由物理空间、文化空间、经济空间和空间主体构成的复合体。

第一,构建土司遗址旅游文化的核心象征。恩施土司遗址作为一项历史遗存,最重要的价值是历史文化和科学价值,它是恩施发展的重要历史文化资源和区域拓展可以依托的基础。土司遗址保护完全可以成为区域文化复兴与建设开发的聚合工程。因此,恩施土司遗址保护不仅仅是对遗址的保护,也是对具有较强生产性的文化空间的重构。其核心象征不再是对土司历史遗址的保存,而是对以土司遗址为主要景观的遗址旅游的合理开发,从而实现历史遗址在当代社会的多重价值。

第二,构建土司遗址旅游文化的核心价值观。核心价值观是千百年来集体记忆和历史记忆的产物,构成文化空间的精神素质,即民族性。恩施土司遗址文化空间构建的核心价值观表现为对土司历史的记忆、由土司制度而衍生的族群记忆以及当代旅游对传统文化开发的集体意象。随着科学技术的快速发展,遗址旅游开发也日趋多样化,如依据考古发现及历史记载,在原遗址基础上恢复原貌;或按遗址原貌另择他处复建遗址;通过对历史文化的深度挖掘,创新遗址展示历史文化体验的游憩方式。可以建立内容丰富、游览紧凑、结构合理的游憩结构,创意独具特色的品牌形象,延伸产业链,形成遗址保护展览与文化体验的产业体系。因此,遗址旅游文化空间的核心价值一定是兼顾历史遗存、历史记忆以及对当代旅游产业开发的遗址保护与合理利用的价值观。

第三,构建土司遗址旅游文化的特色符号。恩施土司遗址旅游文化空间是由以土司遗址为主导符号而构成的特殊旅游空间,其中包含了土司历史遗存,与土司相关的民族文化,以及与土司制度相关的历史记忆、信仰、观念和传说等等一系列特色符号,这些符号可以通过虚拟视景漫游、虚拟体验式漫游、环幕投影系统、360度全景虚拟场景展示、虚拟考古体验、幻影成像系统、虚拟网络游戏、交互式多媒体展示等高科技进行虚拟展示。同时,也可以通过旅游产品化即符号产品化、游线产品化、市场产品化、时间产品化和交通方式产品化,对旅游文化符号进行展示,同时也宣传与保存了土司旅游文化的核心象征与价值观。

第四,明确土司遗址旅游文化空间的主体。土司遗址旅游文化空间的主体是由多元化的人组成的,涉及政府、社会相关团体、民族精英、当地人及外来旅游者等。文化空间的主体是最具能动性的因素,如政府与社会相关团体的涉入可以使土司遗址开发更科学、合理和有秩序,民族精英与当地人在旅游文化空间的展示中更具有情境性。相关文化空间主体对土司遗址旅游开发不能脱离历史价值,应对遗址历史文化进行深入挖掘,使游客在遗址旅游中得到深刻历史熏陶和独特文化体验。

资料来源 何蓉.恩施土司遗址及旅游文化空间重构[N].恩施日报,2020-5-11(4).

【案例提示】

1.恩施土司遗址在土司制度消亡后不可避免地走向衰落,为什么说它承载了厚重的民族文化底蕴和不可忽视的价值?

2.如何构建土司遗址旅游文化空间?

旅游是人们转换空间和生活方式的表达。现代旅游作为一种新的以时间换取空间的文化社会体验形态,旅游行为从自然空间和社会空间两个维度实现了旅游文化的拓展,实质上都属于旅游空间文化的不同类型。本章第一节主要理解"空间"的相关概念,主要探讨了旅游空间的定义和分类。第二节以中国传统村落与历史文化名村的保护与发展为例,分析了文化生态系统与村落文化,并论述了乡村旅游与乡村景观。第三节梳理了对城市的理解,以中国历史文化名城为例,分析了城市的文化与特色。

重要概念

旅游空间:是以物理环境为基础,反映了其中游客进行旅游活动的现象,并记录了旅游活动中事件的经过。同时,旅游空间还承载了社会交往和经济关系的内涵。

旅游空间生产:是指资本、权力和利益等政治经济要素和力量对旅游空间重新塑造,并以其作为底板、介质或产物,形成空间的社会化结构和社会的空间性关系过程。

练习题

拓展阅读

旅游景观：是指能吸引旅游者并可提供旅游业开发利用的可视物像的总称。旅游景观是客观存在于一定空间的事物、景物、景象的综合，它们具有旅游价值、蕴藏旅游功能，能吸引游人开展旅游活动或开发旅游产业的自然要素、人文要素、环境要素的综合实体。

文化生态系统：指由文化群落及其所在的地理环境（含自然环境与社会环境）构成的有机统一体。

第五章
文化遗产旅游与传统工艺

知识目标
(1)掌握文化遗产、非物质文化遗产的概念、分类及其与旅游的关系。
(2)掌握传统工艺的概念、分类及文化价值。

能力目标
(1)梳理和辨析相关基本概念。
(2)培养对旅游文化现象的分析能力。

素养目标
(1)树立保护文化遗产的观念。
(2)理解文化的多样性。

思维导图

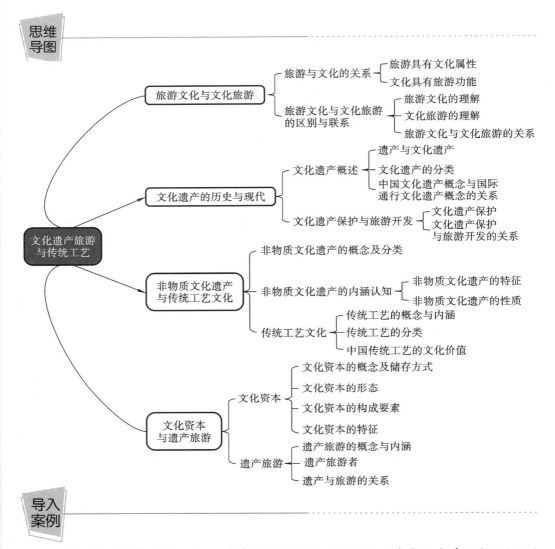

导入案例

　　历经数千年岁月的淘漉，遍布在祖国辽阔大地上的文化遗产承载着历史记忆，延续着中华文化的血脉，早已经凝结成为中华文明特有的基因和标识。如何让祖先在千百年实践中积累的文化遗产得以保护和传承，如今已受到各级政府、学术界乃至广大国民越来越多的重视。《中华人民共和国文物保护法》和《中华人民共和国非物质文化遗产法》相继通过并实施，以法律形式奠定了文化遗产在当今时代的地位，确定了文化遗产保护原则和实施途径。

　　以前，当大家一提及"遗产"就使人想到保护，而保护似乎就意味着"隔离"和"固化"；一提"开发"就会想到"过度利用"和"破坏"。前者往往陷入行而不远或力有不逮的两难中，后者往往陷入迷失方向和远离初心的陷阱里。两种困境的关键都在于，对文化遗产保护与传承，仅仅是关注到政府和市场的作用，而没有看到人民群众的生活逻辑和社会的力量。让文化遗产不再仅仅是政府和市场的故事，而是更多地回到百姓的生活逻辑之中，让文化遗产融入文化旅游和户外教育，通过旅游开发，使文化遗产得以活化，或许才是新时代文化遗产的传承延绵之路。

资料来源　林德荣,郭晓琳.让遗产回归生活:新时代文化遗产旅游活化之路[J].旅游学刊,2018,33(9):1-3.

思考:我们可以通过哪些方式让文化遗产回到百姓的生活逻辑之中?

第一节　旅游文化与文化旅游

一、旅游与文化的关系

(一)旅游具有文化属性

旅游活动从本质上讲是一种文化活动。无论是旅游消费活动,还是旅游经营活动,都具有强烈的文化性。

1. 旅游主体的文化本质

旅游作为一种跨时空的消费活动,它的广泛出现是经济发展驱使的结果。一个人能否成为旅游者更需要内在的动因,先秦墨子有言:"食必常饱,然后求美;衣必常暖,然后求丽;居必常安,然后求乐。"人类在基本生存需求满足之后,随着收入的增长,必然追求更高的物质享受和精神享受。从历史发展的观点看,经济发展固然为社会进步提供了物质基础,但是社会发展最根本的是社会文化与观念的革命。第二次世界大战以后世界范围内旅游活动的兴盛,从客观条件看,是全球经济恢复、繁荣的结果,从深层次看,是文化观念转变的结果。因此,文化需求是旅游者的主要动机之一,文化消费是旅游消费的主体。

2. 旅游客体的文化含量

旅游资源按基本成因和属性,可分为自然资源和人文资源两大类。人文旅游资源,无论是实物形态的文物古迹还是无形的民族风情、社会风尚等,均属于文化的范畴。由各种自然环境、自然要素、自然物质和自然现象构成的自然景观,只有经过人为的开发利用,才能由潜在旅游资源变为现实的旅游资源。即使是自然美,也必须通过鉴赏来反映和传播,而鉴赏是一种文化活动,因此,自然旅游资源同样也具有文化性。

3. 旅游媒体的文化特征

旅游者以追求精神享受为目的,是文化消费者,因此,旅游业的核心产品只能是文化产品或文化含量高的产品,旅游经营者只有为消费者提供高质量的文化产品,才能从交换中实现盈利的目的。在市场经济条件下,旅游资源的开发者不仅要了解旅游资源本身的特征和功能,还必须了解游客所追求的文化特征,开发出满足各类旅游的文化旅游产品。旅游业的文化特征还渗透在各旅游部门的运行过程中,如现代旅游饭店,不仅仅是简单地提供膳食的地方,而是集膳宿、社交、娱乐、审美等功能于一体的综合性场所。

(二)文化具有旅游功能

1. 文化的本质决定了文化的旅游功能

文化作为人类劳动和智慧创造的结晶,贯穿着人类的发展和演化的整个过程,从而构成了世界丰富多彩的文化类型及其内涵。其特质有三个。第一,文化是人的创造物,而不是自然物,它是一种社会现象,而不是自然现象。比如,原始的名山大川等自然物不是文化,但经过人们用自己的智慧进行设计和加工后所产生的园林、景观则是一种文化,从而使旅游产品和文化融为一体。第二,文化是人类社会活动所创造的、为社会所普遍享用的,具有大众性,从而为广大游客的参与提供了可能。第三,文化不是游离存在的,它体现在人们的社会实践活动的方式之中,体现在所创造的物质产品和精神产品中。比如,中国的万里长城、埃及的金字塔体现了文化,不在于它们的外在建筑材料,而主要在于它们所体现的人类的科技水平和成就以及融于其中的审美理念。

2. 文化的基本类型决定了文化资源的存在形式

从广义的文化概念来讲,每种文化都存在三个方面的要素。一是文化的物质要素,也是文化的物质实体层面,称为物质文化,正是这种物质层面的文物遗址,为我们发展旅游提供了大量的文物古迹和历史遗存。二是文化的行为要素,也是文化的行为方式层面,称为行为文化,正是这种文化的行为要素为旅游业提供了多样化的民俗风情。三是文化的心理要素,也是文化的精神观念层面,称为精神文化、心态文化或观念文化,如宗教情绪、道德情操等,都是极具吸引力的旅游资源。

从文化的分类来看,依据不同的标准,文化还可以划分出各种不同的类型。文化从旅游的视角出发,可分为主体文化、客体文化和媒介文化;从范围和时间的角度考量,可分为外来文化和本土文化、历史文化和现代文化;以文化的物质载体为依据,可分为山文化、水文化等。所有这些,都是文化多样性的表现形式。从旅游开发建设的角度看,要依据各种不同的文化类型,以不同的视角去考虑和发掘各种资源的文化内涵,构建特色鲜明的旅游产品。

二、旅游文化与文化旅游的区别与联系

旅游作为一种文化,对发生在文化领域里的一系列矛盾现象能够起到传承和舒缓作用。同时,文化旅游本身并非就是一种历史的存在和事实,它并没有发生根本性的变化,只是在当代的旅游活动中它包含着新的品质而已。"文化旅游"是通过习惯性的旅行,使游客进入其他文化和其他地方去了解当地的民众,他们的生活方式、遗产和艺术;以直接的方式真正了解这些文化以及它们在历史语境中的表现。而"旅游文化"则是最大限度地获取旅游文化的产品价值,重新确定游客的经历和经验,确定旅游的文化影响,适应旅游产业的文化变化。

(一)旅游文化的理解

旅游是旅游主体作用于旅游客体的行为过程。以旅游中介体为桥梁完成旅游主体对旅游客体的作用过程,是现代旅游的一个显著特征。现代旅游是三体并存的旅游形态。旅游文化,就在旅游主体的移动中,在旅游主体、旅游客体、旅游中介体的相互作用中体现出来。旅游主体——旅游者、旅游客体——吸引旅游者观赏的对象、旅游中介

体——帮助旅游主体实现旅游活动的中介组织,这种紧密的三元结构决定旅游文化具有物质和精神两方面的属性。

旅游者和旅游从业人员在旅游活动过程中的参与动机、感受、心理以及相关制度规范等,都属于旅游文化的精神文化范畴,旅游客体和中介体主要是以物质文化形态存在。在旅游主体运动之前,虽然各种文化现象早已存在,但是均与旅游无关。有了旅游主体的移动与感受,各种相关的文化现象便相继发生,不同的文化现象才构成一种内在的有机联系,从而形成了旅游文化体系。

旅游产业结构中的游览场所、住宿设施、交通工具是旅游活动中不可或缺的物质因素,辅助旅游主体完成对旅游客体的审美、陶醉。三者在旅游活动中形成紧密的链条,使旅游文化体系成为旅游主体、旅游客体和旅游中介体各环节构成连续的活动过程,以及由此形成社会文化聚合。另外,旅游不仅仅是旅游主体的行为过程,还创造了文化与文化、社会与社会之间的联系和交流。旅游文化是传递文化的文化,旅游主体在对自然、对自身以及对旅游中介体发生作用的同时,主体的意识观念、行为方式逐渐渗透到目的地的社会文化系统中,对它的文化形成冲击,影响到当地的生态和心理平衡。目的地文化系统扮演的并不是被动接受的角色,而是以其独特的文化资源、自然资源强烈地吸引着旅游主体,展示其文化魅力。可以说,旅游文化是不同文化背景下的旅游主体和旅游中介体以旅游客体为依托,在旅游观赏和旅游服务中体现出来的文化现象,是以旅游主体的活动为主线的综合性的社会文化聚合。

(二)文化旅游的理解

1. 文化旅游的定义

文化旅游的出现与旅游市场需求的转变密切相关。综合国内学者对"文化旅游"的研究,目前对于"文化旅游"概念存在以下几种理解。

(1)文化旅游是一种旅游类型。

(2)消费者消费带有文化色彩的旅游产品的过程即是文化旅游。

(3)文化旅游相当于民俗旅游。

(4)文化旅游是指旅游产品的提供者为旅游产品的消费者提供的以学习、研究考察所游览国(地区)文化的一方面或诸方面为主要目的的旅游产品。

(5)人们对异地异质文化的求知和憧憬所引发的,离开自己的生活环境,观察、感受、体验异地或异质文化,满足文化介入或参与需求冲动的过程。

(6)以人文资源为主要内容的旅游活动,包括历史遗迹、建筑、民族艺术和民俗、宗教等方面。

(7)文化旅游属于专项旅游的一种,是集政治、经济、教育、科技等于一体的大旅游活动。

(8)文化旅游就是以旅游经营者创造的观赏对象和休闲娱乐方式为消费内容,使旅游者获得富有文化内涵和深度参与旅游体验的旅游活动的集合。

从以上理解可以看到,学者们基本认同文化旅游是立足于文化资源、满足游客文化需求,并主要强调两方面的概念:一是强调旅游资源,文化旅游是指以文化旅游资源为支撑,旅游者以获取文化印象、增智为目的的旅游产品;二是强调旅游者的旅游体验,认为文化旅游是指旅游者为实现特殊的文化感受,对旅游资源内涵进行深入体验,从而得到全方位的精神和文化享受的一种旅游类型。

世界旅游组织在1985年给出"文化旅游"的广义定义,认为"文化旅游包括旅游的各个方面,旅游者从中可以学到他人的历史和遗产,以及他们的当代生活和思想"。同时,也给出了狭义定义,即"人们出于文化动机而进行的移动,诸如研究性旅行、表演艺术、文化旅行、参观历史遗迹、研究自然、民俗和艺术、宗教朝圣的旅行、节日和其他文化事件旅行"。

根据以上分析,我们理解的文化旅游概念如下:文化旅游是指以文化为核心吸引力和内在价值依托,在食、住、行、游、购、娱等旅游要素中贯穿文化内在价值体验的旅游活动。从旅游开发的角度出发,凡是依托文化作为核心资源进行打造的旅游项目都属于文化旅游项目;从旅游者的角度出发,文化旅游给游客带来特定文化和文化环境氛围的观赏、感受及生活方式体验的旅游经历,文化旅游是一种富有文化内涵和深度参与体验属性的旅游活动。

2. 文化旅游的类型

文化旅游依据其依托的文化旅游资源是有形的还是无形的,可分为显性的文化遗址类旅游项目和隐性的文化旅游项目两个不同的方向。依据文化旅游资源的历史价值和表现形式,可在两个方向下分出多种基本类型。

(1) 显性的文化遗址类旅游项目。

它指依托有形的文化旅游资源进行开发的文化旅游项目。这类文化旅游项目的特征是所依托资源看得见、摸得着,通常以遗址的形态存在,旅游者很容易通过遗址对文化产生直观印象,因此称为显性文化旅游项目。其资源包括具有历史价值、艺术价值、观赏价值、文化价值、纪念价值的建筑、景观、设施等。显性文化旅游资源的类型和举例见表5-1。

表5-1 显性文化旅游资源的类型和举例

类型	举例
因历史人物而出名的遗址	名人故居、古墓、宗祠
历史的生活场所和环境	古城、古镇、古村
宗教祭祀、朝拜、祈福的场所	宗教建筑、寺庙、天坛、地坛、家庙
因军事或战争而产生的遗址	古战场、军事设施、堡垒、防御工事
因生产工程而形成的设施	运河、古道、古桥梁、水利工程
具有历史和文物价值的类型建筑、景观	宫殿、私宅、园林

(2) 无形的隐性文化旅游项目。

即依托无形的文化旅游资源进行开发的文化旅游项目。这类文化旅游资源没有可凭借的遗址外壳,很难直观感受,文化通常以人物、事件、民族和民俗、文学艺术、事物、故事等类型隐藏在历史和生活背后,必须要经过深入挖掘才能凸显其价值。隐性文化旅游资源的类型和举例见表5-2。

表5-2 隐性文化旅游资源的类型和举例

类型	举例
人物	历史人物、名人文化
事件	历史事件、红色事件、战争
民族	少数民族特有的文化

续表

类　型	举　例
文学艺术	因文学艺术延伸而来的文化
事物	通过特定事物延展开的文化
故事	特色故事流传地通过故事延展开的文化
抽象的文化	特定主题或属性的文化,如军事文化、航天文化、战争文化、武术文化等
消失的遗址	历史上曾经存在或有记载但没有保存下来的遗址

(三)旅游文化与文化旅游的关系

旅游文化与文化旅游是两个既有一定联系又有严格区别的概念。旅游文化属于文化的范畴,是文化的一个门类,与诸如建筑文化、生态文化、艺术文化等相并列,是文化的一种类型。而文化旅游是属于运动的范畴,是旅游的一种类型,与旅游在内涵上存在着有机的联系。一方面,文化的发展丰富了旅游文化的内容,进而促进旅游文化的发展;另一方面,旅游文化的发展又能为文化旅游提供内涵丰富的旅游内容,以满足旅游者的各种文化需求。在外延上,文化旅游可以说是旅游文化的一个研究内容,而旅游文化的内容要比文化旅游丰富得多。

1. 旅游文化与文化旅游的联系

(1)概念范畴上的联系。

从概念范畴上看,旅游文化和文化旅游都关注旅游和文化的结合点。二者的交集,一是文化旅游资源,二是取向于文化景观的旅游活动。

(2)旅游文化与文化旅游相辅相成,互为促进。

一方面,文化的发展丰富了旅游文化的内容,进而促进旅游文化的发展;另一方面,旅游文化的发展又能为文化旅游提供内涵丰富的旅游内容,以满足旅游者的各种文化需求。

2. 旅游文化与文化旅游的区别

(1)侧重点不同。

旅游文化属于文化的范畴,是文化的一个门类,与诸如建筑文化、生态文化、艺术文化等相并列,是文化的一种类型。而文化旅游是属于运动的范畴,是旅游的一种类型,与旅游在内涵上存在着有机的联系。

(2)学科归属不同。

按照目前我国的学科划分体系,旅游文化属于旅游社会学、旅游心理学、旅游资源学等研究的范畴,文化旅游主体属于旅游管理学、旅游市场学、旅游规划学等研究的范畴。从西方学术界对于学科的划分体系看,旅游文化属于基础学科,文化旅游属于应用学科。

第二节　文化遗产的历史与现代

文化遗产是中华民族智慧的结晶,它直观地反映了人类社会发展的这一重要过程,具有历史、社会、科技、经济和审美价值,是社会发展不可或缺的物证。它蕴含着中华民族特有的精神价值、思维方式、想象力，体现了中华民族的生命力和创造力，是全人类文明的瑰宝。文化遗产的历史是值得我们尊重的，所以我们需要对其进行保护，同时，文化遗产又需要我们将其作为人类文明交流的物质手段去传承与发扬。因此，尊重文化遗产的历史，维护其多样性与创造性，发扬其文化传承中的现代精髓，走产业化之路，它的价值和作用将会更加永恒。

一、文化遗产概述

（一）遗产与文化遗产

1. 遗产的概念及演变

遗产最原始的概念可以理解为：先辈留下的财产。此概念可以从古代众多文献中窥见一二。如《后汉书·郭丹传》："丹出典州郡，入为三公，而家无遗产，子孙困匮。"再如《温国文正司马公集》："诸兄欲分魏公遗产。"在这种传统的遗产观中，遗产只是一种私有的物质财富。进入19世纪中期以来，遗产的内涵发生了变化，开始有人把祖先留下的具有重要历史、文化、审美和精神价值的公共财物和精神视作遗产，这便是我们现在所讲的文化遗产。它是一种公共的、精神性质的财富。

2. 文化遗产的概念

文化遗产是一个国际通用概念，这一概念初步定型于《保护世界文化与自然遗产公约》。诸多发达国家自19世纪中后期便开始了现代意义上的文化遗产的保护和管理工作。由于自然环境和文化认知的差异，不同国家对这一概念的理解也不同。随着经济社会的发展和国际交流的加强，在各国长期不断的努力下，联合国教科文组织通过了《保护世界文化与自然遗产公约》，这标志着世界各国对文化遗产的定义达成初步共识。中国自加入该公约后，也将文化遗产的概念引入国内，经过多年的实践，也初步形成了具有中国特色的文化遗产概念。从宏观上理解，文化遗产泛指在人类社会发展的过程中，人们创造或者借助自然力创造的各种精神财富和物质财富的总和。从微观上理解，文化遗产，又可称文化资产、文化财产，是指具有历史、艺术、科学等文化保存价值，并经政府机构或国际组织指定或登录之物品。

 知识链接

1972年11月16日，联合国教科文组织大会第17届会议在巴黎通过了《保护世界文化和自然遗产公约》（以下简称《公约》）（Convention Concerning the Protection of the World Cultural and Natural Heritage）。《公约》主要规定了文化遗产和自然遗产的定义，文化和自然遗产的国家保护和国际保护措施等条款。《公约》规定了各缔约国可自行确定本国领土内的文化和自然遗产，并向世界遗产委员会递交其遗产清单，由世界遗产大会审核和批准。凡是被列入世界文化和自然遗产的地点，都由其所在国家依法严格予以保护。

《公约》的管理机构是联合国教科文组织的世界遗产委员会，该委员会于1976

年成立,同时建立《世界遗产名录》。被世界遗产委员会列入《世界遗产名录》的地方,将成为世界的名胜,可受到世界遗产基金提供的援助,还可由有关单位招徕和组织国际游客进行游览活动。

(二)文化遗产的分类

1.国际通用分类

根据联合国教科文组织1972年颁布的《世界文化和自然遗产公约》,文化遗产主要包括物质文化遗产(有形文化遗产)和非物质文化遗产(无形文化遗产),见图5-1。

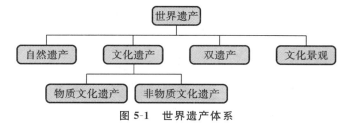

图 5-1 世界遗产体系

(1)物质文化遗产(有形文化遗产)。

主要依据《保护世界文化和自然遗产公约》,外延为以下各项。

①纪念性创作物。从历史、艺术或科学角度看,具有突出的普遍价值的建筑物、纪念性的雕刻和绘画作品,具有考古学性质成分或结构物、铭文、窟洞以及联合体。

②建筑群。从历史、艺术或科学角度看,在建筑式样、同质性或与环境景色结合方面,具有突出的普遍价值的单立或连接的建筑的组群。

③遗址。从历史、审美、民族学或人类学角度看,具有突出普遍价值的人类工程或自然与人工联合工程以及考古遗址等地方。

(2)非物质文化遗产(无形文化遗产)。

非物质文化遗产的依据《保护非物质文化遗产公约》内涵为:"被各群体、团体,有时为个人视为其文化遗产的各种实践、表演、表现形式、知识和技能及其有关的工具、实物、工艺品和文化场所。各个群体和团体随着其所处环境、与自然界的相互关系和历史条件的变化不断使这种代代相传的非物质文化遗产得到创新,同时使他们自己具有一种认同感和历史感,从而促进了文化多样性和人类的创造力。"外延为:口头传说和表述,包括作为非物质文化遗产媒介的语言,表演艺术,社会风俗、礼仪、节庆,有关自然界和宇宙的知识和实践,以及传统的手工艺技能等。

2.中国政策语境中文化遗产的分类

长期以来,我国将历史上遗留下来的物质文化遗存统称为"文物",并在此概念基础上初步建立起具有中国特色的文物管理体系。随着我国对外开放的逐渐加深,文物的内涵和外延已无法满足日益增长的文化遗产保护、利用以及文物事业国际交流的需要,一个较"文物"有着更深、更广含义的新概念呼之欲出。

2005年,我国出台了《国务院关于加强文化遗产保护的通知》(国发〔2005〕42号)和《国务院办公厅关于加强我国非物质文化遗产保护工作的意见》(国办发〔2005〕18号),

首次正式在国家级公文中确定了中国"文化遗产"概念的内涵和外延，这标志着我国文物事业开始了向文化遗产事业的转变。《国务院关于加强文化遗产保护的通知》中规定，我国"文化遗产包括物质文化遗产和非物质文化遗产。物质文化遗产是具有历史、艺术和科学价值的文物，包括古遗址、古墓葬、古建筑、石窟寺、石刻、壁画、近代现代重要史迹及代表性建筑等不可移动文物，历史上各时代的重要实物、艺术品、文献、手稿、图书资料等可移动文物；以及在建筑式样、分布均匀或与环境景色结合方面具有突出普遍价值的历史文化名城（街区、村镇）。非物质文化遗产是指各种以非物质形态存在的与群众生活密切相关、世代相承的传统文化表现形式，包括口头传统、传统表演艺术、民俗活动和礼仪与节庆、有关自然界和宇宙的民间传统知识和实践、传统手工艺技能等以及与上述传统文化表现形式相关的文化空间"。中国文化遗产的分类见图 5-2。

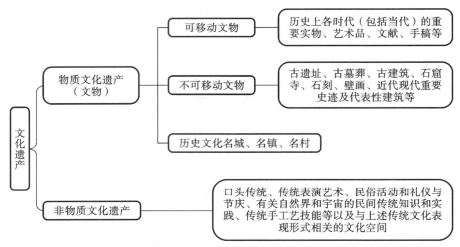

图 5-2　中国文化遗产的分类

（三）中国文化遗产概念与国际通行文化遗产概念的关系

中国的"文化遗产"概念是在综合了《保护世界文化和自然遗产公约》和《保护非物质文化遗产公约》两个国际公约的基础上，依据《文物保护法》，结合文化遗产保护现状作出的更加清晰准确、符合中国语言文字习惯的界定。这一概念与国际通行的"文化遗产"概念既有联系又有区别，总体来说，我国"文化遗产"概念在内涵和外延上都较后者更加宽泛，见图 5-3。且我国提出的"文化遗产"是一个合理、有限集大成的概念，最有利于在现有法律框架下依照遗产的属性和功能对其进行分类管理。与传统的文物概念相比，文化遗产的内涵和外延都更加丰富，这对文化遗产的保护、管理的理念和方法都提出了更高的要求，同时强调了文化遗产的文化传承功能。

二、文化遗产保护与旅游开发

（一）文化遗产保护

中国文化遗产蕴含着中华民族特有的精神价值、思维方式、想象力，体现着中华民族的生命力和创造力，是各民族智慧的结晶，也是全人类文明的瑰宝。保护文化遗产，

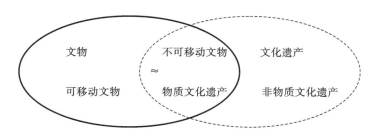

图 5-3　中国文化遗产概念与国际通行文化遗产概念的关系

保持民族文化的传承,是连接民族情感纽带、增进民族团结和维护国家统一及社会稳定的重要文化基础,也是维护世界文化多样性和创造性,促进人类共同发展的前提。加强文化遗产保护,是建设社会主义先进文化,贯彻落实科学发展观和构建社会主义和谐社会的必然要求。

1. 文化遗产保护的意义

文化遗产是不可再生的珍贵资源。随着经济全球化趋势和现代化进程的加快,我国的文化生态正在发生巨大变化,文化遗产及其生存环境受到严重威胁。不少历史文化名城(街区、村镇)、古建筑、古遗址及风景名胜区整体风貌遭到破坏。由于过度开发和不合理利用,许多重要文化遗产已经消亡或失传。在文化遗存相对丰富的少数民族聚居地区,由于人们生活环境和条件的变迁,民族或区域文化特色消失加快。因此,加强文化遗产保护刻不容缓。

2. 文化遗产保护的方针

物质文化遗产保护要贯彻"保护为主、抢救第一、合理利用、加强管理"的方针。非物质文化遗产保护要贯彻"保护为主、抢救第一、合理利用、传承发展"的方针。坚持保护文化遗产的真实性和完整性,坚持依法和科学保护,正确处理经济社会发展与文化遗产保护的关系,统筹规划、分类指导、突出重点、分步实施。

3. 文化遗产保护的相关措施

(1)制定保护规划。

制定文物保护规划,明确保护范围,提出长远目标和短期工作任务,依据规划落实责任。

(2)加强保护管理。

要及时依法划定文化遗产保护单位的保护范围,设立必要的保护管理机构,明确保护责任主体,建立健全保护管理制度。做好保护法律法规建设,加强执法和监督。

(3)加大保护宣传。

营造保护文化遗产的良好氛围。认真举办"文化遗产日"系列活动,提高人民群众对文化遗产保护重要性的认识,增强全社会的文化遗产保护意识。

(二)文化遗产保护与旅游开发的关系

文化遗产是人类文明的见证和民族精神的财富,是不可再生的宝贵资源,保护与传承文化遗产是每个公民的职责,是人类共同的事业。旅游开发可以加强公众对文化遗产的地位和价值的认知度,延续文化遗产文脉,传承人类文明,而那些不丧失原真性的、科学合理的旅游开发在更大层面上有利于文化遗产保护，使旅游成为文化遗产保护的有效方式之一。

1. 文化遗产是最珍贵的旅游资源，丰富了旅游业的文化内涵

中国是文化大国，文化遗产极其丰富。文化遗产是历史的留存，是人们经验和智慧的结晶，是前人留给我们的宝贵财富，而且它不因时间的冲刷而消逝，反而增值，因此，文化遗产是最具核心竞争力的旅游资源。在合理的开发下，文化遗产旅游不但具有一般旅游活动的经济功能，而且还具有保护遗产资源可持续发展的作用。因此，随着旅游产业的纵深化发展和旅游活动高品位化的趋势加强，文化遗产旅游已经成为人们旅游消费的一个重要组成部分。

2. 文化遗产增强了旅游者的文化体验

多姿多彩的文化遗产能满足旅游者求新、求异、求知、求美、娱乐休闲等多方面的需求，一旦经大众传播途径为人所知，即迸发出巨大的旅游吸引力，为日益升温的旅游找到新的出口。日趋成熟的旅游消费者也不再满足于观赏静态的旅游产品，转而追求活生生的旅游体验，这一转换势必引发对文化遗产旅游产品的强烈需求。

3. 旅游产业发展铸就文化遗产传承基础

文化遗产保护和传承的难点在于文化遗产本身的两个特点：活态性和同人密切结合。文化遗产的活态性决定了文化遗产的保护不能定格化，不能将其固定在某一个时点，而只能让其在社会的发展中不断演进，其传承也不能将文化遗产放到真空的环境中，市场是文化遗产传播的载体与传播的空间，文化遗产不能独立存在，它必须依附在某个特定的载体方能显示、传播、储存与传承。旅游产业的发展借助的是经济发展所带来的旅游需求的增长，而在经济学理论中，供给和需求是相互影响的。旅游资源数量的不断拓展、质量的不断提升，特别是文化内涵丰富的文化遗产加入旅游资源的行列，吸引了更多的旅游者，进而促进了旅游产业的发展。反过来，旅游产业发展为日渐式微的文化遗产提供了展示自己的平台和机会，这同时为文化遗产的传承和保护提供了新的思路。

4. 旅游产业发展丰富了文化遗产的传播途径

文化遗产作为民间的文化和传统，是多年以来人类智慧的结晶。现在，文化遗产已经被提到了新的高度。文化遗产作为文化表现的一种形式，在很早之前并没有被人们所熟知，但是随着旅游产业的发展，人们可以通过很多途径去认识它，如通过娱乐节目、宣传教育、纪念活动等多种载体延续传播，以生动、形象的方式让人们去了解到文化遗产的内涵，这就是旅游产业发展所带来的巨大效果。

第三节　非物质文化遗产与传统工艺文化

一、非物质文化遗产的概念及分类

根据联合国教科文组织的《保护非物质文化遗产公约》定义，非物质文化遗产指被各群体、团体,有时为个人所视为其文化遗产的各种实践、表演、表现形式、知识体系和技能及其有关的工具、实物、工艺品和文化场所。

各个群体和团体随着其所处环境、与自然界的相互关系和历史条件的变化,不断使这种代代相传的非物质文化遗产得到创新,同时使他们自己具有一种认同感和历史感,从而促进了文化多样性和激发人类的创造力。公约所定义的"非物质文化遗产"包括以下几个方面:①口头传统和表现形式,包括作为非物质文化遗产媒介的语言;②表演艺术;③社会实践、仪式、节庆活动;④有关自然界和宇宙的知识和实践;⑤传统手工艺。

 知识链接

《保护非物质文化遗产公约》(以下简称《公约》)于2003年10月在联合国教科文组织第32届大会上通过,旨在保护以传统、口头表述、节庆礼仪、手工技能、音乐、舞蹈等为代表的非物质文化遗产。《公约》于2006年4月生效。《公约》特别要求对各国和各地区现有的非物质文化遗产进行清点,列出急需抢救的重点和有重要代表意义的遗产项目,并要求建立一个由专家和各会员代表组成的非物质文化遗产保护委员会,协调有关工作。

联合国教科文组织每年都会审议各国申报的遗产,然后决定是否将其列入名录。目前,联合国教科文组织编制了"人类非物质文化遗产代表作名录""急需保护的非物质文化遗产名录""优秀实践名册"三项人类非遗名录。

截至2018年5月11日,随着所罗门群岛的加入,该《公约》已有178个缔约国。目前,仅有美国、英国、加拿大、澳大利亚、新西兰、俄罗斯、以色列、利比亚等国尚未加入本公约。中国于2004年8月加入该《公约》。保护非物质文化遗产政府间委员会由《公约》缔约国大会选举产生的24个成员国组成,是《公约》执行机构之一。

二、非物质文化遗产的内涵认知

(一)非物质文化遗产的特征

非物质文化遗产是指各种以非物质形态存在的与群众生活密切相关、世代相承的传统文化表现形式。非物质文化遗产是以人为本的活态文化遗产,它强调的是以人为核心的技艺、经验、精神,其特点是活态流变。突出的是非物质的属性,更多的是强调不依赖于物质形态而存在的品质。但在以经济发展为主导,以产业化、商品化为目的的文化产业发展背景中,"非遗"不可避免地在申报过程中被不同程度地物化。如何避免非物质文化遗产过度物化包装的态势、突破物质形态的藩篱和局限、保持"非遗"的非物质特征,是尊重本民族祖先留下的遗产的必要态度。

(二)非物质文化遗产的性质

非物质文化遗产有着浓厚的文以化人的礼乐作用,大部分是先辈们在劳动、生活中产生的对忧乐、生死、婚配、祖先、自然、天地的敬畏与态度的表达，是满足人的自然需求、社会需求和精神需求的活态文化。其实用性，是在以人为本的基础上。但在现实保护中，我们对遗产的文化品质在不断消解，功利性目的越来越突出，甚至非物质文化遗产的留存、申报乃至保护，都有着强烈的利益驱动，使得申遗工作变成了本地的广告、旅游的宣传、增值的途径。

非物质文化遗产是先辈们通过日常生活的运用而留存到现代的文化财富。在历史的长河中，它自然生成又不断发展流变，虽然，随着族群所处环境、与自然界的相互关系和历史条件的变化不断使这种代代相传的非物质文化遗产得到创新，但对遗产的文化认同感和历史感是始终不变的。民族非物质文化遗产，包含着难以言传的意义、情感和特有的思维方式、审美习惯，蕴藏着传统文化的最深的根源，保留着形成该民族文化的原生状态。

我国在申请"非遗"时，基于西方的学术理念、按照西方文化分类方式和程序进行申报，也因为符合西方的价值评判标准，许多优秀文化被列入《世界非物质文化遗产名录》。但是，需要慎重的是，在完全西方话语下的"非遗"评价体系中，我国传统的非物质文化遗产系统的整体性可能被碎片化、活态性演变成标本化。随着我国关于非物质遗产保护法律法规的建设实施和保护体系的构建，将形成新的活态性中国非物质文化遗产保护传承的理论和实践。

三、传统工艺文化

中国传统手工艺历史悠久，在各个时期的社会生活中都发挥了巨大作用，可以说中国有源远流长的手工艺文化，它几乎横跨中国社会的所有历史时期。这一文化的突出特征是人民群众广泛地参与到传统手工艺的创造过程中，根据自己的生活需要开展造物活动；制作者与使用者共同探讨传统工艺产品的制作、使用规范，研究手工艺技术的相关学问；传统手工艺人在社会上广受尊重，传统手工艺的相关文化知识与评价标准深入人心；工艺故事广泛流传，等等。

（一）传统工艺的概念与内涵

传统工艺主要由"技"和"艺"构成，兼具物质文化和非物质文化两种属性，体现着工匠精神和先贤的智慧，是中华优秀传统文化的重要组成部分。联合国教科文组织于2003年通过了《保护非物质文化遗产公约》，其中界定的"非物质文化遗产"就包括传统工艺。传统工艺覆盖面广，涉及衣、食、住、行等方方面面，遍布各民族、各地区，如刺绣、木雕、制瓷、金银器制作、营造、造船等技艺。

在2017年3月颁布的《中国传统工艺振兴计划》中规定"传统工艺"是指："具有历史传承和民族或地域特色、与日常生活联系紧密、主要使用手工劳动的制作工艺及相关产品，是创造性的手工劳动和因材施艺的个性化制作，具有工业化生产不能替代的特性。"从这个定义来看，传统工艺应包含三个因素。首先是历史传承。传统工艺一般都具有百年以上的历史，通过前人世代相传，是我国精神和物质文化传统的延续和发展，具有深厚的历史文化价值。其次是民族和地域传统。传统工艺是特定的自然地理和民族文化相结合的产物，俗话说"一方水土养一方人"，传统工艺是中华民族在中国这块土地上所进行的历史创造,它所体现的是中国人民卓越的创造力,传统工艺作为一种民族性、地方性文化,与全球性的文化和价值观等有许多的不同,它本质上是一种地方性知识,是特定的时空下形成的文明成果,是民族丰富性和多样性的体现。第三是手工制作。传统工艺一般都产生于工业社会之前,与工业社会中机器制造和扩大再生产不同,主要以手工生产为主,所以就具有了情感性、艺术性和独特性。所以,传统工艺不仅是非物质文化遗产的重要组成部分,也是体现民族文化身份的物质载体,是一个国家优秀的技术文化传统之一。

(二)传统工艺的分类

传统工艺的分类是其内涵的重要体现,它为我们开展传统工艺的研究明确了方向,提供了规约性的指导。传统工艺是农耕时代的产物,它能够发展至今,并生成多样化的分类形式,不仅体现了人们对造物方式和造物文化的肯定与认可,也体现了人们对手工造物文化的深厚根基与社会客观现实的尊重,这让传统工艺在未来仍然具有广阔的生存和发展的空间。

根据国资委商业技能鉴定中心、全国促进传统文化发展工程开展的"传统工艺师"国家职业技能认证工作相关规定,传统工艺共包含以下14大类工艺。

1. 工具器械制作工艺
(1)罗盘制作工艺:指南车、司南、罗盘。
(2)舟车类:木船、木车制作工艺。
(3)乐器类:芦笙、箫笛、弦乐器、民族乐器制作工艺。
(4)日用器具类:扇子、油纸伞、锁、舟、筏、马鞍等制作工艺。

2. 传统饮食加工工艺
(1)制茶类:绿茶、红茶、乌龙茶、白茶、武夷岩茶等制作工艺。
(2)酿造类:酒、醋、酱油、豆豉、腐乳酿造工艺。
(3)制盐类:井盐、海盐、池盐等制作工艺。
(4)腌制类:火腿、咸菜等腌制工艺。
(5)制碱类:制碱。

3. 传统建筑营造工艺
(1)传统建筑:木作、瓦作、油漆彩绘、石作、搭材、园林叠造等工艺。
(2)民居和少数民族建筑类:汉族传统民居、少数民族(土楼、吊脚楼、草墙、草房、蒙古包、毡房)营造工艺。
(3)功能性建筑类:传统瓷窑作坊营造工艺。
(4)桥梁类:廊桥、石桥营造工艺。

4. 雕塑工艺
(1)玉石雕类:玉雕、翡翠雕刻,水晶、玛瑙雕工艺等。
(2)石雕类:①文房石雕,包括砚台,印章,把玩件等;②大型石雕,包括青田石雕、曲阳石雕、寿山石雕、惠安石雕、徽州三雕、彩绘石刻等;③石刻:碑刻,摩崖石刻,墓志铭。
(3)砖雕类:砖雕。
(4)木雕类:朱金器木雕、黄杨木雕、潮州木雕、东阳木雕、湘东傩面具、木偶制作等工艺,印章,木模具,核雕。

(5)竹刻类:嘉定竹刻、宝庆竹刻工艺。
(6)面塑:面塑技艺,主要有面人、花馍。
(7)泥塑类:①大型泥塑,包括石窟塑像,庙宇塑像;②民间泥塑,包括天津泥人、惠山泥人、泥咕咕、凤翔泥塑等制作工艺。

5.织染工艺
(1)桑蚕丝织类:桑蚕丝织、蜀锦、宋锦、云锦、缂丝、织锦、黎锦、壮锦、绫绢、苗锦、侗锦、丝绸织染等工艺。
(2)棉纺织类:棉纺织、土布纺织等工艺。
(3)麻纺织类:夏布织造工艺。
(4)印染类:蓝印花布印染、蜡染、扎染、夹缬染色、香云纱染整工艺等。
(5)服装缝纫类:戏装戏具制作、中山装裁缝、中式服装裁缝、千层底布鞋、旗袍制作、皮帽制作、皮靴制作技艺等。
(6)刺绣挑花类:顾绣、苏绣、粤绣、蜀绣、马尾绣、苗绣、盘绣、挑花、香包绣等。

6.编织扎制工艺
包括竹编、草编、藤编、棕编、纸编、纸织画、彩灯、风筝等制作工艺。

7.陶瓷制作工艺
(1)制陶类:陶器、紫砂器、牙舟陶、唐三彩、原始瓷等烧制工艺。
(2)制瓷类:瓷器:原始瓷器到现代。
(3)砖瓦类:御窑金砖制作、贡砖烧制工艺。
(4)琉璃类:琉璃、料器制作工艺。

8.金属冶煅加工工艺
(1)采冶类:生铁冶铸、铜的冶炼、水银、黄金采冶、炼锌工艺等。
(2)铸造类:青铜器、铁器、金银器等。
(3)锻造类:金箔、兵器、农具、铁画、金银饰品、乐器(锣等)、日用器锻造等工艺。
(4)装饰类:景泰蓝、花丝镶嵌、蒙镶、金银花丝工艺、鎏金工艺、洒金工艺、厚胎珐琅制作工艺以及錾刻。

9.髹漆工艺
漆器制作包括雕漆类、推光漆器、脱胎漆器、漆线雕髹饰等。

10.家具制作工艺
家具如椅子、桌子、茶几、凳子、床、屏风、窗、案等制作,技艺包括传统榫卯结合、黏合方法、木雕、嵌螺钿、上漆、打磨等技艺。

11.文房用品制作工艺
(1)造纸类:宣纸、皮纸、连四纸、桑皮纸、竹纸等制作工艺。
(2)制墨类:徽墨、墨汁、印泥制作工艺。
(3)制砚类:端砚、歙砚、洮河砚、澄泥砚等。
(4)制笔类:毛笔。
(5)颜料类:矿物颜料、植物色素。

12.印刷术
包括雕版印刷、活字印刷等工艺。

13.刻绘工艺
包括剪纸、刻纸、木版年画、内画、庙画、彩绘、皮影等工艺。

14. 特种工艺及其他

包括传统书画装裱、修复技艺、文物修复、其他传统技艺。

知识活页

苗族蜡染

蜡染是贵州省黔东南苗族侗族自治州丹寨县、安顺市、毕节市织金县苗族世代传承的传统技艺,古称"蜡缬",苗语称"务图",意为"蜡染服"。丹寨县、安顺市及织金县是以苗族为主体的多民族聚居区,在长期与外界隔绝的艰苦环境中,这里的居民逐渐形成了自给自足的生活方式,古老的蜡染技艺因此得以保留下来。

按苗族习俗,所有的女性都有义务传承蜡染技艺,每位母亲必须教会自己的女儿制作蜡染。所以,苗族女性自幼便学习这一技艺,她们自己栽靛植棉、纺纱织布、画蜡挑秀、浸染剪裁,代代传承。在此状况下,这些苗族聚居区形成了以蜡染艺术为主导的衣饰装束、婚姻节日礼俗、社交方式、丧葬风习等习俗文化,见图5-4。苗族蜡染是为生产者自身需要而创造的艺术,其产品主要为生活用品,包括女性服装、床单、被面、包袱布、包头巾、背包、提包、背带、丧事用的葬单等。苗族蜡染有点蜡和画蜡两种技艺,从图案上可分为几何纹和自然纹两大类。丹寨苗族蜡染的作者们更喜欢以自然纹为主的大花,这种图案造型生动、简练传神、活泼流畅、充满夸张,乡土气息十分浓厚。安顺苗族蜡染以几何纹样为主,图案结构松散、造型生动。织金苗族蜡染以细密白色为主,布满几何螺旋纹,图案结构相互交错,浑然一体。

图 5-4 苗族蜡染

(资料来源:黔东南苗族侗族自治州人民政府网 http://www.qdn.gov.cn/)

蜡染的制作工具主要有铜刀(蜡笔)、瓷碗、水盆、大针、骨针、谷草、染缸等。制作时先用草木灰滤水浸泡土布,脱去纤维中的脂质,使之易于点蜡和上色。然后把适量的黄蜡放在小瓷碗里,将瓷碗置于热木灰上,黄蜡受热熔化成液体后,即可往布上点画。点好蜡花的布再用温水浸湿,放入已发好的蓝靛染缸,反复浸泡多次,确认布料已经染好,即可拿到河边漂洗，让清水冲去浮色，再放进锅里加水煮沸，使黄蜡熔化浮在水面上，回收后以备再用。之后，再将蜡染反复漂洗，使残留的黄蜡脱净，即算完工。丹寨蜡染在这之后还要拼涂红色和黄色，涂红的一般用茜草根，黄色则用栀子提取。为了避免褪色，一般要待蜡染品制成后才着色。除上述步骤外，蜡染还有制作蓝靛和发染缸等工序，各道工序前后连接，构成一套完整、成熟的技艺和操作规程。随着现代科技的发展，纺织品的种类不断丰富，蜡染作为贵州苗族地区主流纺织品的地位已渐动摇。伴随旅游业的发展，蜡染手工艺制品被当作特色旅游纪念品推向市场。而为了满足市场需要和追求经济收益，粗劣的蜡染制品大量涌现，对技艺的有序传承构成了一定的威胁。由此可见，苗族蜡染技艺亟待得到真正的保护和合理的开发。

资料来源　根据中国非物质文化遗产网站《苗族蜡染技艺》整理。http://www.ihchina.cn/

（三）中国传统工艺的文化价值

文化是民族的血脉，也是人民的精神家园，"造物"也是一种文化行为，文化价值是传统工艺价值的出发点，也是终点。中国的传统工艺其生产、设计的理念包含着丰富的中国文化，而其各种器物则是文化的物化形式，是中国文化的具体表现。

1. 传统工艺文化是中华传统文化的重要组成部分

中国传统工艺创造了丰富的内涵、完整的体系，通过工艺能够全面地了解中国文化的精神内涵。陶瓷文化、玉石文化、丝织文化、雕刻文化、剪纸文化等，每一种工艺文化都是中国文化的载体和具体表现，同时，每一种工艺文化自身又有着十分丰富的历史和内涵。由于传统工艺"活态传承"的特点，传统工艺有着现实的生命力，不是历史某个阶段的文化遗存，而是一直存在的并且发展中的文化。传承的艺人、工具、器物、技艺等都还存在，这就为文化传承与创新提供了众多的可能性。传统工艺作为一种文化现象，凝结着中国人的意识形态观念，它是人们对于自然环境的认识体系，包含着中国人经验性的智慧总结。比如，广泛用于中国古代建筑和家具中的榫卯结构设计巧夺天工、智慧过人，不用一钉一铆，却能够做出牢固的家具和建筑，还能够随时拆卸，建立在榫卯结构上的美学造型更是让人叹服。传统工艺是中国哲学思想的重要载体和物质展现，以"天时、地气、材美、工巧"为代表的设计思想是中国"天人合一""道法自然"的以人文本、尊重自然的哲学观念的体现，而"器以载道""制器尚象"本身也构成了中国传统哲学思想的重要组成部分。

2.传统工艺文化是一个民族或地区的文化符号

文化符号是一个民族和地区文化的抽象体现,是文化内涵的重要载体和形式。在众多的中华文化符号中,传统工艺和它所创造的器物构成了文化符号的重要组成部分。传统工艺在民族内部一代代的传承,并且长期流传,受民族和地域文化的深刻影响,也影响着民族地域文化,在技术和文化传播的过程中,为其他民族所接受,以致提起某个民族或地域,人们往往首先想到的就是它的传统工艺。例如,一谈到蒙古族就会想起蒙古包、马头琴;谈到苗族就会想起苗族的苗绣和银饰;谈到苏州就会想起苏绣;谈到潍坊就会想起风筝,等等。在这种情况下,传统工艺就已经变成了一种特定的文化符号,其象征意义已经超出了传统工艺本身。传统工艺所具有的物质和精神的双重属性,具体表现为材质、工艺、色彩、图文以及构成的民俗风习等,这些就构成了文化符号的基础。这些由传统工艺所产生的器物融入当地人的生产生活中间,成为祭祀、娱乐、劳作的重要组成部分和表现形式,经过长期的历史的沉淀,通过语言符号与非语言符号来构筑民族和部族意识的意义世界,传统工艺的表现形式就成为当地民族和区域的典型代表。

3.传统工艺能够构造文化空间

"文化空间"是非物质文化遗产理论中的重要理念,在1998年11月联合国教科文组织通过的《宣布人类口头和非物质遗产代表条例》中对"文化空间"给出的界定是:"一个集中了民间和传统文化活动的地点,但也被确定为一般以某一周期(周期、季节、日程表等)或是一事件为特点的一段时间,这段时间和这一地点的存在取决于按传统方式进行的文化活动本身的存在。"《中国民族民间文化保护工程普查工作手册》中提到"文化空间"是指:"定期举行传统文化活动或几种展现传统文化表现形式的场所,兼具空间性和实践性。文化空间有着非常丰富的内涵,主要包括核心象征、价值观、集体记忆、主体等组成部分,它包含自然属性和文化属性两个方面。

中国传统工艺构成了民族和区域的文化符号,是中国文化与智慧的具体体现。具体到"活态"的日常生活中间,传统工艺的文化价值就表现为通过传统工艺营造出各种文化场所,通过其生产生活方式构造出一个文化空间。文化空间的保护与发展对于传统工艺至关重要,对于传统工艺是不可或缺的。文化空间为传统工艺提供了生存的土壤,并为传统工艺的传承、发展和保护提供了可能性。就像树的成长是不能离开其环境的,丧失了其存在的土壤,也失去了其发展的动力。文化空间建设能够给传统工艺提供良好的生存空间,不仅能够适应新时代的要求,而且还会为民族文化提供新的内涵,为树立民族自信提供强大的物质和精神的保障。传统工艺受到文化空间的影响,但是传统工艺同样也在塑造着文化空间。不管是在古代社会还是在当代社会,传统工艺都具有一定的文化传播和教育功能,所生产出来的产品规定了人们的消费行为和审美取向,提高了人们生活的水平。在全球化不断发展的当今社会,民族的文化不断地在消亡,而每一个传统工艺的作坊、村庄或者是产业,则构成了中华文化传承的载体。也只有在这样的一个文化场所中,中国的各种器物或者生产生活方式才不会进入博物馆而成为历史陈迹,才能够以"活态"的形式保存下来。

第四节　文化资本与遗产旅游

一、文化资本

(一)文化资本的概念及储存方式

"文化资本"这一概念由法国社会学家布迪厄(Bourdieu)率先提出。在布迪厄看来,文化资本、社会资本和经济资本是资本的三种基本类型。所谓文化资本,是一种文化资源的总和,这种文化资源包括文化产品、习性、制度等多个方面,它们往往通过人们的行为方式、生活方式、教育素质、语言能力等多种形式表现出来。在文化资本的储存方式上,布迪厄将其划分为三种:具身化、客体化与制度化。而通俗来说,最显而易见的储存方式,就存在一个人的头脑里。布迪厄称之为具身化的文化资本(Embodied Cultural Capital)。人从小到大,从父母、老师、同伴、文化大环境中所吸收的信息,它们都将变成我们的某种神经网络结构。有了这些知识,就能完成更多的工作任务,从而获得更高的收入。文化资本还可以储存在具体的物件中,这就是客体化的文化资本(Objectified Cultural Capital),如书本、唱片、画作、仪器等。书本只是将几百页印刷了字的纸装订在一起而形成的普通物件,它之所以有价值,恰恰是因为它凝结了文化资本价值。文化资本如果储存在整个社会中,那将是制度化的文化资本(Institutionalized Cultural Capital)。文凭、职业资格证书等被各类社会机构广泛认可的标志,是制度化文化资本的体现。劳动力购买者可以通过这些标志,判断那些试图出售文化资本的人的能力和价值。

(二)文化资本的形态

文化资本具有外显和内隐两种形态,存在着显性文化资本和隐性文化资本两种形式,即有形的文化资本和无形的文化资本。如果说是人创造了文化,那么也可以说文化创造了人。文化可以反映出人类群体的生活状态和生活方式。文化是人类历史社会中凝结而成的生存方式和发展方式,是载荷着社会信息的共识符号系统,主要分为内隐部分和外显部分。其中,内隐部分主要体现在精神层面上,内隐为人类共同行为方式、价值观念、情感意识等;外显部分主要体现在物质层面上,外显成各种物质性的物品。作为财富积累的文化资本,不仅涵盖了物质化状态,也延伸至文化符号领域,具有文化意义和文化价值。因此,文化资本既具有外显的形态,也具有内隐形态,包含着显性文化资本与隐性文化资本两种形式。显性文化资本主要存在于被赋予文化意义和文化价值的文化产品中,如油画、古董、书法、雕塑等物质性的文化财富;隐性文化资本主要存在于观念、思想和意识等文化能力和文化制度当中。

显性文化资本主要体现在物质性层面,表现为物质性的文化产品,是文化与文化实践活动物化的结果。因此,显性文化资本可以在个体与个体、组织与组织之间直接而又简单地交换、传播和消费,从而实现文化资本的文化价值和获取经济利益。由于显性文化资本主要停留在物质层面,因而,显性文化资本在很大程度上容易被模仿或仿制。而隐性文化资本主要体现在精神性层面,它是文化资本植根在个体心智或组织内核之中的价值观念、行为方式、思维方式等内隐的文化资本,包括各种文化知识、技能、生产者的素质和能力等,是个体和组织长期内化和积累的结果。因而,隐性文化资本难以被复制和模仿。相比较而言,隐性文化资本在文化资本运作中的作用更大、更重要,是文化资本拥有者进行创新和竞争的核心要素。可以说,隐性文化资本是文化资本的智力资产,能使文化资本拥有者在文化资本运作中处于不败之地,进而获取更多的文化效益和经济利益。可见,文化资本既具有文化特征,也具有经济特性,是一个复杂的文化经济体系。

(三)文化资本的构成要素

文化资本是文化财富的积累。因而,文化资本的构成要素主要从文化生产活动的角度考察。文化资本的构成要素主要有文化能力、文化产品和文化制度三个要素。文化资本的各个构成要素有机组成,共同促进文化资本的再生产。

1. 文化能力

文化能力主要是从文化资本的价值形态考察,包括文化知识因素和智力因素。文化能力体现出人的主观能动性,也显现出文化知识能转化成生产力的特质。文化能力主要是指通过家庭教育、学校教育和社会教育、培训后获得的一种能力,主要集中体现在个人的文化禀赋、文化习性和文化技能上,如文化知识、文化修养、文化品位等,是文化资本重要的构成要素之一。

2. 文化产品

文化产品主要是从文化资本的实物状态考察。文化产品是文化资本的客观化形式,是被赋予了文化意义和文化价值的对象,载荷着文化资本有形和无形的文化财富,如油画、书籍、古董等,可以作为公共的或者私人的物品被直接或间接地传承、交换、流通和消费。除了文化产品自身的实体之外,文化产品的生产也往往与分工、科学技术与工具的进步联系在一起的。同时,也包含生产文化产品所需的资金以及购买生产资料的作为文化资本后盾的经济实力。

3. 文化制度

文化资本的文化制度构成要素,主要是指对具体状态和客观状态的文化资本的合法化地位、身份的确立以及认证的制度化形式与要素。文化制度是被普遍认同的、被公共权力体制化的文化的社会关系或社会的文化关系。文化资本的制度化形式赋予了文化资本合法化的文化权威与社会权力。

(四)文化资本的特征

1. 象征性

文化资本的象征性特征主要表现在文化资本习得、文化象征支配及利益取向上具有隐蔽性。首先,在文化资本习得过程中,当遇到审查和控制时,文化资本的象征性特性发挥了作用，保证文化资本的生产和再生产。其次，文化资本在精神文化层面上的象征性比其在物质经济层面上的物质性更具有隐藏性。这种隐蔽性使文化资本在运作中可以获得合法的身份和权力，并使文化资本得以正当化和自然化，从而提高文化资本拥有者的社会威望和社会地位，为文化资本拥有者提供获取物质利润和象征利润的合法保障。最后，文化资本也可以转化为经济资本，从而获取经济利益。只不过在文化资本的生产和再生产过程中，文化资本在利益的取向上表现出一种"虚假的非功利性"。文化资本的这种虚假的非功利性掩盖了文化资本向经济资本转化的资本性质，表现出一种非功利性的利益取向。

2. 增值性

在市场经济条件下，增值是资本的重要特征。资本的最终目的就是要追求利益的最大化和追求价值的增值。文化资本具有资本的一般属性，也具有增值的属性，但不完全等同于经济意义上获取剩余价值的资本。文化资本的增值是一系列能带来价值观念、思维方式、经济利益、经济价值等一系列的价值增值总和。因此，文化资本的增值不仅能带来经济意义上的经济财富增值，也能带来文化意义上的文化财富增值。

3. 转化性

转化是文化资本实现生产和再生产基本策略。在一定条件下，文化资本可以转化为其他形式的资本。随着知识经济时代的到来，市场经济的进一步深化，文化资本转化和交换的势头迅猛。一般来说，在没进入交换和转化之前，文化资本都只是以资源的形式存在，是一种象征性资本。只有经过转化和交换，文化资本才能把文化资源转化为文化资本，进而实现文化资本的文化价值和经济价值，从而产生真正的经济效益和社会效益。同时，转化是文化资本交换、流通、消费的基础。作为财富形式表现出来的文化积累，文化资本必须通过交换、流通、消费才能实现其存在价值，进而获取价值的收益。

4. 流动性

文化资本是与文化和文化活动相关的文化财富的积累，是一种实体化和具体化的结果。因此，文化资本也存在着文化资本的差异，也存在强弱和多少之分。文化资本的差异为文化资本的流动提供了前提，促使文化资本的存在和发展不断流动和循环。文化资本的流动性不仅体现文化资本的自我生产和再生产的生命力，也凸显出文化资本的动态性存在和自我更新能力。另外，市场经济的影响、高新科技的运用和现代传媒的发展等，使文化资本的流动具有现实的客观性，能加快文化资本的生产和再生产。在现代社会，现代传媒的信息化和数字化发展开辟了文化资本流动的新通道，扩大了文化资本交流和传播的范围和领域，缩短了文化资本交流和传播的时间，使得文化资本的流动更快捷、更便利、更有效，推动文化价值的共享和传承。

二、遗产旅游

（一）遗产旅游的概念与内涵

1. 遗产旅游的概念

世界旅游组织将遗产旅游定义为"深度接触其他国家和地区自然景观、人类遗产、艺术、哲学以及习俗等方面的旅游"。学界通常将遗产旅游理解为"以世界遗产地为对象的旅游活动",这些都属于供给的解释视角。从需求解释视角,遗产旅游是指一种基于旅游者动机与认知的旅游类型,是一种基于怀旧情绪和希望体验多样化的文化景观和形式而产生的旅游动机。从供需两方考虑,具体而言,遗产旅游是指以遗产资源(目前主要是世界级遗产)为旅游吸引物,旅游者来到遗产地欣赏景观、体验文化的一种特定形式和内容的旅游活动,使旅游者在精神、文化层面获得极高的感观满足和身心体验。

2. 遗产旅游的内涵

遗产旅游从旅游者角度来看,是一种高层次的旅游活动方式,是旅游活动的高级阶段,主要获得一种文化上的审美体验和景观欣赏。对遗产旅游产品供给者(旅游企业、当地社区、遗产管理部门等)来说,是一种更深层次的旅游开发经营管理理念,是一种遗产资源的可持续利用模式。对地方政府部门来说,是以注重保持遗产资源的真实性和完整性,以保护遗产地的原生态文化和生态系统的平衡,提高居民生活质量,发展地区经济,让社区居民和旅游者在遗产旅游的互动过程中得到教育,是旅游业可持续发展的一种实现方式。

遗产具有不可替代的唯一性。每一项遗产都是独一无二的,具有不可替代、不可复制的特质,并标示遗产在文化多样性、生物多样性方面的最高价值。遗产资源的这种唯一性正是源于它的真实性。

遗产资源属于社会,从遗产公平发展的价值观出发,具有"突出的普遍价值"的遗产,均依照法定标准和程序而产生,具有人类共同遗产的共享性质,即具有基本公共财富的均衡共享性,是全人类的共同宝贵财富。表现在旅游的权利上,即要实现人人共享。因此,遗产资源属于社会,也应当回归民众,以增加社会福利,这也体现了遗产旅游的完整性。

(二)遗产旅游者

遗产旅游者是指那些以观光遗产为主要目的的旅游者。从20世纪80年代开始,随着遗产旅游活动的兴起,遗产旅游者也受到关注。遗产旅游者被分为六种类型,即受教育的游客、职业性游客、家庭游客、团队游客、学生、寻根游客。遗产旅游者的旅游动机和行为特征比较复杂,在年龄结构上呈现出多样性与差异性特征,无论哪一个年龄段都比较喜欢遗产旅游活动。但不同文化背景的遗产旅游者偏好大不相同,如中国人赴欧洲喜欢参观历史文化与建筑遗产,对宗教遗产如教堂等并不怎么感兴趣,而欧洲人则对宗教遗产具有浓厚兴趣。

(三)遗产与旅游的关系

旅游是现代意识的产物,它强调的是动态性。遗产资源是历史、艺术、科学价值的携带者,具有传承社会文化的功能,是社会文化传统的一部分,它强调的是稳定性和连续性。因此,当"遗产"和"旅游"发生作用时,需要对遗产进行重新解译,但是在解译中,两者却很容易发生"冲突"。遗产和旅游相结合将会面临四个方面的挑战:社区居民和游客对遗产的理解、遗产营销、遗产地规划、遗产旅游与当地社区的相互依存。近年来,中国国内出现的"遗产旅游热"在为遗产地经济发展做出贡献的同时,也带来了不少问

旅游文化教程

题,如环境污染、景观破坏,以及遗产地的人工化和过度商业化,甚至还引起社区居民与游客的文化和利益冲突等。从社会文化层面上来理解,"遗产"和"旅游"的关系是"传统"和"现代"所发生矛盾冲突的延续,所以出现上述问题并不奇怪,重要的是要认清遗产旅游的本质和出现问题的根源。在遗产旅游开发过程中,传统价值的连续性一定要适应现代旅游所要求的动态性,这就要求遗产展示手段的科学化,如欧洲发达国家近年来兴起的遗产信息业。历史遗迹或遗产是游客外出旅行的主要吸引物,游客们常常被自己的或他人的"历史"所吸引。游客在"遗产"和"旅游"的互动过程中,能够利用自己的想象力与过去进行信息交流,重构历史场所感,并且发现新的生活意义和找回自我。

遗产旅游缘何如此流行和具有吸引力,原因之一是遗产旅游所展示出来的形象代表了一种过去的状态,人们能在其中找回自己的归属,其最大吸引力是能够超越时空,使人们在幻想与现实之间来回穿梭。其二,遗产资源是过去遗留下来的,带有大量的历史印记,又因其空间分布的不平衡性,这正好可以满足人们对传统社会文化和过去的怀旧心理,他们追求的正是一种场景真实性和身份认同。

 案例分析

剑 川 木 雕

一

我觉得,去剑川,一个绕不过去的词,就是木雕。在云南,在滇西,木雕与剑川这两个词是相连的。我们无论在哪里谈起木雕来,自然会想起剑川,那些别致的梁柱、门窗和橱柜上意趣盎然的雕刻,就会出现在脑海,那些看似拙朴却不乏智慧的木匠,也会给我们留下想象的空间。我一向觉得,很少有一个地名像剑川这样与一种工艺联系得如此紧密。

从剑湖出发,时间是上午,搭载我们的汽车在小镇的街头停了下来。雨后初晴。好雨是知时节的,细雨纷纷后,阳光挥洒在剑湖畔的村庄和田野,四野峰峦沐浴阳光雨露。站在剑湖畔具有乡村气息的木雕小镇前,瓦屋、泥墙、炊烟等具有田野风味的事物,都与木雕、歌舞有机地结合在一起,与剑湖畔的生态结合在一起,让人神清气爽。这时候,在熙熙攘攘的人群里,我感觉到阳光亮丽而潮湿,迎面吹来的风,是那样的温柔而清新。当随行的文友兴致勃勃地走进了街道,穿行在木雕的长廊之中的时候,我情不自禁停下了脚步,驻足张望。

眼前是黑色的瓦房,屋檐灵动,坊廊风雅,古色古香的门窗散发着淡淡的香气。当然还有音乐。白族韵味的音乐和歌舞里,流露出异域的欢快与情趣,就是这种音乐、歌舞与建筑,让我感觉到了特殊的地理坐标。同时,感觉有一种情结,在雕刻里凝固,在音乐里流淌,在舞蹈里弥漫。

缓缓走进街道。我感觉世界万物都是飘浮流动的,只有木雕在凝望,用一种不露声色的线条在镌刻,在流淌,在婉转地表达。我觉得,木雕适合一个人静静地观赏品味,站在一个灵动的木雕前,你会浮想联翩,想起田野、庄稼、岸柳、音乐和诗歌。在这里,木雕是一个充满诗意的词,它让我们想到建筑、宗教、美学,想到一个地方的人文关怀,心生感动。

我明白了,为什么剑湖木雕艺术小镇要举办木雕大师评选活动,搞如此规模宏大的木雕展示场所了。剑湖木雕艺术小镇,就是要完成一种使命的。其实,这种行为是要让木雕回归与升华。它要让我们知道,木雕小镇是精致的,是开放的,是真情讴歌的。所以,小镇一开始就吸引着剑川的木雕大师们。因此,木雕摆满了街道两边,木雕艺术品布满各个展室。那些有着木匠们体温的木雕,在散发着迷人的气息。

一件件精美的木雕在眼前停留,徘徊,流淌,看似行云流水,却让人想到莺飞草长,此时,我感觉到木雕是有生命的。剑川木雕,让没有生命的木头赋予了生命与灵魂。剑川木雕就是要表达情怀,它不但能记录历史,还能向我们讲述历史,它才是乡愁的真正记录者,历史的符号,雕塑生命与理想。在木雕里,我能看到自己的情绪。这里不只有完美,也有缺失,还有一定历史时期的审美情绪,代表着特定的艺术追求,包括了经济发展状况。

因此,在这里,我无法去考证剑川作为"全国木雕艺术之乡"的外延和内涵,我也没有真正去探寻剑川木雕在2011年被列入"第三批国家级非物质文化遗产保护名录"更为深远的意义。当然,我也不去考证剑川木雕的具体形式、名称。在这里,圆雕、透雕、镂空雕、浮雕等十多种技艺让人眼花缭乱。这些词语,对于我这个木雕的门外汉来说,没有更大的意义,我只能仰望。

二

在剑湖木雕旅游特色小镇漫步,我想起了一个人。这个人是我的叔叔。多年前,我曾经在《剑川木匠》里写过他。叔叔是剑川人,因为木匠与木雕,他在中华人民共和国成立前到丽江永胜县安家落户。那一年,他背着木匠工具,千难万难走过那条神秘的茶马古道,靠木匠手艺在我们村子里谋生,再后来便与我的孃孃结婚,入赘到我们这个家族。

叔叔这个剑川木匠不只是木雕手艺精湛,重要的是他把木匠手艺从年轻做到年迈,直到拿不起斧子那一天。陪伴了他的一生的,还有那些光滑的斧头、锋利的锯子和执着的木马。他身后留下的,还有村子里的房屋,木雕。也还有房屋上淡淡的炊烟,那是对叔叔深情的怀念。是的,村子里的房屋,寺院,大多是叔叔这个剑川木匠设计画墨。那些古老的亭台楼阁的装饰,都是叔叔带着徒弟,他们一边想象一边雕刻。至于村子里女子婚嫁时的木床、箱柜,甚至化妆箱等家具,大多是由叔叔来做。我曾记得,一些女子结婚那天的柜子箱子上,木匠叔叔都在上面雕刻上鸳鸯蝴蝶、梅兰竹或牡丹。

在村子里,木匠叔叔以做木匠活十分认真细致而闻名乡村邻里。在木匠叔叔那里,任何木匠活,从来不马虎,即使是锄头楔子、犁杖、牛打脚,都做得规规矩矩。从他手里流淌出来的木匠活,从来都是艺术品。

村子里都忘记了他的姓名,都叫他"剑川木匠"。剑川木匠在丽江展示了他的才艺,赢得了尊重,种植了木雕,收获了爱情。

在我的印象里,作为剑川木匠的叔叔十分文雅。他不只是做木匠,他还是文人,除了木匠活,叔叔还会书法,逢年过节,忙着帮亲朋好友写对联。我真的不知道,叔叔是在什么时候练就的书法。我只知道,村子里那些古老的门楣上,贴着叔叔书写的大红对联，乡村一片喜气。

直到老迈了，叔叔还是留一个背篼，头发白了，也稀疏了，但梳得整齐，一丝不苟。他穿着十分干净整齐，对襟衣里面是白衬衣，戴金丝眼镜。如果不是在乡村道路上，你怎么也不会把他与木匠相联系。

那么，叔叔这个剑川木匠，是怎么从剑川到达永胜，做木匠活，搞木雕，并在永胜安家落户的呢？那时候，剑川到永胜，道路漫长，没有一寸公路，要跨越金沙江，要经过土匪出没的茶马古道，如果没有非凡的毅力，没有远大的理想和追求，是难以完成这样的跨越和到达的。所以，想起叔叔，"木匠""木雕"，这两个词让我想起剑川，也是这两个词，让剑川男人披上了神秘的面纱。说到剑川的木雕，我就会与剑川木匠、剑川男人，剑川文化联系到一起。

当然，丽江的剑川木匠不只是叔叔一个。据我所知，在丽江安家落户的剑川木匠非常多。丽江的许多房屋和木雕都出自剑川木匠之手。丽江的寺院、经堂，房屋的木架、窗户门窗、家具，都会与剑川木匠发生联系。在丽江，似乎只有剑川木匠做的木活，才能印证一个时期建筑艺术的价值取向。在过去了的一些岁月里，如果修建房屋，有剑川木雕，有剑川木匠参与，那是一种时尚，是身份的象征，有着里程碑的意义。所以，云南留下的木雕艺术品，都与剑川木匠有着千丝万缕的联系。

在滇西，每一个村落，不可能不留下剑川木雕，每一条道路，都会留下剑川木匠的脚印，他们的汗水，他们的情感空间，爱恨情仇。我不知道，在滇西，有多少建筑和木雕属于剑川木匠，这些建筑和木雕里，有多少剑川木匠的故事，有多少剑川木匠的传奇。

剑川木匠让我们记住了乡愁。

三

后来我才明白，剑川木雕是贯穿于更多领域里的。在剑川的日子里，我们还参观了剑川古城，剑川石宝山，千狮山和沙溪古镇，欣赏古建筑，木雕和石雕。我一直在想：剑川的石雕与木雕是否有联系？是先有木雕艺术，还是先有石雕艺术？为什么剑川的建筑、寺院、景点，都与木雕和石雕紧密地联系在一起？

首先是剑川石窟让我肃然起敬。这些石窟分布在沙登村、石钟寺、狮子关。我看到的石雕，精美大气，都是依山开凿，可谓巧夺天工，被誉为"北有敦煌壁画，南有剑川石窟"。虽然，这些石像多为佛、菩萨、明王、天王、力士等佛教题材，但也有南诏王等世俗人物，让我们从这些石像中看到白族人的风格和精神风貌。特别是当我到了剑川石钟山石窟，其年代的久远、工艺的精良、造型之优美，不能不被古代白族人民精湛的雕刻技艺所折服。早在1961年，石钟山石窟便与北京故宫一起，被国务院列为"第一批全国重点文物保护单位"，难怪著名武侠小说家金庸先生到了石钟山，便欣然题词，誉石窟为"南天瑰宝"。

再就是剑川的千狮山，也是石雕的杰作。我从石阶上一级一级攀登到山顶，经历了3个小时，沿途看到的，都是精美的石雕。山顶还有号称世界上最大的石雕"狮王"，高25米，正面宽12米，侧面宽15米，这是以一块天然巨石依山而凿、依势而雕，气势恢宏。你很难想象，在一座山上雕有1281头石狮，成为世界上最大的石狮雕刻群。我站在狮王面前，山风吹来，松涛阵阵，恢宏的气势，让人叹为观止。

这时,我似乎明白了一个道理,石雕,似乎是木雕的深化,一种超乎寻常的艺术创造,是空灵与质朴的乐章,它们是拙朴与幻想有机融合的过程。

我们欣赏古建筑群的时候,很难把剑川的石雕和木雕分开。我们赞美石雕,但不能忽视石窟上木匠们的寺院建筑。依山而建,在悬崖上立柱,盖瓦,保持了稳定,又不失美观。特别是宝相寺,被称为"云南第一悬空寺",整个主体建筑悬建在一堵高耸险峻的大石崖上,可谓是巧夺天工。

再看剑川古城和沙溪寺登街。我们看到的是,剑川古城内21院明代民居建筑和146院清代民居建筑,站在这些古院落前,你必须向古典致敬,向剑川木雕致敬,是木雕和木匠造就了一条街,因"有完整无缺的戏台、旅馆、寺庙、大门,使这个连接西藏和南亚的集市相当完备"而荣登"2002年世界濒危建筑遗产保护名录"。什么是茶马古道上的古集市?只有像这样至今还完整保留了前铺后院的旧时商业建筑风貌,又有古戏台、寺院等建筑群落的古城,才能当之无愧。

沙溪古镇更不用说,当我们走过古镇的古寺庙、古戏台、古商铺、马店、古老的红砂石板街道时,百年古树、古巷道、古寨门这些风物,不能不想起剑川木匠。剑川木匠、剑川木雕,从历史的角度上说,它们让我们记住了远古的乡情,它是乡愁的具体表现形式。如果不是剑川木匠的建筑和木雕,我们的房屋、庙宇,不会如此地富丽堂皇。剑川木雕,就是要把一个乡村的发展轨迹,通过木匠的情感,艺术地保留下来,留下记忆、留下历史的温度。时代不同,他们的表现方式也各有不同,在不同的木质,不同的表达对象上,选用不同的表达方式,尽可能地做到完美。

一个地方的文化特色,精神风貌,往往是通过建筑和音乐来体现和记录的。依托音乐和建筑,剑川木雕艺术特色旅游小镇固有的氛围和气息便显现出来。这里的剑川木雕,有着剑川男人的体温、文化积淀和艺术修养。

如果不是剑川人这种对艺术的执着,哪里来的石钟山石窟、千狮山?哪里来的沙溪古镇?艺术是相通的,它需要的是沉稳、平静、内敛,对事物的情怀。剑川男人,似乎要与精美、细致结缘。他们需要的是精雕细刻,把日子过成艺术,把世界变得有情趣。

我明白了,剑川木匠们,他们就是要追求不平常的生活,做不平常的乡村人。他们喜欢平淡,不喜欢平庸,他们在乎内心的博大,增添人生的乐趣,他们要把日子过得风生水起,生动传神。他们把看似平淡的东西艺术化,而且是在轻松的环境中做事、喝茶、聊天、歌舞之中,做出常人难以想象的事情,并且用一种特殊的形式保留下来。他们用艺术养活自己,美化别人;在偶然中创造必然,给我们留下惊喜。

一个地方的建筑、宗教信仰、甚至饮食习惯等文化的形成,不可能是孤立的,必然有着深厚的历史文化背景。剑川也如此,历史上的剑川,风景秀丽,人灵地杰。翻开剑川史志,我便知道,剑川先民早在3000多年前就在这片神奇美丽的土地上完成了石器时代到青铜器时代的历史性跨越。据考证,早在秦汉时期,剑川就与中原、东南亚地区和中、西亚地区发生商贸文化往来,是南方丝绸之路"蜀身毒道"和"茶马古道"要冲。剑川的文化发展,可以追溯到公元前109年。从汉武帝征服滇池地区,派楚将庄桥入滇开始,剑川这块边陲极地就接受了中原文化,历经南诏国、大理国两个重要时期,他们受到中原儒家文化熏陶的同时,并将中原文化与本土文化相融合,形成一种新型文化。剑川地处西南边陲,但他们不是闭关自守,而是用积极向上的开放姿态,迎接新的思想和文化,创造了别具一格的新型文明。

历史上,剑川人崇尚文化,崇尚读书入仕谋求发展,读书风气蔚然。翻开清《康熙剑川州志·风俗》有这样的记载:"士生其间,多聪俊雅驯,城乡处处,皆设塾郡中,诵读之声不绝,是以人文蔚起,科甲接踵,足称翘楚。"据考证,从明清科举制度时期,剑川产生武进士21人,文武举人145人,拔贡、岁贡、恩贡392人。剑川文史资料记载:"自元代起,杨朝栋、何可及、段高选、赵藩、周钟岳、赵式铭、张子斋、欧根等一批白族知识分子,走出剑川,古时入朝为官,后来或参加革命,为国为民,在群星璀璨的中华民族历史人物史册上,留下了剑川人的名字。"

剑川文物古迹之多,且大都保护完好。现有各级文物保护单位57处,其中,国家级3处,省级5处,州级2处,县级47处。剑川木匠的别具匠心,有着深厚的历史背景,他们受到儒家文化影响,其建筑风格和中原一脉相承,又明显体现出白族人自己的特色,如今闻名中外的剑川木雕,其风格、内容、雕刻手法,保持了内地风范的同时,民俗作为文化的世俗表现形式,可以清晰地勾勒出文化的发展轨迹。

剑川木雕的发展,有着深厚的历史背景和文化底蕴。同时,剑川木雕从来不会故步自封,剑川的木匠、木雕从来都是开放的,以发展的眼光审视历史,面对未来。剑川的过去是什么?据史书记载,剑川木雕起源于唐朝天宝年间,到了宋代,木匠木雕的技艺便趋于精湛。随着时间的推移,剑川民间的木匠队伍得到了发展壮大,至今,民间仍流传"剑川木匠到处有"的说法。到了明嘉靖之后,各地豪门贵族需要大兴房屋,他们要修建水榭亭阁,修建庙宇祠堂,剑川木雕和木匠工艺得到了大力发展。到了清代,是剑川木雕的鼎盛时期,剑川木雕随着剑川木匠的足迹遍及"茶马古道",遍及滇西北各地州的城市和乡村。据介绍,北京故宫、承德避暑山庄,以及昆明金马碧鸡坊、圆通寺、建水孔庙、保山飞来寺、香格里拉归化寺等不少著名古建筑上的木雕装饰,便是剑川木雕的经典之作,赢得了广泛的赞誉,这充分说明了剑川木雕影响的久远和广泛。

剑川木雕经过千余年的发展与积淀,可谓"千斧百炼"。目前,剑川木雕在继承发扬的基础上,形成了嵌石木雕家具、古建筑装饰、室内装饰、旅游工艺精品等四大门类产品130多个花色品种,集艺术价值、观赏价值、收藏价值和实用价值于一身,以其精湛的技艺、古朴典雅的风格和上乘的质量闻名于世。

我虽然离开了剑川,依然对剑湖木雕旅游特色小镇有着特殊的感情。我清楚地记得,在剑湖木雕旅游特色小镇上,看到大丽高速公路跨越剑川带来的生机。在剑湖畔,我看到剑川山水、人文风貌,正以崭新的势态,展现在我们的面前。剑湖木雕旅游特色小镇,趁势而上,不负"全国木雕艺术之乡"和"第三批国家级非物质文化遗产保护名录"的荣誉称号,把木雕艺术作为历史文化,作为生命里最珍贵的记忆,作为乡情,作为剑川厚重的礼物,贡献给世界。

资料来源　云南政协新闻网。

【案例提示】

1.剑川木雕作为传统手工艺在漫长的历史发展过程中已经演变为一种文化资本在进行市场运作。其资本化的具体表现有哪些?

2.请以剑川木雕为例,探讨传统工艺文化资本化的实践逻辑。

本章小结

随着我国旅游休闲经济井喷期的到来，文化旅游的优势也日渐凸显。得天独厚的旅游资源与文化遗产造就了文化遗产旅游行业的蓬勃发展势头。本章论述了文化遗产的概念、分类，文化遗产保护与旅游开发的关系，对非物质文化遗产的概念及分类进行了梳理，并理清了传统工艺的概念、分类，对其文化价值进行了剖析。最后，从概念、形态、构成要素、特征等方面对文化资本进行了阐述，并对遗产旅游的内涵、特征以及遗产与旅游的关系进行了全方位梳理。

重要概念

文化旅游：以文化为核心吸引力和内在价值依托，在食、住、行、游、购、娱等旅游要素中贯穿文化内在价值体验的旅游活动。

文化遗产：从宏观上理解，指在人类社会发展的过程中，人们创造或者借助自然力创造的各种精神财富和物质财富的总和；从微观上理解，又可称文化资产、文化财产，是指具有历史、艺术、科学等文化保存价值，并经政府机构或国际组织指定或登录之物品。

非物质文化遗产：被各群体、团体、有时为个人所视为其文化遗产的各种实践、表演、表现形式、知识体系和技能及其有关的工具、实物、工艺品和文化场所。

传统工艺：具有历史传承和民族或地域特色、与日常生活联系紧密、主要使用手工劳动的制作工艺及相关产品，是创造性的手工劳动和因材施艺的个性化制作，具有工业化生产不能替代的特性。

文化资本：一种文化资源的总和，这种文化资源包括文化产品、习性、制度等多个方面，它们往往通过人们的行为方式、生活方式、教育素质、语言能力等多种形式表现出来。

遗产旅游：从需求解释视角，指一种基于旅游者动机与认知的旅游类型，是一种基于怀旧情绪和希望体验多样化的文化景观和形式而产生的旅游动机；从供需两方考虑，指以遗产资源（目前主要是世界级遗产）为旅游吸引物，旅游者来到遗产地欣赏景观、体验文化的一种特定形式和内容的旅游活动，使旅游者在精神、文化层面获得极高的感观满足和身心体验。

练习题

拓展阅读

第六章
旅游的跨文化交流与文化传播

知识目标
(1) 了解旅游的跨文化交流属性。
(2) 理解中西方旅游文化的差异及差异产生的原因。
能力目标
(1) 构建系统性分析问题的能力。
(2) 培养对旅游文化现象的分析能力。
素养目标
(1) 理解跨文化交流与文明互鉴的意义,讲好"中国故事",培养"文化自信"。
(2) 从旅游跨文化交流的角度深入理解"一带一路",形成多元互动的人文交流格局。

思维导图

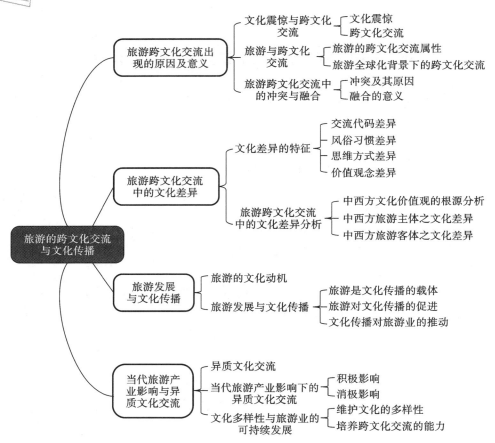

导入案例

一天下午,几近黄昏,我意外地收到了一大本色彩亮丽、名为"冬日艳阳"的画册。画册的封面是一大片的沙滩,还可以看见沙滩边缘湛蓝的海。沙滩另一边,是一排棕榈树。多数斜立着,再往后,是画面中作为背景的群山;我能想象那山中有瀑布,想象得出山中飘香果树下的荫凉,体会从酷热中解脱的惬意。画册里的摄影图片让我不禁想起描绘塔希提岛的油画——那是威廉·霍吉斯和库克船长一起旅行时创作的作品。画面中,夜色轻柔,热带礁湖边,土著少女在繁茂的簇叶中无忧无虑地(赤脚)欢跳。1776年严冬,霍奇斯首次在伦敦皇家学院展出这些油画,引起了人们对美景的好奇和向往,而且,从那以后,这类图景一直都是热带风情画的范本。自然,这本《冬日艳阳》也不例外。

那些设计和制作这份画册的人也许还不知道画册的读者是多么容易为那些摄影图片所俘虏,因为这些亮彩的图片,如棕榈树、蓝天和银色沙滩等,有一种力量,使读者智识受挫,并完全丧失其自由意志。在生活中别的场合,他们原本谨慎,敢于质疑,但在阅读这些图片时,他们却不假思索,变得异常的天真和乐观。这本画册所引发出的感动,同时让人伤感的向往便是一个例子,它说明了人生中许许多多的事件(甚至是整个人生)是如何为一些最简单、最经不起推敲的快乐图景所影响,而一次开销巨大,超出经济承受能力的旅程的起因又如何可能仅仅只是因为瞥见了一张摄影图片:图片里,一排棕榈树在热带微风中轻摇曼舞。

我决定到巴巴多斯岛旅行。

资料来源　阿兰·德波顿.旅行的艺术[M].南治国,彭俊豪,何世原,译.上海:上海译文出版社,2010:5-6.

思考:作者"海岛之旅"的决定是怎么形成的?他对此次出游的期待在现实旅游中能否实现?为什么?

第一节　旅游跨文化交流出现的原因及意义

一、文化震惊与跨文化交流

(一)文化震惊

当人从一个熟悉的环境迁徙到一个陌生的环境里,在文化方面感到不适应以至于经历"文化震惊"几乎是普遍的现象。文化震惊也被称为"文化休克",它是由著名文化人类学家奥博格(Oberg)于1960年首先提出来的,用以概括人们对不熟悉的文化环境所产生的种种不适应的心理反应。他指出,当一个人从一地迁徙到另一个地方,原本熟悉的一套社会交往符号如语言、习俗、行为模式、社会关系以及价值观念等被另外一套自己不熟悉的社会交往符号所代替,因此在心理上产生一种焦虑的情绪,这就是"文化震惊"。当移居不同文化氛围或在异国逗留时,人们常常会体验到不同程度的文化震惊。一些人经过一段适应过程后,会适应新的环境和生活方式;而一些人则持续地把新环境视为梦魇,排斥或回避新的生活方式。

其后,当代社会思想家托夫勒(Toffler)对"文化震惊"进行了更加生动、具体的解释:文化震惊是某人发现自己所处的环境中,"是"的意思变成"否",固定的价格变成了可以讨价还价,微笑还可以表示气愤。人们发现自己所处陌生的环境,无法对信息作出相应的反应,不能问路,也不知道如何回答他人的问题,气候和自己家乡的气候完全不同,以及食物几乎不认识等,这些给人们带来的震惊犹如经历一种动乱,一场内在文化积累或文化构成上的动乱。实际上,所谓"文化震惊",是指生活在某一种文化中的人,当他/她初次接触到另一种文化模式时,所产生的思想上的混乱和心理上的压力。

知识链接

阿尔文·托夫勒（Alvin Toffler）是当今最具影响力的社会思想家之一，著有《未来的冲击》（1970）、《第三次浪潮》（1980）、《权力的转移》（1990），被称为未来三部曲，享誉全球，成为未来学巨擘，对当今社会思潮有广泛而深远的影响。

（二）跨文化交流

跨文化交流是一个人类社会自古以来就普遍存在的现象，如一国领导人与另一国领导人会晤是在进行跨文化交流；外贸公司的工作人员与外商谈判是跨文化交流；导游接待外国旅游者当然也属于跨文化交流；学校里，本国教师同外国教师、外国留学生的交往同样是在进行跨文化交流。事实上，即使不与外国人直接接触，仍然可能从事跨文化交流，例如，在观看外国影视节目或是阅读外国文学作品的过程中，作为观众或者读者，与影视节目的导演和演员，或是小说的作者之间，仍然存在一个跨文化交流的过程。

跨文化交流指的是具有不同文化背景的人们之间的交流。事实上，每个民族的形成过程都充满了丰富的与异族相互接触和融合的经历。中华民族大规模的跨文化交流活动始于公元前2世纪的"丝绸之路"，紧接着是印度佛教的传入，唐代鉴真高僧的东渡，再到明朝郑和七下西洋，以及近代历经数百年的西学东渐，其间都包含了复杂的跨文化交流的内容。

20世纪60年代，跨文化交流作为一门学科，首先在移民复杂、文化多元的美国兴起。许多学者把人类学家霍尔（Hall）在1959年出版的《无声的语言》（*The Silent Language*）看作是该学科的奠基之作。在该书中，作者指出，不同文化背景的人们在使用时间、空间和表达意义上都有着明显的差异。此后，他在该领域的研究日益引起学术界的重视，并且深刻地影响到了其他的学者和学科。

 知识链接

爱德华·霍尔（Edward Hall），美国人类学家，被称为系统地研究跨文化传播活动的第一人。主要著作有：《无声的语言》（1959）、《隐藏的维度》（1966）、《超越文化》（1976）、《生命之舞：时间的另一个维度》（1983）、《空间关系学研究手册》《暗藏的差异：和日本人做生意》（1987）、《爱德华·霍尔自传：生活中的人类学》《理解文化差异——德国人，法国人和美国人》（1990）、《三十年代的美国西部》（1994）。

随着交通工具的进步，通信手段的发展，人口的大规模流动，不同国家、不同民族的人们之间更加频繁而紧密地接触和交往，使得针对跨文化交流的培训和民间咨询也应运而生。例如，为保证出国人员能够在不同环境中有效地工作，美国和平队在派出志愿者前开始有计划地对他们进行针对性的培训，以提高他们的文化适应能力；而跨国公针对跨文化管理和交流的商业性咨询活动也逐渐发展起来。当今不同文化背景人们之间的频繁交往已是以往任何时代都不可比拟的,美国学者哈姆斯(Harms,1973)认为,在世界范围内的交流经历了五个阶段:语言的产生;文字的使用;印刷技术的发明;近百年交通工具的进步和通信手段的迅速发展;跨文化交流。跨文化交流是人类交流的第五个阶段,也是我们这个时代的突出特征。

二、旅游与跨文化交流

(一)旅游的跨文化交流属性

从旅游自身的特点来看,可以发现它本身就是一种典型的跨文化交流活动。

首先,旅游具有异地性,它是人们离开自己的定居点,去异国他乡进行的活动;其次,旅游具有暂时性,人们前往目的地,并在那里作短暂的停留。当承载着客源国文化的旅游者,来到具有不同文化的目的地从事旅游活动,由于空间的跨越所引起的现象和关系的总和形成了旅游跨文化交流。在这个过程中,旅游者作为文化交流的主体感知和学习到了目的地的文化,同时也有意无意地把自身的文化传播给了目的地东道主,使得东道主也在此过程中获得了异质文化的熏陶和感染。

旅游跨文化交流说到底,就是旅游者与东道主(出发地文化与目的地文化)之间的交流,而旅游文化,就是以跨文化交流为基础的文化交流和对话的一种方式。

(二)旅游全球化背景下的跨文化交流

20 世纪 80 年代以前,谈到跨国旅游,人们首先会想到的是英、美、法、西班牙等西方发达国家作为发展成熟的旅游目的地,它们在过去旅游发展的几百年间一直是排名前列的目的地,而彼时的出境游客也多来自发达国家内部。到了 20 世纪 90 年代,亚太地区的发展中国家,如泰国、印度尼西亚、马来西亚等国的入境游客开始逐年增多,游客仍然多来自西方发达国家。近二十年来,随着中国等众多发展中国家经济的快速发展,人民生活水平的显著提高,旅游成了这些国家人民的重要娱乐活动,其中出国旅游逐渐形成热潮。

中国旅游研究院《2019 年旅游市场基本情况》显示,2019 年,中国出入境旅游总人数达 3.0 亿人次,其中,入境旅游人数 1.45 亿人次,其中亚洲游客占比达 75.9%,出境旅游人数达 1.55 亿人次,且该年内中国公民出境旅游人数和境外旅游支出均居世界第一位,见图 6-1。

从近三年来看,中国公民的出境旅游人次呈快速增长态势,年均增长率突破 9%,见图 6-2。

数据显示,在中国公民前十大出游国家中,2019 年访日游客数量位居第一,占比 20%,其次分别为韩国,美国紧随其后。此外,西方国家如澳大利亚、英国和加拿大也位居前十名。

以上数据充分表明,当今世界,旅游业正逐渐走向全球化。随着旅游全球化趋势的增长,国际旅游需求的增大,跨文化交流的机会也越来越频繁。全球文化在旅游跨文化的关联中不断冲突着,同时也在冲突中日益融合。因此,从跨文化交流的角度来研究旅

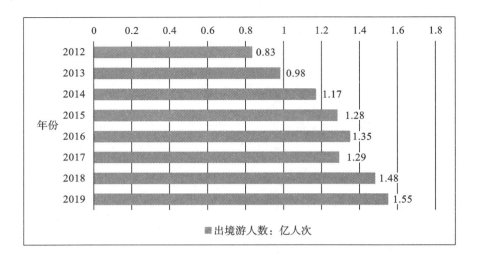

图 6-1　2012—2019 年中国公民出境旅游人数走势
（资料来源：中国旅游研究院（文化和旅游部数据中心）。）

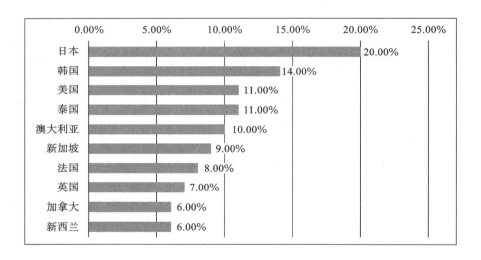

图 6-2　2019 年中国前十大出游国人数占比
（资料来源：中国旅游研究院（文化和旅游部数据中心）。）

游文化是旅游全球化下的一个必然趋势。

三、旅游跨文化交流中的冲突与融合

旅游跨文化交流总是在对熟悉特征的认同感和陌生特征的惊奇感的交互作用下进行的，其结果可能是冲突，也有可能是融合。

（一）冲突及其原因

当旅游者进入一个不同的文化环境时，一方面，由于失去了自己熟悉的文化系统，在心理上便产生了所谓的"文化震惊"，主要表现为对旅游地社会环境、生活方式及价值观念等的极度不适应,对旅游项目、旅游产品的极度失望、紧张,甚至是恐惧,等等。这种"震惊"随着文化差异的增大而加深,进而不可避免地会与东道主产生跨文化交流的冲突;另一方面,对于旅游目的地来说,由于各种具有鲜明地域文化背景特征的旅游者的到来,旅游目的地成为不同文化交汇与碰撞的中心区域,在这个区域里,由于不同的文化价值观念与经济、社会和政治制度等因素的存在,文化冲突亦不可避免。

冲突的原因,归根结底就是旅游者和东道主之间的文化差异。这种差异无处不在、不可避免,且差异越大冲突越严重。在大多数旅游者为外国人的旅游目的地,当地居民会感知到旅游者的一系列行为特征,如态度和观念等都是与自己不同的,因此,他们之间出现文化冲突的比例就比较高。但是,在大多数旅游者为国内游客的旅游目的地,人们所感知到的旅游者与当地居民之间的差异便非常微小,相应地,他们之间的文化冲突也比较少。

除了客观存在的文化差异是造成冲突的原因外,还有一个主观原因就是人们的意识中有意无意存在着的民族中心主义。这是一种以本民族文化的观念和规范为标准去理解和衡量其他民族文化的意向,是一种关于自身文化优越性的盲目自信,认为自己的风俗习惯、行为举止以及价值判断是最合理、最正确、最优越的。民族中心主义阻碍着不同文化间的良性互动与交流,导致文化上的自大、偏见和歧视,制约人们理解异质文化的能力,同时也会使冲突加剧。减少文化冲突,首先应该克服民族中心主义,保持积极和包容的态度。

(二)融合的意义

许多人正是在经历了文化震惊与冲突之后,才意识到跨文化交流的问题。强烈的体会反过来会促使人们更深刻地去对比和理解本民族文化与异质文化的差异,最终适应各种异文化。经历过挫折、冲击和震惊的人往往会逐渐学会不再保持固有、既定的单一价值观念,学会从多个角度看问题,更加能够接受差异。有了冲突,才能进一步交流和融合。这是一个必经的过程。经历了这一过程,不同文化间才会更好地相互吸收、融合、调和和借鉴。

旅游跨文化交流中的冲突和融合是旅游文化发展对立统一的两个方面。当旅游者文化与目的地文化在旅游过程中发生接触、碰撞、震惊和冲突的同时,也在自觉不自觉地进行着交流和融合。双方的理解与尊重会促使旅游目的地文化的多元化,从而形成一种适应性文化,创造出一个更容易交流沟通的文化氛围。

一方面,旅游者通过跨文化旅游对旅游地文化采取适应的积极性态度,理解、接受并融入自身文化系统;另一方面,为了促进旅游业的健康持续发展,旅游地也会主动接受、容纳和融汇,甚至综合来自旅游者的文化因素,致使旅游地文化发生着极大变化,渗透着越来越多的外来文化因素。旅游景区往往成了各种文化的汇聚地、展现地,具备一定的文化多样性。文化融合是跨文化旅游发展的总体趋势以及意义所在。现代旅游作为一种特殊的文化活动,已经成为世界范围内跨文化交流的重要途径。只有充分地了解和认识文化差异,克服民族中心主义,逐渐消除跨文化交流中的各种障碍,人与人之间才能进行更有效的交往。

知识活页

广西桂林阳朔的独特的西街文化

在桂林阳朔旅游,一定要去逛逛那既富有东方韵味,又充满着异国情调的西街(见图6-3)。来到这里的外国游客常常流连忘返,有的一住就是好几个月。之所以如此,是因为西街这儿独特的多元文化因素,可以使得不同国家、不同信仰、不同世界观和文化背景的人们可以在这里与本地人友好地相处。

图 6-3　阳朔西街

(图片资料来源:广西桂林市阳朔县人民政府门户网站 https://www.yangshuo.gov.cn/)

中国文化与西方文化在这里和谐地交流、融汇。

在外国人眼中,西街是一条典型的中国老街,也是阳朔人日常生活的一个缩影。走在鹅卵石铺成的古老街道上,两旁是明清时代的双层木结构建筑,现在都改为了商铺,有民俗店、手工艺品店、书画店、旅游礼品店,商品从丝绣、蜡染、绣球到镇纸和各色古董,店铺里播放着民歌或是古典音乐。此外,还有练习和传授中国武术的武馆和实施针灸、按摩的中医馆,以及集宗教、武术、音乐、祭祀礼仪和戏曲为一体,具有几千年历史的当地傩戏和傩戏面具,无一不是代表着中国特色的景观。可以说,西街是一个展示东方工艺品的平台,既汇聚了全国的民族工艺品,也有当地的特色产品。在外国人眼里,这儿就是一个活生生的民族博物馆,是一个欣赏和体验中国传统小镇人们古往今来日常生活的最理想的地方。而外国游客的喜爱又促使这些传统在技艺上的传承、创新和推广。同时,阳朔人还很好地保持了丰富多彩的节日和风俗。例如,春节时,阳朔人会穿着节日盛装，用本地特有的舞龙、舞狮、舞狗与傩戏来庆祝，不仅吸引了大量中外游客来观赏，也为传统文化增光添彩。近年来，欢度春节已成了西街的外国人时尚。而这些庆祝方式在中国别的地方已不多见了。

另外，大量国外游客的到来，赋予了这条古朴的南方小街许多全球化的特征。越来越多的咖啡店、小酒吧、艺术画廊、酒店、网吧、超市和星级饭店涌现出来。阳朔人除了讲本地方言外，平时使用最多的语言就是英语。西街人，从小贩到服务员，男女老幼，多多少少都能讲出几句日常英语。因为西街外国人多，也就成了中国人练习英语口语最好的去处，西街也因此获得了中国"最大英语角"的称呼。正因为如此，这个不足两万人的县城小镇就开设有20来个外语学校或培训中心。在这儿几乎所有的广告牌、店铺门面招牌、饭店和小餐馆的菜谱都是用中英双语写的。这一切都充分显示出这个小地球村的特征。

由于对西街的喜爱，不少外国游客多次重游，甚至归国后对西街念念不忘。除了上述因素外，最重要的，就是他们在这里能够很快并且顺利地适应当地文化。而他们之所以能够适应西街的文化氛围，除了自身强烈的旅游动机和愿望以及适应力外，东道主文化创造的包容的文化氛围和便利条件也起着至关重要的促进作用。

资料来源　陈红旗.从阳朔西街看中西文化融合[J].中国校外教育，2009(11):28.

第二节　旅游跨文化交流中的文化差异

一、文化差异的特征

由于历史、政治、地理位置、宗教信仰等因素的不同，每个国家、民族和群体之间形成了不同的文化传统，并且很难改变，这就是所谓的文化差异。文化所表现出来的差异要比人类的肤色或任何其他生理现象所表现的差异深刻得多。这样的差异既有思维方式上的，也有行为活动上的，既有精神情感上的，也有物质形式上的，具体表现在以下几点。

(一)交流代码差异

它包括语言符号和非语言符号,它们是交流的载体,用来代表和象征各种具体的和抽象的意义。每一套独特的语言和非语言系统又受着该文化规则的约束,即使用符号的方法。在跨文化交流中,语言在形式和使用规则上面的差异首先就是交流的一大障碍。

(二)风俗习惯差异

风俗习惯是人们世代相传的生活习惯和生活传统的积淀,文化与文化之间在风俗习惯上面千差万别,即便同属于中国文化,其56个民族也各自保有着在服饰、饮食、建筑、节日、音乐舞蹈等等习俗上的独特性。

(三)思维方式差异

思维在人的活动中占有重要的地位,思维方式一旦形成,就会指导着其言行。生活在不同文化下的人们会形成不同的思维模式,这便很自然地影响着他们在表达和做事上形成截然不同的风格。

(四)价值观念差异

价值观是文化中最深层的部分,也是相对最稳定的一部分。它和文化一样,是一种抽象的概况,肉眼无法看见却支配着人们的信念、态度和行动。萨莫瓦尔(Samovar)和波特(Porter)认为,价值观通常是规定性的,告诫人们什么是好的和坏的,什么是正确的和错误的,什么是真实的和虚假的,什么是正面的和反面的,等等。最重要的是,文化价值观指导人们的看法和行为。每一种文化都有其特有的价值系统,在同一文化交流中,交流的双方有统一的价值观,交流起到维系和加强这种价值观念的作用;而在不同文化的交流中,则很容易产生价值观念的冲突,因为一种文化里受到鼓励和宣扬的价值观念很有可能在另外一种文化里受到压制和排斥。

在跨文化交流的研究中,价值观可以说是核心。人类学家、心理学家、传播学家对于价值观的研究一直给予极大的关注。霍夫斯泰德(Hofstede)认为,人们之间价值观念方面的分歧越大,人就越难适应新的环境。一般来说,在语言、习俗等方面要适应另一种文化并不是最困难的,真正的困难在于价值观念方面的分歧,而价值分歧论也一直是解释文化震惊最主要的理论。

20世纪70年代初,霍夫斯泰德对IBM公司自1967年以来53个国家和地区的雇员进行了细致、系统的调查(共计116000份),并利用这些材料对不同国家工作人员的价值观念进行了深入的研究,最后提炼出来四个衡量价值观念的文化维度,即个体主义—集体主义(Individualism—Collectivism);权利距离(Power Distance);不确定因素回避(Uncertainty Avoidance);男性特征—女性特征(Masculinity—Femininity)。

按照这四个维度,霍夫斯泰德分别计算出了这些国家和地区的价值观念各自的指数,并将其按顺序排列。表6-1是从他的列表中抽取出的一些国家和地区的材料。

表 6-1　霍夫斯泰德文化维度指数及位置列表

国家或地区	个体主义—集体主义		权利距离		不确定因素回避		男性特征—女性特征	
	指数	位置	指数	位置	指数	位置	指数	位置
澳大利亚	90	2	36	41	51	37	61	16
加拿大	80	4—5	39	39	48	41-42	52	24
法国	71	10-11	68	15-16	86	10-15	43	35-36
英国	89	3	35	42-44	35	47-48	66	9-10
美国	91	1	40	38	46	43	62	15
中国香港	25	37	68	15-16	29	49-50	57	18-19
印度	48	21	77	10-11	40	45	56	20-21
日本	46	22—23	54	33	92	7	95	1
韩国	18	43	60	27-28	85	16-17	39	41
马来西亚	26	36	104	1	36	46	50	25-26
新加坡	20	39—41	74	13	8	53	48	28
中国台湾	17	44	58	29-30	69	26	45	32-33
泰国	20	39—41	64	21-23	64	30	34	44

（资料来源：胡文仲.跨文化交际学概论[M].北京：外语教学与研究出版社，1999.）

从表 6-1 中的指数和位置我们可以看出，美国在个体主义方面占首位，日本在男性特质方面占首位，马来西亚在权利距离方面占据榜首，而在不确定因素的回避方面，占首位的是希腊（未包括在表内）。总的来说，从指数上看，英语国家比较接近，而亚洲国家共同点较多。

知识链接

　　霍夫斯泰德（Geert Hofstede），荷兰著名心理学家、管理学家。曾加入 IBM 公司的人事部门，后进入学术界，先后在欧洲多所大学任教。1968 年和 1972 年，他在 IBM 员工中做了两次研究，调查了 11.6 万名员工，这是当时针对员工态度的最大规模的研究，其观点在研究跨文化差异时被广为引用。

二、旅游跨文化交流中的文化差异分析

　　旅游中的文化差异是造成文化冲突的根本原因，同时也是吸引游客奔赴目的地的重要因素。可以说，文化差异就是旅游的基础和目的。旅游跨文化交流中的冲突与融合主要是由于旅游者和东道主之间的文化差异，即客源国文化与目的地文化两者的不

同造成的。

以华夏文化为主流的东方文明和以古希腊文化为源头的西方文明是当今世界最具有影响力的两大文化潮流,两者在数千年的漫长历史里走出了各自独立的发展道路,形成了独具特色的文化价值观。这种价值观渗透在该文化人们的旅游活动中,贯穿于旅游活动的全过程,从而表现出中西方风格别具的旅游文化特点。下面,我们就以中西方旅游文化为例,在对两者文化价值观根源对比分析的基础上,从旅游主体和旅游客体两个角度进行差异对比。

(一)中西方文化价值观的根源分析

1. 地理环境

地理环境是文化生成的土壤,是文化创造的第一要素,同时也是人类其他一切活动的首要前提,制约着人们的精神生活,由于不同民族生活的地理环境不同,因而形成了不同文化。

华夏文明起源于黄河流域,因宽广肥沃的土地、优越的光热水条件,加上三面连陆、一面靠海的封闭的地理环境,十分自然地形成了延续几千年的农耕文明,这就塑造了中国人喜静恶动、谨慎求稳的民族性格。

西方文化起源于古希腊,古希腊各城邦由于土地贫瘠,位置又临海,便将航海以及开拓海外的土地作为它们的生存策略。航海充满了风险和不确定性,因此,人们在风浪中锤炼出了开拓进取、勇敢灵活的民族性格,这种特性使得西方人乐于出门远行,并追求冒险、刺激和趣味性的活动。

2. 经济基础

受到封闭地理环境的影响,中华文明形成了典型的以农业为物质生产基础的自给自足的自然经济,这就造就了人们注重伦理道德、求同求稳、以和为贵,谨慎克制的处事原则。人们安土重迁,视充满不确定因素的外部世界为危途。当需要出行时,倾向于结伴而行,并且强调服从集体;集体内部奉行尊老爱幼,互相依靠,相互帮助,以维护人际关系的和谐为宗旨。

而很早就靠发展航海业和商业开拓海外世界的西方人,则逐渐形成了注重探索自然的科学传统。工业革命以后,这种工业文明性格更是塑造了西方人较强的斗争精神与强调独立、自由、平等的处事原则。他们往往更喜欢外出和探索外部世界,且偏爱一些人迹罕至的目的地,以及参与体验性、挑战性较强的活动。

3. 世界观

世界观是人们对于身处的自然环境、社会环境,以及他人和自我的认知和态度,同时还包括怎样与他们相处的原则。一个民族的世界观是这个民族所有文化现象和价值观生长的土壤。

西方人世界观的形成主要有两个源头:基督教和古希腊哲学。以基督教原罪观为起点的西方文化,为远离原罪,人们不断忏悔,寻求变化,这就形成西方人求变、求动、求异的行为取向。此外,在西方,宗教文化资源特别是教堂在旅游资源中占有非常重要的地位。同样对整个西方世界的文化产生深远影响的古希腊哲学家们认为,宇宙万物都是二元对立的,如人与自然、思想与物质、神圣与世俗等。他们把世界看成可以不断具体化、精确化的实体集合,实体的外形轮廓以及内部结构都是可以进行客观描述并以数的比例关系进行评价的。这种"分"的世界观导致西方文化对外部世界孜孜不倦地探索和改造,推动了西方科学技术的迅猛发展。

与之相反,古代中国的哲学家们强调宇宙是一个"整体"。在这样一个"整体"的观点下,老子发展出了道家思想,在处理人与自然的关系上提出了人是自然的一部分,以及"天人合一"的主张;儒家关注的则是人伦哲学,在人与社会、人与他人的关系上提出了详尽的行为规范,而其最终目的,是实现一个和谐、统一的社会。后来的禅宗(佛教在中国发展出来的宗派)则主张,世间万物本质上都源于一个"虚空"。中国传统观念中以"整体""统一""和谐"的观点和态度来看待这个世界,而非西方哲学主张的"对立"和"抗争"。可以说,中西哲学家们都看到了事物的两面性,不同的是,西方文化强调的是两者的对立,而中国文化则强调它们的相互依存。在这样两种截然不同的世界观基础上,中西文化价值观念得以萌芽,成为指导各自文化下人们生存与处事的原则,影响着他们的是非判断与言行举止,并且形成了丰富多彩的传统习俗,自然也发展出了各具特色的旅游文化。

(二)中西方旅游主体之文化差异

1. 旅游动机差异

中国人好静恶动的民族性格以及重视家庭、强调集体的社会心理,形成了谨慎保守和稳健内敛的旅游观。这种观念注重旅游伦理,讲求游必有理,提倡适度旅游,反对过于冒险,对旅途中的安全高度关注。这些都造成了对中国人旅游动机的阻抑。可以说,中国人更多的是将旅游作为培养人格和修养的方式,其中还贯穿了对祖国大好河山的热爱以及深厚的爱国主义情结。旅游者通过旅游经历,获得内心的享受和情感的升华,但是往往忽略了对外界事物的客观考察。

西方人喜动好玩的民族性格以及重视个体本位,鼓励探索未知的理念,形成了冒险勇进、探索求新的旅游观。在这种观念的驱动下,西方人更喜欢投身于外面的世界,比较容易接受新事物和新现象,在探索未知方面表现出极大的热情和特有的执着。

2. 旅游目的地选择差异

中国人喜静、谨慎的性格使得最早的旅游目的地选择主要集中在内陆地区,特别是本土范围之内,即使是出海,也基本是沿着海岸线航行,以便可以随时靠岸。随着社会的发展以及经济形态的改变,中国人对旅游目的地的选择虽然有所变化,但仍然偏爱与自己文化有相似性的国家和地区,在旅途中更多寻求的也是文化的共性。而在景点的选择上则偏重于著名的历史文化古迹和风景名胜等较为成熟的景区。此外,由于中国人具有较强的集体主义倾向,在旅游目的地的选择上容易听取他人的意见,并表现出较强的从众心理,因而使得一些知名度较高的旅游地在旺季达到饱和甚至超载状态,而那些知名度不高的旅游地则较少有人问津。

由于国土范围的狭小,从古希腊开始,西方人就借助海洋旅行开拓外部世界。频繁的航海旅游经历锻炼了他们冒险、勇进、向外探求的旅游性格。因此,从古至今在旅游目的地的选择上,西方人就倾向于那些不同寻常且具有挑战性的地方,喜欢参加智力和体力能得到充分发挥的旅游项目;往往首选自己不了解的地方和国家,探索异质文化与自己的差异性,在经受考验中享受成功的喜悦。在自然景观的选择上,他们大多喜欢原始古朴的景物;而在文化景观的选择上,则偏爱那些保持原始风貌的景观。此外,极强的个体主义倾向使得西方人在旅游目的地的选择上很少受他人的影响,往往能从自我意愿出发,坚持自己的主张。

3. 旅游组织形式差异

强烈的集体意识和谨慎、求稳的性格使得中国人在外出远距离旅游时,喜欢组团活动;近程和假日旅游时则倾向于全家出游或亲友同行的方式,以便互相照顾,获得安全感;而个人单独外出旅游的情况比较少。

西方民族明显的个体主义倾向在旅游组织形式上得到了充分反映。他们往往通过独立查询相关资料的方式,选择自己感兴趣的旅游目的地,安排适合自己的行程。为了尽情享受属于自己的时间和空间,西方旅游者单独外出旅游的情况相当普遍。这种自主独立型的旅游方式是许多西方旅游者所推崇的,如背包客旅游,就是起步于西方国家,现在在西方年轻人中已成为很普遍的现象。

4. 旅游审美观差异

在旅游审美心理上,中国人表现出重感悟、轻技艺的"模糊性"特色和重意境,追求情景交融的倾向,且长期以来偏重于把对山水景观的审美看成精神的寄托和对现实生活的超脱,以儒家的"比德"和老庄的"天然说"为代表。"仁者乐山,智者乐水。"儒家以山水的自然属性比喻人的道德品质,以社会伦理观念去看待自然现象,在发掘自然山水的内在气质之美中寄托对崇高理想的追求。唐代李白从名山大川的神韵中领悟到"安能摧眉折腰事权贵"的傲骨豪情;宋代周敦颐盛赞莲花为君子而意在其"出淤泥而不染"的品质。与其说这些是对自然之物的赞颂,不如说是对个人心志的寄托。老庄的"天然说"是对民族自然审美心理影响深远的又一传统观念。它极力推崇不加雕琢的天然之美,主张返璞归真,回归自然本性。历代文人官宦每当仕途坎坷、前途受阻、际遇贫困之时,多寄情山水,企图抛开世俗生活的纷扰,寻求心灵的解脱,于是自然山水又成了人们逃避现实困境的精神避难所。

相比之下,西方人重视形式结构,偏重于山水景观的外在形态美的欣赏。在旅游审美心理上,表现出重规范、讲技艺的"清晰性"特色和个体独立的分离倾向。自我与山水景观是各自独立的,对山水景观的礼赞,不是对自我的托物言志的礼赞,而是自我对山水景观的一种美感激发的礼赞,并未与主体精神状态达到同一的境界。

5. 旅游消费行为差异

谨慎求稳的性格使中国人视旅游为险途,看到的更多是旅途中的不便和安全隐患,并没有将旅游当作体现个人价值、探索世界的方式,所以没有把旅游消费当成日常生活中的必要支出。而在旅游的过程中,人们看重有形物质的消费,轻服务性消费,重纯娱乐消费、轻发展性消费的倾向。在消费结构中,交通费、景点门票费等基本消费占据较大比重,购物的倾向也特别明显。

西方旅游主体受到西方文化中外向、开放氛围的熏陶,十分认可旅游对个人品格和意志的塑造。所以,他们面对未知的旅途虽有恐惧,但更多的是向往。同时,由于西方经济发达,国民收入高,旅游发展也比较成熟,因此,他们视旅游为生活必需品。在旅游消费结构中,除交通和食宿费用外,旅游求知、考察、探险、健身等方面的消费也相对较多,此外,他们还十分重视劳务性消费。

(三) 中西方旅游客体之文化差异

中西民族因其各具特色的地理环境和文化传统,形成了风格迥异的自然景观与人文景观,成为其重要的旅游资源。这些旅游资源有着千差万别的外在表现形式,但无论其外表多么五彩缤纷,都有着某种内在的文化精神在起主导作用。这种文化精神不仅孕育了整个民族的审美心理,还直接影响到对旅游资源的利用、开发和建设上。可以说,旅游资源实际上是文化的"物化",因此,同一文化下的旅游资源必然因共同的文化基因而产生相通之处,从而构成中西旅游资源在总体特征上的差异。

1. 整体融合与结构分离

中国人从整体上把握事物,注重和谐统一的文化特征贯穿于几千年的审美观念与艺术创作之中,使得其旅游资源也显示出强烈的"融合特色"。其中一个明显特征就是很多自然景观与人文景观融为一体,被印上了深刻的人文烙印。这种融合使得中国人在欣赏自然山水时,追求一种物我两忘的境界,审美主体与客体在互相关照中相互交融,达到精神上的契合。此外,"整体融合"的特点不管是在文艺作品,园林还是建筑上都无不以对整体意境或神韵的追求为最高准则。例如,中国绘画讲究以形写神,气韵生动;中国园林讲究自然美与人工美的巧妙结合,追求与周围环境的高度融合,这一切都强调外在的物的形式与人的内在思想与志趣合二为一;而在中国传统建筑的组群布局中,所有的单体建筑都需得以整体的和谐为原则;至于在中国的烹饪里,每一道菜都是各种原料与配料充分调和的结果。

与此不同的是,西方人把世界看成是可以不断分割的,具体化、精确化的实体的集合。这种观念使得其文化注重事物对立面的分离与个体的独立。因此,无论是在绘画、雕塑等艺术的创作上,还是园林、建筑的几何形态和布局结构上,都强调外在结构的单体艺术效果和自由独体式的分离布局特色,不会像中国人那样强调意境,更不会将过多的感情色彩与主观情绪渗透于创作审美中,而是按照客观的美学规律去创作和欣赏美。至于在西方的饮食文化中,这种"结构分离"的特色也表现得极为明显,西餐中的菜肴都是单独烹饪的,即使是调味的佐料也是现吃现加,在饮食礼仪上,奉行的也是分餐制。

2. 模糊性与清晰性

中国人强调整体、统一,因此,把握具体事物的方式是模糊的。无论是在园林艺术中虚实相生的意境,抑或是绘画艺术中对"心性"的注重,都强调主观情感的参与,是一种只可意会不可言传的境界,谓之"化境"。这种"模糊化"的艺术境界排斥用完全客观和规范化的模式去创造,而必须靠心灵的体悟方可获得。中国文化的模糊性特色还体现在人们在艺术表现手法上的委婉含蓄,如中国园林布局以全盘托出,一览无余为造园大忌,设置建筑及园林景观力求曲折含蓄,以创造曲径通幽的美妙意境。乃至于在生活中,在语言的表达上,中国人也是讲究含蓄、朦胧的。

相反地,西方人对事物形式结构的解析导致其旅游文化呈现出"清晰性"特色。早在古希腊时期,西方的第一个美学家毕达哥拉斯便提出从数量关系上去寻找美的本体思想,认为凡是符合理性的数量关系的,诸如圆形、球形、合乎黄金分割定律的长方形都是美的,于是,西方人便如有了一把衡量美丑的标尺,利用它来品评自然并创造艺术。

因此，西方人在艺术创造上关注对象结构形态的外在比例，在园林规划上以整齐划一、均衡对称为主要原则，在建筑外观的设计上也多出现球形、圆形、圆锥等符合其美学理念的几何造型，体现出了理论逻辑的清晰和技术手段的规范化趋势。这种规范化在西方的烹饪中也体现得也极为突出，几乎所有的食品都有严格的制作程序和标准化的营养成分搭配。这种清晰性同样反映在了西方人的生活和语言表达上，如人们对"不确定性规避"的程度不高，通常选择直接面对；在表达时讲究开门见山，而不是遮遮掩掩，等等。

3. 人本与神本

从古希腊多神信仰到欧洲中世纪的基督教神学，西方人一直保持着对宗教的强烈信仰，其文化中渗透着一定的神本思想，这在其旅游资源中也有明显的体现。以建筑旅游资源为例，欧洲遗留下来的古老建筑中最重要的多是神庙和教堂，从其奇诡的外观、巨大的尺度、强烈的空间对比和神秘的光影变幻，都渲染着一种神秘又梦幻的宗教激情。又如，西方的雕塑、绘画等艺术的题材也一直以神为主要表现对象，从古至今从未摆脱过宗教的巨大影响。可以说，不了解西方的宗教，便不可能真正了解西方的艺术作品。

与西方宗教观念深入人心相比，中国的宗教则处于原始的状态，是天地崇拜与祖宗崇拜的交织，主要表现为对鬼神灵魂的信仰。即便如此，儒家也保持了清醒的态度，所谓"子不语怪力乱神"，到了非谈不可的时候，则以"未能事人，焉能事鬼"来提醒人们注重现实生活。这种情形塑造了中国传统文化特有的人本精神。无论是本土道教还是后来传入的佛教都未能掀起全民族的宗教迷狂，相反，他们在与儒家的不断融合中更趋人性化。中国传统文化的人本精神使本国的旅游资源更具有现实人生的色彩。就建筑旅游资源而言，中国现存最令人叹为观止的传统建筑多是代表政治权威的皇宫、古都、城墙和皇家陵寝。相形之下，宗教建筑始终处于从属地位，且弥漫着世俗的风格。寺庙道观多采用传统庭院式布局，体现着中国园林的风格。中国的雕塑艺术除了石窟寺庙道观等特定宗教建筑以宗教人物为主题以外，多以世俗人物与动物为对象，而宗教人物被反映在艺术中也带有较强的人间气息。中国的绘画艺术也是主要以自然人生为表现对象，如山水花鸟、人物及世俗生活等，虽有宗教壁画等宗教题材作品，但并未形成绘画创作的主流。

以上旅游跨文化交流中的种种差异是具有两面性的。一方面，正是因为旅游资源差异的存在才得以吸引旅游者踏足目的地，它是促使旅游产生的主要动因；另一方面，文化差异的存在往往会引起"文化震惊"，如果旅游主体无法适应，那么将带来心理甚至生理的排斥，也可能会引发与旅游客体文化之间的冲突，从而阻碍跨文化交流。因此，不管是旅游主体也好，客体也罢，都要培养一定的跨文化意识，学会理解差异，尊重差异，才能最终实现文化融合。

第三节　旅游发展与文化传播

一、旅游的文化动机

长期以来，旅游都被认为是一种经济现象，因为旅游活动能够给旅游地带来相当可观的经济收入。特别是近几十年来,随着经济和科技的突飞猛进,旅游业得到了前所未有的发展,也带来了相当可观的经济效益。事实上,旅游作为文化现象所产生的影响,远比单纯的经济影响更为深刻。研究者和投资者们逐渐认识到,旅游首先应该是一种文化现象。

现代意义上的旅游始于19世纪初期,彼时以消遣为目的而外出观光的人数和规模都已经超过了传统的商务旅行。旅游者走出家门,开始一段旅程,既受到内在寻求精神自由的驱使,又为目的地的旅游资源所吸引和激发。而旅游资源作为旅游产业存在和发展的基础和保障,本身就是一个自然属性和人文属性相结合的双面体。可以说,是旅游者的文化动机刺激了旅游行为的产生,而旅游行为的产生又进一步刺激了旅游产业的发展,这就使得旅游产业天然地带有文化产业的色彩。

实际上,旅游业的产生和发展从古至今都得益于文化的因素。相对于不同国度和地区的游客来说,旅游业是以各地不同的民俗文化、地域文化吸引着外地的猎奇者。因此,民族文化、地域文化是不是别具一格,是不是具有吸引人前来的魅力,关系着目的地旅游业的兴衰成败。

就中国而言,其广博的地貌、悠久的历史、绚丽的人文景观,以及被打下了深刻文化烙印的自然景观,构成了旅游资源的主体部分。可以说,吸引国际游客来到中国的,不是游览和玩乐,而是其独特的文化魅力。

文化是旅游的灵魂。如今,旅游者的文化消费走向已经成为世界旅游业发展的共同趋势。这就需要旅游从业人员把握好旅游同文化的内在联系:一方面,引导旅游者理解和欣赏旅游资源中丰富的文化内涵;另一方面,依据自身的文化特点来开发和增强景点对旅游者的吸引力和感染力,促进当地旅游的进一步、深层次发展。

二、旅游发展与文化传播

(一)旅游是文化传播的载体

传播,即信息的传受。之所以要进行传播,是为了与外部沟通、了解和交流,从而推动人类文明的传承与社会的发展。而旅游,本身就自带传播的属性。随着现代旅游业的迅速发展,越来越多不同种族、民族、国家和文化背景的人跨越边界,前往异地游览观光,从而不可避免地促进了不同地区人们之间的互相了解和沟通,增进了各地人们之间的社会交往和文化传播。

由于传播具有双向性特征,旅游者在旅游活动中,既是信息的接受者,又是信息的传播者。他们在自己原有文化的基础之上,接触到了异域文化的新知识,新信息,达到了更新知识结构的目的;同时,他们承载着所在国家和地区的语言、服饰、思想观念、行为方式等一系列文化元素来到异地他乡,又把本文化的信息向旅游目的地传输。例如,春秋战国时期,孔子携弟子周游列国,一方面,尝试将自己的理念传播给各国国君;另一方面,他也在沿途考察各国风情,搜集了大量的人文和自然信息,这些信息在他之后的著述和教学中也直接或间接地呈现了出来。

纵观人类历史,旅游活动和文化传播总是相伴而行,在文明演进的每一步过程中起着潜在而微妙的作用。唐代玄奘西域取经,沿途将大唐的文化与文明传播到了所经的国家和地区,同时也带回了大量的佛经,使得佛教在中国扎根并普及;13世纪,马可·波罗的中国之行,不仅将遥远西方世界的文化信息传递给了东方国家,而且他对于富饶远东的见闻描述也令当时的西方人神往,开阔了他们的视野的同时,也激发了他们踏足东方这片神奇土地的旅游动机。

这些事例都充分说明了旅游是文化传播的载体。旅游和文化两者是紧密相连、相互促进的。把握好旅游发展和文化传播之间的关系有益于文化的交流与传承以及旅游的可持续发展。

(二)旅游对文化传播的促进

作为文化传播的载体,旅游活动对文化传播的促进作用是多方位的。

首先,旅游活动是最即时、最直接,也最丰富的文化传播方式。可以说,旅游是传播文明、交流文化、增进友谊的桥梁。这个桥梁为文化与文化,人与人之间亲身的、互动的、感知的交流与传播搭建了一个平台,为各种文化的沟通提供机会。另外,文化的内涵是丰富的、多层次的,在传播的过程中,旅游活动体现了这种丰富性。其具体的表现形式就是具有特定文化背景的旅游者借助一定的旅游产品,完成特定的旅游经历,从而传播特定的文化,进而使得各种文化得到了充分的交流。

其次,旅游活动具有文化遗产传递功能。在旅游活动中,旅游资源具有很强的文化交流性,特别是人文资源,它是人类的历史遗存,是人类创造的物质和精神财富。人类在某个历史时期的生产力发展水平及社会生活的各方面,以遗址、建筑、壁画、文学艺术、伟大工程、陵寝等各种形式遗存下来。通过旅游活动,使得一代代人传承至今的传统建筑文化、传统民俗文化等宝贵文化遗产通过旅游产业的运作得以传承发扬。

再次,旅游活动是文化传播的保障。文化只有保持开放性,才有活力。旅游活动自身的特点决定了对文化传播的储存、吸收、反馈和创新,使得文化能够吐故纳新,源远流长。这种过程是在旅游活动中反复进行,循环无限。每一次循环,文化都上升到一个新的层次,文化在旅游活动中得到储存、继承和发扬。

最后,旅游对文化传播起着调和的作用。人类文明是千差万别的,而代表着先进文明方向的趋势是客观存在的。当人们通过旅游活动把自己的文化传播到他处,又接受着他处传播来的文化时,互为异质文化交流造成的文明程度的反差,自然会启发人们去比较和鉴别异己文化的优劣。所以,旅游就是一个文化传播的助推器,它使人们更清楚地看到自己所处的环境,也更加全面地了解周遭其他的文化及其环境。显然,旅游活动在文化传播中起着调和作用。尽管这个调和是自然缓慢的,但从人类整体来看,多种文化的交织融合是人类文化的发展趋势。风俗礼仪的中西交融就能说明一些问题,不仅如此,双方在价值观念上也发生着微妙的融合互补,中国人越来越多地吸收西方的科学思想和创新精神,中国文化中的天人合一、仁爱宽厚也逐渐被西方认可和欣赏。因此,旅游活动是人类相互认识、相互了解的方式,是人类认识自然、改造社会,实现人类地球文化的优化整合,进而实现人类社会整体文明的渐进方式。

(三)文化传播对旅游业的推动

如今,人们生活在一个大众传播的时代,传媒的信息活动到社会每一个角落,涉及社会生活的方方面面,旅游活动也不例外,媒体传播强大的社会功能毋庸置疑将会对旅游业的发展起到助推器式的功效。

一方面,文化传播已成为旅游地吸引游客最重要的方式。通过各种现代传播途径,旅游景点的吸引力会有明显的提高,能够广泛地吸引各类受众群体,带动当地旅游经济的发展,同时也能更好地传播当地的旅游文化。在旅游发展的过程中,若是没有准确、有效地进行旅游文化信息的传播,则会影响人们的理解,当游客无法获得自己想要的信息,选择旅游地的可能性则相对比较低,这也会影响旅游经济的发展。除了直接的旅游文化传播,承载着客源国文化的旅游者们在异地进行的文化传播也能起到间接吸引游客的功效。随着旅游者的进入,当地人接触到了新语言、新信息,他们还可能进行观念上的交流,这些交流涉及服装时尚、音乐品味、食品以及对各种其他事物的态度,等等。通过与旅游者的交流,当地人不仅对别的文化有了一个基本的认知,还会促使自己换一个角度来审视自己的生活方式。

另一方面,文化传播能够帮助旅游地建立文化自信,丰富其旅游文化内涵,进而推动当地旅游业螺旋上升式的发展。文化是一个民族赖以生存和发展的根源,旅游业发展过程中进行的文化传播能使居民对当地自然和人文景观的价值产生新的认知,从而重新定位自己的生存地。这不仅促进了当地旅游业的发展,还在一定程度上保护了当地的文化。可见,准确、有效的文化传播能够增强当地居民的价值认同感和文化自尊感,促进文明的传承和发扬,同时,也有利于推进旅游业的进一步发展。

在旅游业发展的过程中,人们越来越认识到旅游活动与文化传播之间有机结合,互相促进的互动关系。这也提醒着旅游从业人员,在注重旅游的文化开发的同时,更要借助有力的传播方式,既推动文化的交流与传承,又最大化地促进旅游业的蓬勃发展。

第四节　当代旅游产业影响与异质文化交流

一、异质文化交流

所谓异质文化,就是指区别于本民族的文化。一个民族文化的成分是复杂的,但其中必定有一个最根本的、起着决定性作用的主流文化,其他成分与它同质互补。比如,中国古代文化的基本成分是道德文化,其中儒家文化又是最主流的,即所谓的"正统文化",而道家文化和佛家文化与它同质互补,共同构成了中国古代的道德文化。

在世界文化多元化发展的进程中,处在同一时期的多元文化具有各自鲜明的民族特色和独特的价值观念;同时,它们彼此之间又在时刻不停地进行着相互碰撞和相互融合。这种融合互相渗透,你中有我,我中有你,这就是异质文化的交流。在异质文化交流的过程中,每种文化都在按照一定的标准自主地对异文化进行不同程度的选择和吸纳。如果在交流过程中全盘吸收异文化,而一味地将自身文化边缘化,则最终会被异文化所同化,导致自身文化的逐渐消亡。反之,如果想要在不利于自身存在的条件下获得生存的机会而不至于被异文化所吞噬，就只有在保留自身文化基本成分的同时，通过吸收异文化的珍贵养料，取长补短，不断地丰富和发展自己，才能迎接挑战。事实上，整个世界文明就是在多元文化的交流、碰撞和发展中不断繁荣创新的。

二、当代旅游产业影响下的异质文化交流

文化是旅游的灵魂，旅游是文化的载体。随着当代旅游产业的迅猛发展，旅游已经成为大众生活必不可少的娱乐活动，而旅游者的消费需求与消费模式也发生了变化，观光度假式的浅层次旅游已经不能再满足旅游者的需求了。异质文化，作为整体文化现象中最具民族性与个性特质的部分，是一种不可多得的旅游资源，正以其独特的魅力吸引着旅游者的兴趣与关注，促使着越来越多的旅游者来到旅游地，亲身体验异质文化，在开阔视野的同时促进了与异质文化的交流。当代旅游产业影响下的异质文化交流不仅影响着目的地文化，也通过游客影响着客源地的文化，这种影响有积极的一面，也有消极的一面。

（一）积极影响

异质文化间恰到好处的交流有利于促进彼此间的理解和沟通。只有了解了一个地方的自然、人文等方方面面的文化现象，并理解了产生这种文化现象的深层次原因，才能真正地相互尊重、包容、交流和学习。旅游活动下的文化传播就是为了促成这种深层次的交流和学习，这不仅可以增强对自身价值的认同感和文化自尊感，也能在一定程度上推动弱势文化的文明进程。

（二）消极影响

当代旅游产业的迅猛发展势必会对异质文化造成不同程度的冲击，尤其是对于相对比较弱势的一方。这种冲击会使得弱势文化一方对自身文化价值产生怀疑，不利于文化的传承。以客源地文化对旅游目的地文化的影响为例，在这二者的交流过程中，随着游客在文化接触中的取舍，会对旅游目的地文化产生或多或少的消极影响。

首先，是目的地文化的庸俗化、商业化。大众旅游时代，当经济利益成了旅游开发的标准和原则，就会促使旅游地原有的特色文化被过度包装和大量销售，变成了失真的文化商品，导致其原生态价值受到侵害。例如，一些民俗文化由原本的纯粹、自发的行为变成了商业表演。在这种商业化运作开发下，目的地文化失去了意义、价值和本真性。目的地文化一旦趋于庸俗化和商业化，其结果就是不仅仅损害了自身的文化形象，也无法满足游客体验异质文化的需求。

其次，是目的地文化的"涵化"。"文化涵化"指的是在异质文化交流的过程中，一方将另一方同化的一种不平等交流。从宏观层面看，总是强势文化更多深刻地影响和改变弱势文化。不管人们愿意还是不愿意，只要发生文化接触，其社会文化就会发生变化。在当代旅游产业迅猛发展的影响下，旅游目的地每时每刻都在遭受外来文化的冲击。虽然每个旅游者都只是进行短暂的停留，其活动相对于日常生活而言也不过是蜻蜓点水，但当大量的、源源不断的旅游者来到目的地，与当地人产生接触，这种冲击就显而易见了，尤其当目的地文化处于弱势时，文化的不平等交流就出现了。

再次，是目的地的文化迁移。在与异质文化的交流中，如果目的地一方的旅游介体一味地迎合旅游者，特别是强势文化旅游者，而放弃本土的文化传统，就会造成文化的迁移。一些目的地为了迎合游客，刻意展示庸俗或扭曲了的虚假文化，使得游客对目的地的主流文化产生错误的认知。须知旅游者旅游的目的是体验原生态的异质文化，因此并不是全部的旅游产品都必须调整以符合国际旅游者的期望。保持自身的特色主流文化，使旅游者获得真实的异质文化体验，才是良性的跨文化交流。

三、文化多样性与旅游业的可持续发展

（一）维护文化的多样性

多元文化是旅游业发展的前提和基础，决定着旅游业的发展方向和兴衰成败。在旅游全球化的今天，一个国家和民族只有认识到自身文化的价值，同时又在与异质文化的交流中不断地充实和丰富自己的文化内涵，保护和传承好自身传统文化的根本，才可能实现旅游业的可持续发展。

然而，今天的旅游活动所带来的超大体量的跨文化接触也冲击着旅游业所倚重的文化差异性，特别是当客源国文化与东道主文化之间存在强势和弱势的不对称关系时，弱势文化的民众很容易因缺乏足够的文化自信，而受强势文化有形或无形的冲击，动摇其坚守自身文化的信心，逐渐被异质文化难以逆转的"同质化"，进而使地域文化生态遭到破坏。而一旦丧失了文化差异性，旅游地的文化旅游价值终将被削弱直至消磨殆尽。

旅游的意义就在于欣赏文化差异性，要实现旅游业的可持续发展，就要尊重和维护文化的多样性。在旅游活动中，旅游者要保持着入乡随俗的尊重和包容之心，懂得欣赏文化差异性的美丽；而东道主则要坚定文化自信和自尊之心，接受和包容外来多元文化的同时，也要懂得维护自身的传统文化。例如，新西兰政府曾经试图同化本土土著毛利文化，可是随着旅游业的发展，发现来自世界各国的旅游者们都不惜花费大量的金钱参观和体验毛利文化。为了发展旅游业，政府决定努力保持文化的多元性，甚至给毛利人在这个国家许多优惠政策。许多新西兰人都以作为一个毛利人为荣，转而更加积极主动地保护这一文化。

（二）培养跨文化交流的能力

随着中国旅游业的迅猛发展，越来越多不同国籍、不同文化背景游客的涌入推动着旅游市场的迅速扩张。入境游客数量的不断增加，对中国旅游产业发展来说，既是机遇，又是一个巨大的挑战。要维护文化多样性以及旅游业的可持续发展，最重要的，就是要学会如何在频繁的异质文化交流中，培养自己的跨文化交流能力。这一点，不论是作为旅游从业人员，还是旅游地居民，都是必要的。

首先，就是要建立跨文化交流的意识。只有具有了这种意识，在面对来自异质文化的人时，才能够快速地调整心态，从容应对。其次，要培养跨文化交流的能力。参与者应该有意识地通过各种渠道多看、多听、多学习异质文化的知识和信息，积累更多直接或间接的交流经验。同时，不管是来自强势文化还是来自弱势文化区域的人，在面对异质文化的时候，都不应该迷失自己的文化。只有从异质文化中反观自己的文化，才能更

好地认识自己。良好的跨文化交流不仅不会使各区域特色文化遗失,反而会维护文化的多样性,增强对弱势文化的保护,提高国民普遍的文化素质与素养,让旅游在跨文化交流中更高素质地发展,而文化也会在交流中得到更好的传承。

案例分析

"一带一路"文化旅游发展前景广阔

近日,文化和旅游部出台了《"十四五""一带一路"文化和旅游发展行动计划》(下称《行动计划》),以文促旅、以旅彰文,擘画了"十四五"时期"一带一路"文化和旅游产业发展与国际合作的蓝图,为"一带一路"文旅产业融合发展指明了方向。

一、促创新、重市场,推动高质量发展

深化供给侧结构性改革是"十四五"时期经济社会发展的主线,在高质量共建"一带一路"背景下,文化和旅游产业也需以更优质有效、更有弹性的产品供给实现全方位、高质量发展。

一方面,积极推动创新,培育发展新动能。从《行动计划》可以看出,"十四五"时期,"一带一路"将以文旅融合为重点,开发邮轮旅游、乡村旅游等新业态、新产品,不断提升旅游产品、基础设施、公共服务等的水平。如今,数字经济大放异彩,智慧旅游、线上旅游、线上演出、云端展会等文化和旅游新模式方兴未艾,将为"一带一路"文旅产业赋予新的发展动能。同时,借助国家公共文化云、智慧图书馆等平台,公共文化资源数字化、传播途径网络化也将成为常态。

另一方面,市场为主、企业先行,提高发展质量。我国幅员辽阔、历史悠久,各地区文化旅游资源各具特色。"十四五"时期,"一带一路"将以市场为导向,对各地优秀的文化旅游资源充分利用、有效配置,实现区域协调、优势互补、组团推进。同时,文旅融合将坚持企业主体地位,充分发挥企业带头作用,支持和服务企业开拓海外市场,有重点、有示范,进一步促进文旅产业国际合作和对外文化贸易的发展。

二、多元互动、多样创新,助力民心相通新格局

民心相通、文旅先行。共建"一带一路"国家文化不同、民俗各异,文化和旅游可有效磨合分歧、增进了解、增强互信,在推动民心相通过程中大有可为。中国旅游研究院的数据显示,"十三五"期间我国在共建"一带一路"国家旅游消费超过 2000 亿美元,共建"一带一路"国家已成为我国最大的海外旅游目的地。根据《行动计划》,"十四五"期间,"一带一路"文化和旅游交流合作将继续巩固,为构建民心相通新格局提供新动力。

在政府层面,我国将继续巩固中非合作论坛、中国—拉共体论坛、上海合作组织等框架下的文化旅游交流机制,进一步完善各个丝绸之路文化艺术联盟机制,多方面创新、拓展文旅交流新平台,为构建民心相通新格局打造坚实的机制基础。在文化交流层面,继续推动"文化年""旅游年"等节事活动,将外交活动与文化交流相结合,增进民心相通;深入挖掘共建"一带一路"国家有共鸣的人物故事和文化元素,扶持丝路主题艺术创作,培养丝路艺术人才,注重丝路主题艺术作品宣传推广,加快形成多元互动的人文交流新格局。

三、多平台合作、多角度入手,以文化旅游讲好中国故事

中华文明源远流长、瑰丽璀璨,当代中国的发展奇迹更举世瞩目。通过文化和旅游合作展示真实、立体、全面的中国,是讲好中国故事、传播好中国声音的重要途径。根据《行动计划》,"欢乐春节""美丽中国"等传播中华文化的平台活动将继续品牌化、本土化,并通过丰富品牌内涵、完善品牌体系提升辨识度和认可度。同时,"一带一路"横跨四大古文明,文化遗产丰富,文物古籍合作、文化遗产保护与抢救、联合申遗等具体的文化交流合作项目,不仅能为世界文明和文化遗产保护工作贡献中国智慧、展现中国特色,更能有效拉近与沿线国家民众的距离、增强理解和理念认同,以实际行动诠释新时代的中国故事、更好传递中国声音。

资料来源 中国网。

【案例提示】

"十四五"是我国到2035年建成文化强国的关键五年,《"十四五""一带一路"文化和旅游发展行动计划》的编制和实施是共建"一带一路"文化和旅游高质量发展奋斗目标具体化、实践化和时代化的重要政策工具,也是我国文旅领域参与国际合作的效能和优势。目前"一带一路"建设已初步完成规划布局,正在向聚焦重点、深耕细作、持久发展的新阶段迈进。中外文化和旅游交流是世界文化进步的一个重要条件,也是推动文化全球化和多样性的内在要求,更是促进民心相通的根本保证。从旅游文化传播的角度,深入理解《行动计划》坚持整体性思维,较好地处理国际与国内、整体和局部、统一与多元、当前与长远、历史与现实、承与创新、政府和市场、发展和安全等多方面既对立又统一的复杂关系。

本章小结 旅游跨文化交流说到底,就是旅游者与东道主(出发地文化与目的地文化)之间的交流。在全球化的今天,各种不同文化在旅游跨文化的关联中不断冲突着,同时也在冲突中日趋融合。文化差异是造成冲突的根本原因,同时,也是吸引游客的重要因素。一个国家和民族只有认识到自身文化的宝贵价值,同时又在与异质文化的交流中不断充实和更新自己,才有可能实现旅游业的可持续发展。这就要求不论是旅游从业人员,还是旅游地居民,都应该树立跨文化意识,培养跨文化交流的能力。

重要概念

文化震惊:也被称为"文化休克",指人们对不熟悉的文化环境所产生的种种不适应的心理反应。当一个人从一地迁徙到另一个地方,原本熟悉的一套社会交往符号,如语言、习俗、行为模式、社会关系以及价值观念等被另外一套自己不熟悉的社会交往符号所代替,因此在心理上产生一种焦虑的情绪。

跨文化交流:具有不同文化背景的人们之间的交流。事实上,每个民族的形成过程都充满了丰富的与异民族相互接触和融合的经历。

练习题

拓展阅读

参考文献
References

[1] Clifford, J. Routes: Travel and Translation in the Late Twentieth Century[M]. Cambridge: Harvard University Press, 1997.
[2] Hall E. The Silent Language[M]. New York: Anchor Books, 1973.
[3] Harms S. Intercultural Communication[M]. New York: Harper & Row, 1973.
[4] Hofstede G. Culture's Consequences: International Differences in Work-Related Values[M]. New York: SAGE Publications, 1980.
[5] Steward J. Theory of Culture Change[M]. Chicago: University of Illinois Press, 1995.
[6] Leach E. Rethinking anthropology[M]. London: Athlone Press, 1961.
[7] Lefebvre H. The Production of Space[M]. Oxford: Blackwel, 1991.
[8] MacCannell D. 旅游者:休闲阶层新论[M]. 桂林:广西师范大学出版社,2008.
[9] Pearce L, G. Moscardo, F. Ross. Tourism Community Relationships[M]. Kidington: Pergamon, 1996.
[10] Wylie J. Landscapes[M]. London: Routledge,2007.
[11] 阿兰·德波顿. 旅行的艺术[M]. 上海:上海译文出版社,2010.
[12] 埃德蒙德·胡塞尔. 内时间意识现象学[M]. 北京:商务印书馆,2009.
[13] 爱德华·泰勒. 原始文化[M]. 桂林:广西师范大学出版社,2005.
[14] 爱弥儿·涂尔干. 宗教生活的基本形式[M]. 北京:商务印书馆,2018.
[15] 奥古斯丁. 忏悔录[M]. 北京:商务印书馆,1963.
[16] 包亚明. 现代性与空间的生产[M]. 上海:上海教育出版社,2003.
[17] 包亚明. 布尔迪厄文化社会学初探[J]. 社会科学,1997(4):70-73.
[18] 鲍金. "休闲"的比较词源学考察——"休闲"在先秦汉语和古希腊语中的文字表达及其反映的社会观念评析[J]. 自然辩证法研究,2005(11):88-92.
[19] 曹昌智. 历史文化名城名镇名村和传统村落保护法律法规文件选编[M]. 北京:中国建筑工业出版社,2015.
[20] 曹晋彰. 二十世纪西方文化生产理论研究[M]. 青岛:山东大学,2019.
[21] 曹卫东,张广海. 文化与文明[M]. 桂林:广西师范大学出版社,2005.

[22] 陈国林.中国旅游文化类型研究综述及研究价值[J].四川旅游学院学报,2017(2):60-63.
[23] 陈国生,陈晓亮,魏勇.旅游文化学概论[M].武汉:武汉理工大学出版社,2017.
[24] 陈国生,罗文.旅游史学论略[J].桂林旅游高等专科学校学报,1999(S2):74-77.
[25] 陈红旗.从阳朔西街看中西文化融合[J].中国校外教育,2009(11):28.
[26] 陈虹.试谈文化空间的概念与内涵[J].文物世界,2006(1):44-46.
[27] 陈华文.文化学概论新编[M].3版.北京:首都经济贸易大学出版社,2016.
[28] 陈家刚.旅游城市空间布局[M].天津:南开大学出版社,2010.
[29] 陈来成.休闲学[M].广州:中山大学出版社,2009.
[30] 陈来生.中国古代"旅游"观念及其民族文化心态探析[J].社会科学,2003(12):114-120.
[31] 陈同滨.世界文化遗产"良渚古城遗址"突出普遍价值研究[J].中国文化遗产,2019(4).
[32] 陈修岭.旅游、文化变迁与文化认同[M].北京:中国社会科学出版社,2018.
[33] 戴伦·蒂莫西,斯蒂芬·博伊.遗产旅游[M].北京:旅游教育出版社,2007.
[34] 但强,朱珠.旅游景观内涵探析[J].重庆科技学院学报,2005(4):64-66.
[35] 邓爱民,王子超.旅游文化基础[M].北京:中国旅游出版社,2019.
[36] 董皓,张喜喜.近十年国外文化遗产旅游研究动态及趋势——基于《Annals of Tourism Research》与《Tourism Management》相关文章的述评[J].人文地理,2012,27(5):157-160.
[37] 都大明,金守郡.中国旅游文化[M].上海:上海交通大学出版社,2008.
[38] 凡勃伦.有闲阶级论:关于制度的经济研究[M].北京:中央编译出版社,2012.
[39] 方李莉.技艺传承与社会发展——艺术人类学视角[J].江南大学学报:人文社会科学版,2011,10(3):97-109.
[40] 冯乃康.再谈旅游文学的特征[J].旅游学刊,1988(4):60-63.
[41] 冯天瑜,何晓明,周积明.中华文化史[M].上海:上海人民出版社,1990.
[42] 龚锐.从异域到本土——旅游人类学的西学东渐述评[J].贵州民族学院学报:哲学社会科学版,2006(4):5-9.
[43] 龚志强.渐进与跨越:明清以来庐山开发研究[D].广州:暨南大学,2010.
[44] 龚志强,江小蓉.近现代(1895—1937)庐山旅游开发与牯岭城市化[J].江西社会科学,2006(6):245-251.
[45] 谷一明.旅游文化中的跨文化交际[J].四川师范大学学报:社会科学版,2005(S1):134-136.
[46] 关增建.中国古代的时间观念[J].自然辩证法通讯,1991(4):50-56.
[47] 光映炯.旅游人类学再认识——兼论旅游人类学理论研究现状[J].思想战线,2002(6):43-47.
[48] 郭代习.西方文化与庐山社会及其旅游资源开发[J].江西社会科学,2002(11):189-191.
[49] 郭鲁芳.休闲消费的经济分析[D].杭州:浙江大学,2004.
[50] 郭鲁芳.时间约束与休闲消费[J].数量经济技术经济研究,2006(2):117-125.

[51] 郭文.旅游空间生产:理论探索与古镇实践[M].北京:科学出版社,2015.
[52] 国务院法制办农业资源环保法制司,住房和城乡建设部法规司等.历史文化名城名镇名村保护条例释义[M].北京:知识产权出版社,2009.
[53] 何蓉.恩施土司遗址及旅游文化空间重构[N].恩施日报,2020-05-11(4).
[54] 何学威.旅游民俗学:极富魅力的应用科学[J].民俗研究,1989(2):33-36.
[55] 赫尔嘉·诺沃特尼.时间:现代与后代经验[M].北京:北京师范大学出版社,2011.
[56] 侯兵.南京都市圈文化旅游空间整合研究[D].南京:南京师范大学,2011.
[57] 胡光,姚舜禹.资本主义生产条件下社会时间和空间对人的异化及影响[J].佳木斯大学社会科学学报,2017,35(2):23-25.
[58] 胡文仲.跨文化交际学概论[M].北京:外语教学与研究出版社,1999.
[59] 桓占伟.旅游文化及其主流研究反思——基于旅游文化概念的分析[J].人文地理,2007(4):72-76.
[60] 皇甫晓涛.文化资本论[M].北京:人民日报出版社,2009.
[61] 黄成林.旅游文化[M].安徽:安徽师范大学出版社,2014.
[62] 黄鹂,等.老年人旅游时间分配影响研究——文化差异视角[J].旅游学刊,2021,36(2):54-69.
[63] 贾鸿雁.中国历史文化名城通论[M].南京:东南大学出版社,2007.
[64] 贾祥春.旅游文化的特点及其在旅游业中的地位和作用[J].复旦学报:社会科学版,1997(3):83-87.
[65] 贾艳红.上巳节考论[J].齐鲁学刊,2015(1):59-63.
[66] 江昼.文化融合理念下的庐山文化旅游产品开发[J].社会科学家,2015(5):99-104.
[67] 杰弗瑞·戈比.你生命中的休闲[M].昆明:云南人民出版社,2000.
[68] 柯庆明,曾永义.两汉魏晋南北朝文学批评资料汇编[M].台湾:成文出版社,1978.
[69] 库珀·弗莱彻,法伊奥.旅游学[M].3版.北京:高等教育出版社,2007.
[70] 李安民.关于文化涵化的若干问题[J].中山大学学报:哲学社会科学版,1988(4):45-52.
[71] 李辉.旅游景观鉴赏[M].昆明:民族出版社,2005.
[72] 李蕾蕾.跨文化传播及其对旅游目的地地方文化认同的影响[J].深圳大学学报:人文社会科学版,2000(2):95-100.
[73] 李沛新.文化资本运营理论与实务[M].北京:中国经济出版社,2007.
[74] 李倩菁,蔡晓梅.新文化地理学视角下景观研究综述与展望[J].人文地理,2017,32(1):23-28.
[75] 李世龙.中国古代帝王巡游活动述论[J].齐鲁学刊,2001(4):84-90.
[76] 李天元,张朝枝,白凯.旅游学[M].4版.北京:高等教育出版社,2019.
[77] 李维树.试论文化差异可以形成一种旅游资源——关于旅游资源和文化差异的几点思考[J].旅游学刊,1994(4):36-39.

[78] 李伟.旅游人类学的建构与本土化研究[J].广西民族研究,2010(4):72-79.

[79] 李喜所,陈尚胜.五千年中外文化交流史(第1卷)[M].北京:世界知识出版社,2002.

[80] 李晓岑.后工业时代与中国手工艺[J].自然辩证法通讯,2016,38(4):76-82.

[81] 李旭旦.中国大百科全书·地理卷·人文地理分册[M].北京:中国大百科全书出版社,1984.

[82] 李逸友.中国北方长城考述[J].内蒙古文物考古,2001(1):1-51.

[83] 李玉臻.非物质文化遗产视角下的文化空间研究[J].学术论坛,2008(9):178-181.

[84] 李毓,孙九霞.中国旅游人类学未来研究趋势[J].原生态民族文化学刊,2020,12(5):144-150.

[85] 李仲广.休闲学[M].北京:中国旅游出版社,2011.

[86] 李仲广,卢昌崇.基础休闲学[M].北京:社会科学文献出版社,2004.

[87] 李遵进,沈松勤.风景美欣赏——旅游美学[M].上海:上海人民出版社,1987.

[88] 郦道元著,陈桥驿注释.水经注[M].杭州:浙江古籍出版社,2001.

[89] 梁漱溟.中国文化要义[M].上海:学林出版社,1987.

[90] 林诚斌.中国历史文化名村及其保护对策[J].古今农业,2010(2):111-117.

[91] 林德荣,郭晓琳.让遗产回归生活:新时代文化遗产旅游活化之路[J].旅游学刊,2018,33(9):1-3.

[92] 林洪岱.论旅游业的文化特性[J].浙江学刊,1983(4):67-69.

[93] 林聚任,向维.涂尔干的社会空间观及其影响[J].西北师大学报:社会科学版,2018,55(2):17-23.

[94] 林永匡.旅游是破译中国传统文化密码的重要手段[J].乐山师范学院学报,2005(1):118-122.

[95] 刘朝晖.文化景观带再生产:浙江古道休闲文化旅游研究[J].广西民族大学学报:哲学社会科学版,2018,40(3):50-56.

[96] 刘沛林.论"中国历史文化名村"保护制度的建立[J].北京大学学报:哲学社会科学版,1998(1):80-87.

[97] 刘庆友,等.庐山旅游可持续发展研究[J].北京第二外国语学院学报,2003(3):78-82.

[98] 刘庆友,等.庐山文化景观可持续发展研究[J].东南大学学报:哲学社会科学版,2005(1):78-81.

[99] 刘文英.中国古代的时空观念[J].兰州大学学报,1979(1):6-21.

[100] 刘啸霆.休闲问题的当代意境与学科建设[J].自然辩证法研究,2001(5):61-62.

[101] 楼嘉军.休闲新论[M].上海:立信会计出版社,2005.

[102] 栾坤.旅游活动中的跨文化交流[J].文化学刊,2015(2):95-96.

[103] 罗伯特·麦金托什,夏希肯特·格波特.旅游学——要素·实践·基本原理[M].上海:上海文化出版社,1985.

[104] 马波.我国旅游文化研究的回顾与前瞻[J].桂林旅游高等专科学校学报,1999(2):8-10.

[105] 马丁·海德格尔.存在与时间[M].北京:生活·读书·新知三联书店,2014.

[106] 马惠娣.文化精神之域的休闲理论初探[J].齐鲁学刊,1998(3):98-106.

[107] 马惠娣.21世纪与休闲经济、休闲产业、休闲文化[J].自然辩证法研究,2001(1):48-52.

[108] 马惠娣,刘耳.西方休闲学研究述评[J].自然辩证法研究,2001(5):45-49.

[109] 马季方.文化人类学与涵化研究(下)[J].国外社会科学,1995(1):48-51.

[110] 马季方.文化人类学与涵化研究(上)[J].国外社会科学,1994(12):11-17.

[111] 马克思,恩格斯.马克思恩格斯选集[M].北京:人民出版社,1972.

[112] 马修·阿诺德.文化与无政府状态:政治与社会批评(修订译本)[M].北京:生活·读书·新知三联书店,2012.

[113] 马勇,余冬林,周霄.中国旅游文化史纲[M].北京:中国旅游出版社,2008.

[114] 马勇,周青.休闲学概论[M].重庆:重庆大学出版社,2008.

[115] 米歇尔·福柯.福柯集[M].上海:上海远东出版社,2004.

[116] 纳尔逊·格雷本,金露.中国旅游人类学的兴起[J].青海民族研究,2011,22(2):1-11.

[117] 倪梁康.胡塞尔早期内时间意识分析的基本进路[J].中山大学学报:社会科学版),2008(1):102-111.

[118] 诺贝特·埃利亚斯.文明的进程:文明的社会起源和心理起源研究(第一卷)[M].北京:生活·读书·新知三联书店,1998.

[119] 欧文·戈夫曼.日常生活中的自我呈现[M].北京:北京大学出版社,2016.

[120] 帕瑞克·纽金斯.世界建筑艺术史[M].合肥:安徽科学技术出版社,1990.

[121] 潘泰封,中国人民政治协商会议全国委员会,文史资料研究委员会编.早期之中国旅行社参见文史资料选辑[M].北京:中国文史出版社,1980.

[122] 彭南生.半工业化:近代中国乡村手工业的发展与社会变迁[M].北京:中华书局,2007.

[123] 彭顺生.中国旅游人类学发展述评[J].思想战线,2005(1):106-111.

[124] 彭兆荣.旅游人类学[M].北京:民族出版社,2004.

[125] 皮埃尔·布迪厄.实践理论大纲[M].北京:中国人民大学出版社,2017.

[126] 皮埃乐·布迪厄,华康德.实践与反思:反思社会学导引[M].北京:中央编译出版社,1998.

[127] 齐良书.关于时间利用的经济学研究综述[J].经济学动态,2012(2):116-122.

[128] 齐欣.论现代旅游文化变化趋势和启示[J].辽宁经济,2013(7):44-46.

[129] 秦皇岛市北戴河区地方志编纂委员会.北戴河志[M].天津:天津人民出版社,1994.

[130] 卿前龙,陈昭.闲暇时间约束下休闲消费需求扩大探讨[J].现代财经—天津财经大学学报,2009,29(9):46-49.

[131] 卿前龙,吴必虎.闲暇时间约束下的休闲消费及其增长——兼论休闲消费对经

济增长的重要性[J].杭州师范大学学报:社会科学版,2009,31(5):89-94.
[132] 曲玉镜,邹本涛.旅游文化新论[M].北京:知识产权出版社,2013.
[133] 任唤麟.中国古代旅游研究综述[J].旅游学刊,2014,29(10):116-128.
[134] 任唤麟,何小芊.旅游概念界定与中国古代旅游发展论略[J].旅游论坛,2011,4(4):1-6.
[135] 萨义德·爱德华·W.东方学[M].北京:生活·读书·新知三联书店,2019.
[136] 申葆嘉.国外旅游研究进展(连载之四)[J].旅游学刊,1996(4):46-50.
[137] 申葆嘉.国外旅游研究进展(连载之三)[J].旅游学刊,1996(3):48-54.
[138] 申葆嘉.国外旅游研究进展(连载之二)[J].旅游学刊,1996(2):48-52.
[139] 申葆嘉.国外旅游研究进展(连载之一)[J].旅游学刊,1996(1):62-67.
[140] 沈福煦.景观园林新论[M].北京:中国建筑工业出版社,1995.
[141] 沈祖祥.旅游文化概论[M].福州:福建人民出版社,1999.
[142] 石坚.中国三十年旅游文化研究综述[J].经济研究导刊,2014(3):239-241.
[143] 石云霞.中国旅游文化概论[M].天津:南京大学出版社,2013.
[144] 司马迁.史记[M].长沙:岳麓书社,2001.
[145] 宋建林.中国古代自然审美观[J].北京社会科学,1994(4):61-67.
[146] 宋瑞.休闲绿皮书:2019—2020年中国休闲发展报告[M].北京:社会科学文献出版社,2020.
[147] 苏秉琦.中国文明起源新探[M].北京:三联书店,2000.
[148] 孙承志.休闲哲学观思辨[J].社会科学家,1999(4):38-42.
[149] 孙海植等.休闲学[M].大连:东北财经大学出版社,2005.
[150] 覃德清.漓江流域"小传统"场景中的旅游开发与文化保护[J].中南民族大学学报:人文社会科学版,2006(2):35-39.
[151] 覃德清,戚剑玲.西方旅游人类学与中国旅游文化研究[J].广西民族研究,2001(3):27-33.
[152] (明)谭元春著,田秉铠选注.游玄岳记[M].北京:文化艺术出版社,1996.
[153] 陶伟.中国世界遗产地的旅游研究进展[J].城市规划汇刊,2002(3):54-56.
[154] 田丰.文化进步论——对全球化进程中的文化的哲学思考[M].广州:广东高等教育出版社,2002.
[155] 托马斯·古德尔,杰弗瑞·戈比.人类思想史中的休闲[M].昆明:云南人民出版社,2000.
[156] 瓦伦·L·史密斯.东道主与游客——旅游人类学研究(中译本修订版)[M].昆明:云南大学出版社,2007.
[157] 汪忠满.都市旅游与"宜游城市"空间结构研究[M].北京:中国建筑工业出版社,2011.
[158] 王德刚.试论旅游文化的概念和内涵[J].桂林旅游高等专科学校学报,1999(4):39-42.
[159] 王德刚.空间再造与文化传承——栖霞古镇都村"非遗"保护工程实验研究[J].民俗研究,2014(5):13-25.

[160] 王景慧,阮仪三,王林.历史文化名城保护理论与规划[M].上海:同济大学出版社,1999.

[161] 王铭铭.文化变迁与现代性的思考[J].民俗研究,1998(1):1-14.

[162] 王琪延,韦佳佳.收入、休闲时间对休闲消费的影响研究[J].旅游学刊,2018,33(10):107-116.

[163] 王瑞成.在乡村和城市之间 中运河城镇发展与社会聚居[M].成都:四川大学出版社,2001.

[164] 王淑良.中国旅游史[M].北京:旅游教育出版社,1998.

[165] 王思任著,任远校点.王季重十种[M].杭州:浙江古籍出版社,1987.

[166] 王欣.旅游空间学说框架探讨[M].北京:中国财政经济出版社,2011.

[167] 王雅林.信息化与文明休闲时代[J].学习与探索,2000(6):74-79.

[168] 王玉成.旅游文化概论[M].北京:中国旅游出版社,2005.

[169] 王云才.论中国乡村景观评价的理论基础与评价体系[J].华中师范大学学报:自然科学版,2002(3):389-393.

[170] 魏保信.明代长城考略[J].文物春秋,1997(2):54-58.

[171] 魏美仙.文化生态:民族文化传承研究的一个视角[J].学术探索,2002(4):106-109.

[172] 魏征等.隋书[M].北京:中华书局,1973.

[173] 吴保传,李志松.时间观念对中国古代政治早期建构的影响及其现代意义[J].理论导刊,2010(11):106-109.

[174] 吴必虎,宋子千.旅游学概论[M].北京:中国人民大学出版社,2009.

[175] 吴承照.城市旅游的空间单元与空间结构[J].城市规划学刊,2005(3):82-87.

[176] 吴桂韩.文化及其相关概念阐释与辨析[M].江苏省社会主义学院学报,2013.

[177] 吴国盛.时间的观念[M].北京:北京大学出版社,2006.

[178] 吴文虎.传播学概论[M].武汉:武汉大学出版社,2000.

[179] 吴晓隽.文化遗产旅游的真实性困境研究[J].思想战线,2004(2):82-87.

[180] 吴宗慈编撰.庐山志(上)[M].南昌:江西人民出版社,1996.

[181] 伍乐平,张晓萍.国内外"文化空间"研究的多维视角[J].西南民族大学学报:人文社科版,2016,37(3):7-12.

[182] 向建州.当代中国休闲伦理研究[D].湖南师范大学,2013.

[183] 向云驹.再论"文化空间"——关于非物质文化遗产若干哲学问题之二[J].民间文化论坛,2009(5):5-12.

[184] 向云驹.论非物质文化遗产的非物质性——关于非物质文化遗产的若干哲学问题之一[J].文化遗产,2009(3):1-10.

[185] 向云驹.论"文化空间"[J].中央民族大学学报:哲学社会科学版,2008(3):81-88.

[186] 谢春山.旅游理论的多维研究[M].北京:中国旅游出版社,2018.

[187] 谢春山.旅游文化学[M].北京:旅游教育出版社,2012.

[188] 谢春山,邹本涛.旅游介入文化研究[J].旅游科学,2008(4):73-78.

[189] 谢贵安.略论中国传统旅游的人文精神[J].人文论丛,1999(00):70-78.
[190] 谢贵安,华国梁.旅游文化学[M].北京:高等教育出版社,1999.
[191] 谢彦君,彭丹.旅游、旅游体验和符号——对相关研究的一个评述[J].旅游科学,2005(6):1-6.
[192] 谢正发.文化旅游与经济增长——基于国家历史文化名城视角[M].北京:经济科学出版社,2019.
[193] 忻平.民国时期的旅馆业[J].民国档案,1991(3):108-112.
[194] 徐柏翠,潘竟虎.中国国家级非物质文化遗产的空间分布特征及影响因素[J].经济地理,2018,38(5):188-196.
[195] 徐菊凤.旅游文化与文化旅游:理论与实践的若干问题[J].旅游学刊,2005(4):67-72.
[196] 徐康宁.文明与繁荣——中外城市经济发展环境比较研究[M].南京:东南大学出版社,2003.
[197] 徐艺乙.手工艺的文化与历史——与传统手工艺相关的思考与演讲及其他[M].上海:上海文化出版社,2016.
[198] 许斗斗.休闲、消费与人的价值存在——经济的和非经济的考察[J].自然辩证法研究,2001(5):50-53.
[199] 许峰.休闲产业发展初步探析[J].中国软科学,2001(6):112-115.
[200] 薛晓源,曹荣湘.全球化与文化资本[M].北京:社会科学文献出版社,2005.
[201] 闫西安.布迪厄文化资本理论及其实践价值研究[D].长春:东北师范大学,2006.
[202] 严雷.旅游地文化空间形成机理研究[D].武汉:华中师范大学,2014.
[203] 晏鲤波,庄兴成.旅游文化研究述评[J].桂林旅游高等专科学校学报,2007(1):143-146.
[204] 杨衒之撰,周祖谟校释.洛阳伽蓝记校释[M].北京:中华书局,1963.
[205] 杨丽娟.西学东渐之后:旅游人类学在中国[J].思想战线,2014,40(1):89-97.
[206] 杨世瑜.旅游景观结构类型及其应用探索[J].旅游研究,2009,1(1):66-74.
[207] 叶文等.城市休闲旅游理论·案例[M].天津:南开大学出版社,2006.
[208] 叶骁军.中国旅游文化实务教程[M].天津:南开大学出版社,2016.
[209] 由亚男,巩俐.基于文化空间理论的社区参与旅游游客感知研究——以吐鲁番葡萄沟为例[J].新疆财经,2014(6):29-34.
[210] 余浩然,柏贵喜.我国古城墙开发利用中的文化空间重构与意义生产——以南京、寿县、福泉古城墙为例[J].西南民族大学学报:人文社科版,2019,40(1):36-43.
[211] 余秋雨.文化苦旅[M].武汉:长江文艺出版社,2014.
[212] 郁龙余.中西文化异同论[M].上海:三联书店出版社,1992.
[213] 喻学才.近七年旅游文化研究综述(下)[J].社会科学动态,1996(9):12-15.
[214] 喻学才.近七年旅游文化研究综述(上)[J].社会科学动态,1996(8):4-7.
[215] 喻学才.中国古代旅游神崇拜及祖饯风俗[J].民俗研究,2017(2):59-67.

[216] 原云芬.民族地区乡村旅游文化空间重构研究[D].桂林理工大学,2020.

[217] 苑泓丽.空间文化理论视域下的中国城市旅游发展论析[D].山东大学,2019.

[218] 约翰·凯利.走向自由——休闲社会学新论[M].昆明:云南人民出版社,2000.

[219] 约翰·特莱布.旅游哲学:从现象到本质[M].北京:商务印书馆,2016.

[220] 约瑟夫·皮柏.节庆、休闲与文化[M].北京:生活·读书·新知三联书店,1991.

[221] 张朝枝,保继刚.国外遗产旅游与遗产管理研究——综述与启示[J].旅游科学,2004(4):7-16.

[222] 张朝枝,保继刚,徐红罡.旅游发展与遗产管理研究:公共选择与制度分析的视角——兼遗产资源管理研究评述[J].旅游学刊,2004(5):35-40.

[223] 张法.中西美学与文化精神[M].北京:北京大学出版社,1997.

[224] 张广瑞,宋瑞.关于休闲的研究[J].社会科学家,2001(5):17-20.

[225] 张国洪.旅游文化学:研究选位与学科框架[J].旅游学刊,1999(S1):20-23.

[226] 张鸿雁.城市形象与城市文化资本论——中外城市形象比较的社会学研究[M].南京:东南大学出版社,2002.

[227] 张娜,高小康.后工业时代手工艺的价值重估[J].学习与实践,2017(1):126-132.

[228] 张文.旅游与文化[M].北京:旅游教育出版社,2001.

[229] 张晓萍.文化旅游资源开发的人类学透视[J].思想战线,2002(1):31-34.

[230] 张晓萍.旅游人类学在美国[J].思想战线,2001(2):65-68.

[231] 张晓萍,黄继元.纳尔逊·格雷本的"旅游人类学"[J].思想战线,2000(2):47-50.

[232] 张晓萍,李鑫.基于文化空间理论的非物质文化遗产保护与旅游化生存实践[J].学术探索,2010(6):105-109.

[233] 张佑林.文化资源开发与成都文化休闲产业发展模式研究[J].社会科学家,2020(1):90-98.

[234] 章必功.中国旅游史[M].昆明:云南人民出版社,1992.

[235] 章海荣.旅游文化学[M].上海:复旦大学出版社,2004.

[236] 章海荣.旅游文化学[M].上海:复旦大学出版社,2014.

[237] 赵家莹.中国古代旅游文学概述[J].杭州大学学报:哲学社会科学版,1982(4):25-31.

[238] 赵建彤.旅游空间北京城[M].北京:清华大学出版社,2015.

[239] 赵荣光,夏太升.中国旅游文化[M].辽宁:东北财经大学出版社,2003.

[240] 郑本法,曾敏.中国古代的旅游活动[J].甘肃社会科学,1996(5):94-97.

[241] 郑春苗.中西文化比较研究[M].北京:北京语言学院出版社,1994.

[242] 郑国珍.历史文化名镇名村的保护现状与发展对策——兼谈《中国历史文化名镇名村、传统村落保护和整治导则》的编制[J].中国文化遗产,2015(1):18-25.

[243] 郑久良,汤书昆.美好生活愿景期待中的文化旅游空间秩序构建——以安徽黄山屯溪老街为例[J].华南理工大学学报(社会科学版),2020,22(6):89-97.

[244] 郑培凯译著.徐霞客游记[M].香港:中华书局(香港)有限公司,2015.
[245] 郑森.中国旅游发展史[M].长沙:湖南教育出版社,2000.
[246] 钟惺著,李先耕,崔重庆标校.隐秀轩集卷[M].上海:上海古籍出版社,1992.
[247] 周虹云.旅游文化的新跨越——从旅游文化到现代文化旅游[J].黄山学院学报,2013,15(4):13-17.
[248] 周振鹤.从明人文集看晚明旅游风气及其与地理学的关系[J].复旦学报:社会科学版,2005(1):72-78.
[249] 朱绍侯,张海鹏,齐涛.中国古代史(上册)[M].福州:福建人民出版社,2000.
[250] 朱桃杏,陆林.近10年文化旅游研究进展——《Tourism Management》《Annals of Tourism Research》和《旅游学刊》研究评述[J].旅游学刊,2005(6):82-88.
[251] 朱伟钰,布迪厄.文化资本论研究[M].北京:经济日报出版社,2007.
[252] 朱希祥.中西旅游文化审美比较[M].上海:华东师范大学出版社,1998.
[253] 庄锡昌等.多维视野中的文化理论[M].杭州:浙江人民出版社,1987.
[254] 宗晓莲.西方旅游人类学研究述评[J].民族研究,2001(3):85-94.
[255] 宗晓莲.旅游人类学与旅游的社会文化变迁研究[J].旅游学刊,2013,28(11):5-7.
[256] 宗晓莲.西方旅游人类学两大研究流派浅析[J].思想战线,2001(6):47-49.
[257] 邹本涛,曲玉镜.旅游文化史:内涵与分期的再探讨[J].旅游学刊,2015,30(12):109-120.

教学支持说明

为了改善教学效果,提高教材的使用效率,满足高校授课教师的教学需求,本套教材备有与纸质教材配套的教学课件(PPT 电子教案)和拓展资源(案例库、习题库等)。

为保证本教学课件及相关教学资料仅为教材使用者所得,我们将向使用本套教材的高校授课教师免费赠送教学课件或者相关教学资料,烦请授课教师通过电话、邮件或加入旅游专家俱乐部 QQ 群等方式与我们联系,获取"电子资源申请表"文档并认真准确填写后反馈给我们,我们的联系方式如下:

地址:湖北省武汉市东湖新技术开发区华工科技园华工园六路

邮编:430223

电话:027-81321911

E-mail:lyzjjlb@163.com

旅游专家俱乐部 QQ 群号:306110199

旅游专家俱乐部 QQ 群二维码:

群名称:旅游专家俱乐部
群　号:306110199

电子资源申请表

填表时间：_____年___月___日

1. 以下内容请教师按实际情况填写，★为必填项。
2. 根据个人情况如实填写，可以酌情调整相关内容提交。

★姓名		★性别	□男 □女	出生年月		★职务	
						★职称	□教授 □副教授 □讲师 □助教

★学校		★院/系	
★教研室		★专业	
★办公电话		家庭电话		★移动电话	
★E-mail				★QQ号/微信号	
★联系地址				★邮编	

★现在主授课程情况	学生人数	教材所属出版社	教材满意度
课程一			□满意 □一般 □不满意
课程二			□满意 □一般 □不满意
课程三			□满意 □一般 □不满意
其 他			□满意 □一般 □不满意

教 材 出 版 信 息		
方向一		□准备写 □写作中 □已成稿 □已出版待修订 □有讲义
方向二		□准备写 □写作中 □已成稿 □已出版待修订 □有讲义
方向三		□准备写 □写作中 □已成稿 □已出版待修订 □有讲义

请教师认真填写下列表格内容，提供申请教材配套课件的相关信息，我社根据每位教师填表信息的完整性、授课情况与申请课件的相关性，以及教材使用的情况赠送教材的配套课件及相关教学资源。

ISBN（书号）	书名	作者	申请课件简要说明	学生人数（如选作教材）
			□教学 □参考	
			□教学 □参考	

★您对与课件配套的纸质教材的意见和建议有哪些，希望我们提供哪些配套教学资源：